# Jahrbuch Musikpsychologie
## Band 6

D1726128

# Musik Psychologie

## Empirische Forschungen – Ästhetische Experimente

Jahrbuch
der deutschen Gesellschaft
für Musikpsychologie
Band 6 · 1989

Herausgegeben von
Klaus-Ernst Behne,
Günter Kleinen
und Helga de la Motte-Haber

FLORIAN NOETZEL VERLAG
»Heinrichshofen-Bücher« · Wilhelmshaven

CIP-Kurztitelaufnahme der Deutschen Bibliothek

**Musikpsychologie:** empir. Forschungen, ästhet.
Experimente; Jahrbuch d. Dt. Ges. für Musik-
psychologie. – Wilhelmshaven: Noetzel,
   Heinrichshofen-Bücher.
   Erscheint jährl.
Bd. 1. 1984–

ISSN 0177-350-X

© Copyright 1989 by Florian Noetzel Verlag
»Heinrichshofen-Bücher«, Wilhelmshaven
Alle Rechte, auch das der fotomechanischen Wiedergabe (einschließlich Fotokopie),
vorbehalten
All rights reserved
Satz: Der Satz-Partner, Wiefelstede-Metjendorf
Druck und Bindung: Weihert-Druck GmbH, Darmstadt
Printed in Germany
ISBN 3-7959-0576-1

# Inhalt

# Forschungsberichte

Eric F. Clarke

## What is conveyed by the Expressive Aspect of Musical Performance?

### Introduction

The aim of this paper is to try to demonstrate that there is a continuity between aesthetic approaches to the concept of musical expression, and certain perceptual and cognitive issues that arise out of empirical studies of musical performance. In this respect the title of the conference to which this paper contributed is particularly apt: "Cognitive stuctures and aesthetic experience" encapsulates very succinctly the linkage around which this paper revolves, and points to a relationship that has not been seriously tackled by the great majority of work in the psychology of music. I will start by making a number of points of a general kind which form a background to the more narrowly focussed ideas on musical performance expression which follow.

First, there is the relationship between aesthetics and cognition. The separation implied by the need to join these two words together is a feature of the overwhelming majority of research in the psychology of music, and is defended by a rationale that is both attractive and problematic. It is a widely expressed opinion that the psychology of music is best tackled by initially dispensing with aesthetic issues (which are often portrayed as being fascinating and profound, but an unnecessary luxury) and concentrating on "basic" perceptual and cognitive issues. Once having fully understood these fundamental processes, on which aesthetic matters are built, the psychology of music may turn its attention to the rarified and complex realm of aesthetics. The attractive feature of this approach is the promise that the undeniably complex nature of musical experience can be broken down into a coherent series of stages of enquiry, commencing with relatively uncontroversial and value-free basic perceptual and cognitive processes, and climb-

7

ing a ladder of increasing complexity until the highest level of musical and aesthetic issues has once again been reached.

A prominent example of this position is Lerdahl & Jackendoff's "A Generative Theory of Tonal Music" (1983), in which this particular kind of reductionism is spelled out and put into practice with admirable clarity. But, as I have pointed out elsewhere (Clarke, to appear), it is significant that the approach breaks down on the lynch-pin of the musical idiom with which they are concerned – the cadence. Without going into the details of the matter, in the development of their pitch reduction methodology they are obliged to treat the cadence as an undecomposable *sign* so as to avoid being led by their own system into a situation where different types of cadences cannot be distinguished, and the tonal function of even the most straightforward cadence is not adequately conveyed. The significance of this is that their recognition of the sign-like nature of the cadence undoes the bottom-up, simple-to-complex logic of their system by introducing a complex entity (the cadential sign) as a basic element. Unless one regards tonality as a nature system that can be accounted for in purely acoustical terms (which Lerdahl and Jackendoff do not) then, since sign functions are inherently systema.ic, this is also a recognition of the systematic and culture-bound nature of even the basic units of tonality, and hence the penetration of cultural *values* down to the most detailed level of the system. In essence this is no more than a recognition of the social and cultural character of human mental f nctions – a proposal that would hardly be denied when stated so directly, but which is all too easily lost from sight in the construction and development of cognitive theories. If we are really interested in *music* psychology, then an aesthetic element must be retained, since it is this which distinguishes musical from simply auditory issue.

The second general point that I want to raise is concerned with the approach to perception and cognition developed by James Gibson (e.g. Gibson, 1966). Gibson's ideas about psychology are significantly different from those of the information processing tradition which has come to dominate the psychology of music, and while I have no intention of trying to deal with these in anything approaching a comprehensive manner, certain aspects of his thinking are important for a consideration of expression in musical performance.

Gibson's psychology is characterised by a concentration on the mechanisms of perception, which has led some critics of Gibson to claim that he rejected or ignored the significance of cognitive processes. It has been argued, however (e.g. Reed, 1987), and is apparent in Gibson's own writing, particularly on language and art, that Gibson was trying to resist and push back the progressive invasion of perceptual issues by modern cognitive psychology, so as to map out the respective domains of perception and cognition, and to clarify the boundary between the two in order to understand both of them better. In this interpretation, Gibson's aim was not to supplant a cognitive approach to psychological issues with a purely perceptual one, but rather to restore a balance between the two. Connected with this aim was Gibson's insistence on the need to acknowledge the *active* nature of perception: cognitive psychology tends to portray the perceiver as a static and meditative organism, with a reflective style of thinking and perceiving which is heavily influenced by the computational metaphor that is currently so dominant. But perceivers are active in two senses: first, they are active explorers of their environment and hence pick up rich, dynamic information from it that is simply not available to a stationary subject; and second, perception is linked to action, which is either the consequence of perceptual information, or the source of that information. Essentially this view strikes at the subject/object dualism of the majority of cognitive psychology, and emphasises the dialectical relationship of organism and environment, and an environment described with reference to an organism. The clearest expression of this is in Gibson's concept of *affordance*, which can be somewhat simplistically defined as the possibilities or "use-value" offered by an object to a perceiver (or discovered by a perceiver in an object) in a particular context. To give a concrete example, a stick *affords* use as fuel to a person who wants to light a fire, and it also *affords* use as a defensive weapon to someone who wants to ward off an aggressive dog. Neither of these two uses is the "real" use for the object, and the other an idiosyncratic alternative: affordance is a truly dialectical concept since it arises out of the needs or requirements of an organism in a particular context and a particular time as they meet the possibilities offered by an object. The object really is both fuel and a weapon.

The second aspect of Gibson's thinking which is important is his insistence on the need to consider what *is conveyed* by perceptual information, rather than the detail of the information itself. This is a consequence of his rejection of the idea that we experience sensations first, which are then organised into more coherent percepts, and his emphasis upon the primacy of perceptual events. Gibson's view of perception is that events are what we pick up from our environment most directly and immediately, and our ability to experience the sensations that they comprise (which is very limited) is the result of an analytical effort that *follows* the initial perception of the event. This has interesting though problematic implications for our understanding of music perception, since it begs the question of the nature of musical events. The acoustical information of music specifies a number of different kinds of event, ranging from quite concrete events such as the recording medium and recording environment from which the acoustical source originates, or the instrumental source of a sound (e.g. the acoustical information for a flute), through to rather abstract kinds of musical events of a structural kind, such as a melodic unit, a key or a metre. It seems to be a rather promising approach to ask what information is necessary to specify a key or a metre, since it focusses on the central relationship in music between the concrete musical "surface" and these more abstract musical events which are the stuff of our musical experience. In the study of performance expression in particular, it suggests that the central question to ask from a perceptual point of view should be "What events are conveyed to the listener by the information in a performance, and how are they conveyed?"

The final point about Gibson that I want to make concerns the distinction between direct and indirect, or mediated, perception. As the preceding discussion of the relationship between information and events implies, Gibson regarded perceptual events as being directly specified in the information reaching a perceiver's sensory systems, the process of perception being the pick-up of this rich source of knowledge about the environment. This is known as the theory of direct information pick-up, or as the theory of direct perception. While Gibson argued strongly for the application of this idea to the whole range of perceptual contexts, he also recognized that where the system and artifacts of human culture are concerned, perception cannot be regarded as having this entirely unmediated quality, but must be seen as a process whose basis is direct, but which is rendered indirect or mediated by the codification of culture. The most obvious example of this is language: a direct perception approach can provide an interesting account of the way a listener picks up phonemes from the acoustical information projected by a speaker (see e.g. Fowler, 1986), but it cannot account for our understanding of the meaning of an utterance in a particular language, since that depends upon knowledge of a conventional code which cannot be directly specified in the perceptual information itself. The same considerations can be assumed to apply to music: it is perfectly possible to develop a direct perception approach to our pick-up of the basic building blocks of musical structure, such as the identification of the instrumental and directional source of sounds, or the coherence of identifiable lines in a complex texture, but a listener or performer's understanding of the most crucial aspects of a musical structure depends on an awareness of systematic frameworks, such as tonality and metre for western tonal music, which are culturally specific and contain a conventional or arbitrary component. The problem that this raises for a Gibsonian approach is that it implies a rather sharp divide between "nature" and "culture", corresponding to direct and indirect perception mechanisms. Not only is it somewhat uncomfortable to have to explain different aspects of a phenomenon with such fundamentally different approaches, but the divide also raises a number of tricky questions about coordination and communication between the two, and the extent to which a clear line of demarcation can be drawn. Informal observation argues against a seperation of this kind, since knowing about the formal conventions of a musical style can help a listener to make perceptual sense of the immediate flow of events in a manner that suggests an extensive interpenetration of direct and indirect processes.

The third general point I want to address concerns music performance and the reasons for studying it. There are two separate issues here: the first is that musical performance is interesting to study in its own right, not least because of the close relationship between the high level of physical skill that it requires and the sophisticated cognitive processes that it embodies. In the last decade, a significant body of literature has built up around the study of music performance, taking a number of different perspectives which include motor programming (Shaffer, 1981; 1982), communication (Sloboda, 1983), rehearsal strategies (Gruson, 1988), generative theory (Clarke,

1988; Todd, 1985), tempo stability (Clynes & Walker, 1982), and coordination ensembles (Rasch, 1988). In all these studies, musical performances themselves are the object of enquiry and, particulary within the framework of motor programming, offer a fascinating context within which to investigate the relationship between symbolic representations (the knowledge that a performer has of a piece) and their concrete manifestations in action (the performance itself). Expressed in these terms, music performance can be seen as a striking embodiment of the interdependence of action and perception that Gibson emphasised, nowhere more so than in musical improvisation (e.g. Clarke, 1987; Pressing, 1987; Reinholdsson, 1987).

Musical performance can, however, also be used as an environment within which to study the cognition of a whole range of musical structures, by regarding expressive performance effects as the signs of a variety of structural forces (e.g. Clarke and Baker-Short, 1986; Sloboda, 1983; Todd, 1985). In the studies referred to above, the performance data (particularly timing data) are used to infer the properties of underlying representations, of either a motor or a more generally cognitive variety. In the second kind of enquiry, the performance data are regarded as *symptomatic* of the organisation of other parameters of musical structure rather than the primary focus of study in their own right – as signs rather than objects. This may appear a rather roundabout way of investigating these other parameters of musical structure, but the approach offers one solution to a significant problem in studying music perception and cognition, namely the "hidden" nature of musical percepts. Empirical investigation requires concrete data of some kind, but the majority of experimental methods used to study music perception are crude in relation to the supposed subtlety and sophistication of the mental processes that go on during playing, composing and listening. Music performance offers an overt behaviour of an exceptionally sophisticated and subtle kind which can offer a window into this largely hidden domain. Indeed, in the light of the intimate relationship between perception, cognition and action discussed above, musical performance can be thought of as a particularly concrete kind of *musical thinking*, the properties of which can be rather directly studied.

My final general point concerns the different uses of the word "expression". The two senses in which this word is commonly used are, on the one hand, to refer to what a piece of music expresses or means, and on the other hand to refer to a rather more specific and detailed attribute of music, namely the expressive features of a performance that a player uses to convey a particular aspect of the music and his/her interpretation of it. The first use of the word is one that is primarily associated with aesthetic issues (e.g. as explored by Cooke, 1959), with everyday assessments of the *extent* to which a particular piece or style is expressive (e.g. "*Verklärte Nacht* is an expressive piece"; "I don't find serial music very expressive"), and with statements about what a piece means to someone (e.g. "Mahler's third symphony expresses optimism about the hope of resurrection"). It is a property of musical experience which has not been tackled empirically to any great extent (though see Gabrielsson, 1973 and Imberty, 1975).

By contrast, the second and more concrete sense of the word, which is used to indicate those aspects of a performance which are not directly specified in the score and which appear to be intentionally, though not necessarily consciously, introduced by the performer, has been more thoroughly studied. My intention in this paper is to show that while it is legitimate to distinguish between the two senses of the word expression, there is nonetheless no real discontinuity between them, an investigation of the apparently more technical use of the word leading directly into aesthetic issues. It is therefore to empirical research into performance expression that I now turn.

## Expression in Musical Performance: Production

Partly as a result of developments in microcomputers and digital music technology, there has been a considerable amount of research in the past decade into detailed aspects of musical performance following a long gap since the pioneering work of Seashore (1938). The vast majority of this work has adopted the perspective of production, with an emphasis on timing patterns (e.g. Clarke, 1982; 1985; Clynes & Walker, 1982; Gabrielsson, 1987; Sloboda 1983), motor programming (Shaffer, 1981; 1982; 1984), and the kinds of process that transform an abstract representation of a piece into an expressive performance (e.g. Clarke, 1988; Sloboda, 1982; Sundberg, 1988; Todd, 1985). A primary goal for this research has been to demonstrate and investigate the relationship between musical structure and performance expression, with an emphasis on attempts to describe this relationship in terms of generative rules.

The essential framework within which this work is conceived is as follows. A structural representation of the music to be played is built up in the mind of the performer in one of a number of ways: either by reading musical notation concurrently with the performance, or by a process of memorisation prior to the performance, or (in the case of improvisation) by inventing a representation during the performance itself. However it is arrived at, and with the corresponding differences in scope that these different strategies entail, the structural representation serves as the source for a motor program which controls the movements required to produce the performance. The representation also serves as the basis for a range of expressive transformations (in dynamics, timing, articulation, timbre etc.) which are applied to the expressively neutral representation that a score embodies. This separation between an expressively neutral representation of the music and its expressive counterpart is more of a conceptual convenience than a psychological reality, since there is evidence (e.g. Clarke & Baker-Short, 1986; Seashore, 1938) that performers are unable to play entirely without expression. Nonetheless it serves to clarify the way in which the same source of information is the basis for both the timed movements that a correct performance of the piece demands, as well as the interpretative treatment that a given performer chooses.

Thus, for example, Shaffer & Todd (1987) describe data from piano performances of a Chopin étude which can be closely modelled by a simple parabolic timing function that takes a structual description of the hierarchical grouping structure of the music as its input. The implication of this result is that a performer makes use of timing, and presumably the other parameters of expression, to convey to an audience the structural outlines of the music at a number of levels. Whether this is consciously intended by the performer is uncertain and need not concern us here: it is sufficient to show that structure and expression have a close correspondence.

While it is important to demonstrate in precise empirical terms that expression is used to convey structure, the idea is not particularly startling

– particularly not to anyone who has had instrumental tuition to a reasonably high standard. Once the basic technical mastery of an instrument has been achieved, the primary function of tuition is to refine the interpretation of a piece based on a consideration of its structure and the best way to project it. But the problem is not quite as simple as it has so far been made to appear. Apart from certain unusual situations (such as playing musical dictation exercises for students to transcribe), performers do not use expressive devices to convey the most obvious aspects of musical structure, since those features *are* obvious and need no further emphasis. In many circumstances, a performer may be attempting to bring out characteristics or ambiguities in the music that would otherwise go unnoticed, and this may involve subtly *contradicting* some features of the music's basic structural framework. A performer who dynamically intensifies the strong beat of every bar in a performance would be regarded as intensitive and *in*expressive. This is not a licence to distort the musical structure with expressive deviations in an arbitrary way, since coherence and comprehensibility are still a requirement, but an element of unpredictability and playfulness is expected of a performer, particularly by sophisticated concert audiences. Just where acceptable freedom stops and waywardness starts is partly a matter of subjective taste, as the different reactions to idiosyncratic performers such as Glenn Gould illustrate.

This re-creative element in performance is increasingly important as audiences become more expert in their knowledge of the musical style concerned. This is particularly true of musical idioms such as traditional jazz, or the fiddle music of Ireland, where a comparatively small repertoire of different pieces of music in a primarily oral tradition are continually reinterpreted in performance. Traditional jazz, for example, is based around a core repertoire of "standards", which are well-known to performers and audiences alike. The aim is for performers continually to find new features of the music to exploit, expressed through new styles of performance. The jazz singer Billie Holiday is a striking example of this: very little of the music she sang was newly written, but she was able to find highly original, and in some cases radically different, ways of performing the standards that made up her repertoire. To analyse the expressive characteristics of her performances in the hope of finding some simple correspondence with the phrase structure, metre or melodic contour of the music would be misguided, since the kind of audience to which Billie Holliday habitually performed was by and large extremely familiar with the material she sang. The expertise of the audience ensures that there is no need to project the basic structure of the music expressively, since it is already known (the habit of jazz audiences applauding at the *beginning* of a tune, as soon as they recognise it, is an indication of this knowledge), and that what is expected is a reworking of the material. No systematic research exists on this, but listening to Billi Holiday's recordings of jazz standards provides powerful though informal evidence for the remarkable originality of her performance style, and for the dramatic way in which she chooses to treat the timing, pitch and vocal quality of the music.

## Expression in Musical Performance: Perception

All that has been suggested so far about the production of performance expression and the purpose to which it is put assumes a considerable amount about the kinds of detailed features that a listener will detect. There has, however, been comparatively little systematic research on this perceptual issue. What little there is (e.g. Clarke, to appear; Clarke & Baker-Short, 1986; Sloboda, 1983) suggests that listeners are sensitive to changes in timing of as little as 20–30 msec., but that this is dependent on the structual context in which the changes occur. When tonal and atonal tunes with identical rhythmic properties and matched for melodic contour are compared, it seems that listeners find it harder to spot a small timing change in the tonal tunes than in the atonal, but easier to be sure that an expressively neutral tonal tune has no timing changes in it than for an atonal one. One interpretation of this result is that the effect of familiar tonal structure is to provide listeners with such a strong perceptual framework that small deviations from the neutral "norm" are assimilated to it and thus pass unnoticed, in much the same way that Gestalt psychologists observed that perceivers failed to notice small imperfections in strongly structured stimuli. By contrast, the atonal tunes are less perceptually compelling, and allow listeners to pick up surface disruptions more easily. For the same reason, listeners are more successful in identifying the neutral tonal tunes than their atonal counterparts, because the combination of tonal structure and normative expressive treatment forms a more unified perceptual combination. .

A different study (Clarke & Baker-Short, 1986) examined the relationship between structure and expression with an experimental method which required that subjects try to imitate tunes that they heard. Keyboard players heard short tonal melodies with different patterns of expressive timing, and were required to play them back on a keyboard, imitating all aspects of the tune. Three versions of two different tunes were used, one being entirely without expression ("deadpan"), one having a pattern of expressive timing that was related to the phrase structure of the tune, and the third having a pattern of timing unrelated to the structure of the tune. The results showed two primary effects: first, as already mentioned, reproductions of the inexpressive versions showed small but definite expressive timing patterns. Second, subjects' attempts to reproduce those tunes with timing patterns unrelated to the musical structure were far more variable than their structurally coherent counterparts. The result is, of course, a consequence of both perceptual and production factors, but it strongly supports the generative model of performance expression that was outlined earlier, and suggests that an arbitrary relationship between structure and expression may be both perceptually and productively unstable.

Sloboda (1983) has also considered the communicative function of performance expression using a combination of production and perception. In his study, pianists of various levels of expertise played two versions of a tune that differed only in the placement of the bar lines, one version starting on a strong beat, the other on a weak beat. The performances were recorded on audio tape, and data from the piano keyboard analysed. These data showed systematic differences in the timing, dynamic and articulation data from the two versions of the tune, the distinction between the two being clearer for the more expert pianists. Sloboda subsequently played the audio recordings of all the performances of the two tunes to a panel of listeners who were asked to indicate which of the two metrical versions each tune appeared to be. The task is a difficult one, since the only cues for a listener to pick up are subtle changes in the expressive features. Nonetheless, Sloboda found that the two versions of the tune could be reliably distinguished,

17

though only for the more expert performers, who appeared to be both more consistent and more didactic in their use of expression. It is interesting that the most clearly differentiated performances came from a professional pianist who was experienced in carrying out music examinations, a component of which is to play simple tunes to listeners for the purpose of melodic dictation. Detailed analysis of the relationship between the performance data and the listeners' judgements in the study showed that timing differences between the two versions of the tune seemed to be less effective than dynamics or articulation as a communicator of metrical orientation. As has been argued elsewhere (Clarke, 1985), this may be because timing changes are rather indeterminate in their structural meaning, by contrast with the relatively unambiguous emphasising function of dynamic intensification, or the separating function of staccato articulation.

There is an enormous amount more to be discovered about the perception of expression in musical performance: we know nothing about the way in which listeners distinguish between expressive deviations and errors, about the more qualitative aspects of the influence of structural context on the interpretation of expressive transformations, or about the affective impact of these properties. Nonetheless, the progress that has been made in the area can at least help us to present reasonably systematically an outline of the processes that seem to be involved and some of the questions that still remain to be tackled:

1. In order that anything at all is conveyed to a listener by means of performance expression, a *change* of some sort, or departure from a normative course of events, must be picked up. There is clear evidence that the ability to detect such a change is affected by the structural context in which it takes place, and it seems certain that it will be further affected by a number of other factors, such as the consistency with which such changes occur, and thus their predictability.

2. Having noticed a change, the *meaning* that is attributed to it depends once again on the immediate structural context, and on a variety of *beliefs* about the performer and the context in which the performance and listening take place. If the listener has little confidence in the musical or technical capacities of the performer, this may well affect his/her assessment of the intentional or accidental nature of what has occured. A

child's performance would represent a rather extreme case of this, where, because of external knowledge about the nature of the performer, one may be rather less disposed to try to make sense of inconsistent information than if one was told that the performer was a "crazy genius".

3. Depending on the kind of structural and situational factors described above, various characteristics can be conveyed:
   a) Structural features of the music.
   b) The expertise of the performer.
   c) Performance style: the repertoire of expressive features, and the way they are organised differentiates different historical performance practices from one another, and hence conveys various ideological associations that have become linked with these styles.
   d) The performer's state of mind, either real or adopted: "expressive" information may be an important source of information about the anxiety level of a performer, and it can also be used by a performer to convey an adopted or fictional state of mind (such as may be required in an operatic role, or in Lieder), or to persuade an audience of a particular affective quality in the music.

This collection of observations brings me back to the point from which this paper started – namely the links between cognitive and asthetics issues, and the continuity between the two meanings of the word expression. The features that can be conveyed by performance expression encompass a diverse mixture of components that appear to differ in their cognitive and aesthetic content. The truth is that no real division between these can be drawn, since musical meaning, which lies at the root of both aesthetics and understanding, is a function of both musical structure and the wider social and semiotic context within which all musical activity takes place. The involvement of cognitive processes in aesthetic experience is generally taken for granted, but it is equally the case (and far less often recognised) that in all but the most artificial laboratory environment, music cognition is aesthetic in character. The heterogeneous elements that go to make up the notion of expression in both its senses are hard to accommodate within a single term that conveys the complex interpenetration of individual and social, structural and affective, local and global elements.

# Summary

This paper is concerned with the relationship between different meanings of the word expression, and the different kinds of approach to expression that have been adopted. Following a discussion of a number of theoretical issues concerned with the relationship between aesthetics and cognition, the application of a Gibsonian view of perception to music, and the reasons for studying music performance, the results of a number of empirical studies of both the production and perception of expression in musical performance are summarised. These are used to provide an outline of the kinds of question to be addressed in considering the communicative function of expression, and demonstrate the essential continuity between the aesthetic and cognitive components of this process.

# References

E.F. Clarke, 1982, *Timing in the performance of Erik Satie's "Vexations".* Acta Psychologica 50, 1–19.

E.F. Clarke, 1985, *Structure and expression in rhythmic performance.* In: Howell, Cross & West (Eds): Musical Structure and Cognition. London: Academic Press.

E.F. Clarke, 1987, *The role of improvisation in aural training.* In: M. Henson (Ed): Proceedings of the RAMP Conference on Aural Training. Music Department, Huddersfield Polytechnic.

E.F. Clarke, 1988, *Generative principles in music performance.* In: J. Sloboda (Ed): Generative Processes in Music. Oxford: The Clarendon Press.

E.F. Clarke (to appear), *The perception of expressive timing in music.* To appear in Psychological Research, 1989.

E.F. Clarke & Baker-Short, C., 1987, *The imitation of perceived rubato: a preliminary study.* Psychology of Music 15, 58–75.

M. Clynes & J. Walker, 1982, *Neurobiologic functions of rhythm, time and pulse in music.* In: M. Clynes (Ed): Music, Mind and Brain: The Neuropsychology of Music. New York: Plenum.

M Clynes & J. Walker, 1986, *Music as time's measure.* Music Perception, 4, 85–120.

D. Cooke, 1959, *The Language of Music.* London: Oxford University Press.

C.A. Fowler, 1986, *An event approach to the study of speech perception from a direct-perspective.* Journal of Phonetics, 14, 3–28.

A. Gabrielsson, 1973, *Adjective ratings and dimension analyses of auditory rhythm patterns.* Scandinavian Journal of Psychology, vol. 14, p. 244–260

A. Gabrielsson, 1987, *Once again: the theme from Mozart's piano sonata in A Major (K. 331).* In: A. Gabrielsson (Ed): Action and Perception in Rhythm and Music. Publications issued by the Royal Swedish Academy of Music no 55, Stockholm.

J.J. Gibson, 1966, *The Senses considered as Perceptual Systems.* Boston: Houghton Mifflin.

L. Gruson, 1988, *Rehearsal skill and musical competence: does practice make perfect?* In: J. Sloboda (Ed): Generative Processes in Music. Oxford: The Clarendon Press.

M. Imberty, 1975, *Perspectives nouvelles de la sémantique musicale expérimentale.* Musique en Jeu. vol. 17, p. 87–109.

F. Lerdahl & R. Jackendoff, 1983, *A Generative Theory of Tonal Music.* Cambridge, MA: MIT Press.

J. Pressing, 1987, *The micro- and macrostructural design of improvised music.* Music Perception, 5, 133–173

R.A. Rasch, 1988, *Timing and synchronization in ensemble performance.* In: J. Sloboda (Ed): Generative Processes in Music. Oxford: The Clarendon Press.

E.S. Reed, 1987, *James Gibsons's ecological approach to cognition.* In: A. Costall & A. Still (Eds): Cognitive Psychology in Question. Brighton: Harvester Press.

P. Reinholdsson, 1987, *Approaching jazz performances empirically: some reflections on methods and problems.* In: A. Gabrielsson (Ed): Action and Perception in Rhythm and Music. Publications issued by the Royal Swedish Academy of Music no 55, Stockholm.

C. Seashore, 1938, *Psychology of Music.* New York: Dover Books.

L.H. Shaffer, 1981, *Performances of Chopin, Bach and Bartok: studies in motor programming.* Cognitive Psychology 13, 326–376.

L.H. Shaffer, 1982, *Rhythm and timing in skill.* Psychological Review, vol. 83 no. 5, p. 109–122.

L.H. Shaffer, 1984, *Timing in solo and duet piano performances.* Quartely Journal of Experimental Psychology 36 A, 577–595.

L.H. Shaffer & N.P. Todd, 1987, *The interpretive component in musical performance,* In: A. Gabrielsson (Ed): Action and perception in rhythm and music. Publications issued by the Royal Swedish Academy of Music no 55, Stockholm.

J.A. Sloboda, 1982, *Music Performance.* In: D. Deutsch (Ed): The Psychology of Music. New York: Academic Press.

J.A. Sloboda, 1983, *The communication of musical metre in piano performance.* Quarterly Journal of Experimental Psychology 35 A, 377–396.

J. Sundberg, 1988, *Computer synthesis of music performance.* In: J. Sloboda (Ed): Generative Processes in Music. Oxford: The Clarendon Press.

N.P. Todd, 1985, *A model of expressive timing in tonal music.* Music Perception 3, 33–58.

Helga de la Motte-Haber

# Fundamental Factors of Music Comprehension

## Introduction

The Psychology of Music, since it has emerged in the last decades of the nineteenth century, is focussed on two main problems: finding out which abilities distinguish between musical and non-musical persons, and describing how the mind works while listening to music. Since it has become clear that it is impossible to devise a culture-free test (beyond the pure measurement of sensory acuity) the interest in research on musical ability decreases, whereas problems of information-processing during listening periods increasingly stimulate scientific thinking. In the field of cognitive psychology a lot of work has been done in the last ten years – opening a no-man's-land full of open questions.

For American and English scientists, the cognitive psychology of music seems to be a very young discipline, unknown prior to the influential book of Ulric Neisser. But is it really a new branch of psychology? The psychology of music started as a discipline concentrating on cognitive operations. The purpose of Carl Stumpf, using for the first time the title »Tonpsychologie« for a book (1883/1890), was to explain how the musical mind works. Stumpf tried to find out whether cognition of music follows any of the rules which music theoreticians have assumed to be inherent in musical structure.

At present, many American and fewer English psychologists refer to the Schenker theory. Perhaps it is better to say they refer to the Schenker adherents, especially Salzer and Forte, as there exists no very good translation of the original Schenkerian writings. Stumpf referred to the theory of Hugo Riemann, a theory which is less speculative and more practical for musical analysis and, last not least, inspired by psychological thinking. The fruitful cooperation between Stumpf and Riemann endend in 1911 with a severe disappointment. Indeed, Stumpf was shown that the rules explained by music theory are the implicit knowledge of the listener. How correctly the listener uses these rules depends on his musical training. However, Stumpf has also rejected the idea there should be some cross-cultural universals. He believed the auditory system and the musical mind to be so flexible that it would be impossible to imagine any universal features (except for some psycho-physical limitations, for instance the just noticeable difference, and so on). His was a more radical point of view than that of his students, the famous gestalt-theorists who believed in innate ideas.

Today, listening, memorizing, and representation of music, are mainly looked upon as acquired skills. By the same token, music comprehension is treated as a learned activity. And the books on "cognitive psychology of music," or on "musical structure and cognition", or on "music and cognition" stress this aspect by examples of non-western music. Nobody would want to have such a closed mind as to believe the categories of tonal western music could be inherent in any music. However, curiously enough, all these books devote the last pages to a resumee about cross-cultural music universals. In the closing pages they present conclusions yet do not discuss the problem. There are hardly any questions.

Let me mention some of the universals I have found in every psychology of music book published in the last 5 years: For instance the phenomenon of the octave, the division of the octave into discrete pitches, the organization of pitches into a hierarchic structure. Last not least, small melodic intervals, as well as regular time grouping, are conceived as constraints imposed on musical systems by our processing mechanisms. Whilst cognitive psychologists stress learning, they also argue innate ideas, or inherited human characteristics, as a universal cognitive basis of music transcending individual cultures. Chomsky emphasized such ideas for the system of language. However, why should psychologists follow his ideas? Returning to the above-mentioned examples, I ask what meaning there is in an universal *qua* division of an octave into separate pitches in regard to the compositions with an ultrachromatic continuum? What does the phenomenon octave mean in respect to a relationship based on 1:5 instead of 1:2 as used by Stockhausen for his Elektronische Studie II? And all the weighted hierarchically ordered scales – what is their relationship in respect to the scales of the Arnold Schönberg School, using scales without fixed reference pitches? Our own culture shows us that there can be no structural universals in music. Musical structure is therefore quite different from the syntax of language, which has transcultural features. Possibly, contrary to language, music shows a paradoxical relationship as regards syntactic and semantic aspects since the emotional factors of music, which are responsible mainly for semantic aspects, are limited by inherited universals, whereas the structural aspects are flexible in many ways. Language by contrast has a fixed syntactical structure and no limitation as to meaning.

I mentioned Carl Stumpf on purpose. He expressed his convictions in the years when modern music emerged to demonstrate the unlimited possibilities of human thought. At the beginning of our century, he looked into an unknown future that would confirm his ideas. At the end of this century, there are some scientists who are looking so far back into the past that they overlook the closer present which shows that there are no universal features for the comprehension of music. Please keep in mind this first conclusion of mine whilst I speak next about some of the fundamental mechanisms of acoustical information-processing. Afterwards, I will try to clarify the relationship of these fundamental mechanisms to the idea of universals.

Reduction of information seems to be a fundamental principle for dealing with acoustical input. Instead of the 340000 tones which it is possible to differentiate by ear we hear only 12 pitches and five degrees of intensity. When there are several alternatives for the interpretation of acoustical information we take the simplest. This law of parsimony can be easily demonstrated by thinking over the relationship between the frequency 4:5. Spontaneously assessed, it seems to be minor third and not half tone. Information is reduced by gathering stimuli and focussing attention on them in such a way that they are distinct from a more diffuse environment, or vague background. Such a differentiation of figure and ground demonstrates the well-known cocktail party phenomenon, i.e. we sum up acoustical stimuli coming from the same source. Thus we are able to listen to one speaker in the humbug of voices. Real understanding is possible if the collected stimuli conform with categories already existing in our mind. In general, perception is governed by spontaneous, automatic principles of grouping. Many of them are detected and described by the Gestaltists. For pitch grouping, a principle of similarity is as important as sound location. The "scale illusion," as well as the phenomenon of perceptual streaming demonstrate a tendency to sum up pitches with similar frequencies and to form out of them a special coherent line. Did composers of traditional music use such an auditory mechanism when they formed coherent melodic lines? In any case, difficulties of comprehension arise when melodic contours are broken by splitting pitches over several octaves. But what about such outstanding intervals as the major 6th or, even more expressively, the minor 7th. Mozart used them both for his famous aria "Dies Bildnis ...". Looking more precisely at music, we often find wonderful tunes outside the simple mechanisms of acoustical comprehension. The most beautiful melodies have many jumps, and for the music listener the phenomenon of perceptual streaming is seldom invoked. It is based on highly artificial techniques in music. Models of information-processing that have been develoed for acoustic phenomena often have little musical relevance. That is why books on the psychology of music are always citing the same examples as if there were no others. The main reason for this gap between experimental findings and musical experience is the difference between acoustical and musical material. A single pitch rarely has any musical significance. First of all, pitch is an acoustical phenomenon deriving musical meaning mostly by contextual features. How about studying the effects of interaction rather than studying isolated parameters in order to explain musical cognition?

I wonder why there are so few rhythm studies even though rhythm is forming the flow of musical information in more easily comprehensible units. Probably rhythmic information is more fundamental to music cognition than is pitch information. In traditional music, the metric weights of the bars are the base of a hierarchically conceived syntax defined by harmonic progressions. Notably Monahan (1984) has shown, in a multidimensional task, that rhythm is the major first-ordered dimension of musical perception. An experiment I made in the 'sixties showed by way of contrast that a melodic rather than a rhythmic mistake may be rather discovered in an Adagio than in an Allegro. It is not possible to re-examine the data. But, adding to my former interpretation re focussing attention, I think today that exact pitch-information processing is progressing slowly, and a melodic mistake will be more readily noticed at a slower tempo. The effort of comprehending rhythms can be less because the metric structure already divides music into meaningful units. Given a meter or a modus music can readily be grouped into a repeated-beat pattern which works as a perceptual (stimulated by physical cues) as well as a conceptual (due to learned categories) chunk. There are only a few music examples where such grouping into equal patterns is absent. I have tested the hypothesis that this grouping of temporal qualities is fundamental for musical cognition, regardless of pitch information, even though of course pitch-grouping mechanisms can further enhance comprehension.

## Experimental Findings

*Purpose*

The preceding analysis raises two main problems:
1. Are there constraints imposed on musical systems by our processing mechanisms? Normally, psychologists argue that small melodic intervals are processed more effectively. This law of proximity is conceived as a cross-cultural universal. Likewise a regular time grouping is viewed as an obliging musical rule, even though researchers have seldom focussed on such time grouping effects in the last ten years.
2. How do these two mechanisms interact? I suggest the hypothesis that time grouping is more significant to easy comprehension than melodic contour.

*Method*

A Spanish folk tune (not known in Germany) with 12 pitches (example 7) and a monophonic section (example 4) from the "Structures" of Boulez were selected for this experiment. The tonal example has a melodic contour with small intervals and a four-four beat. The intervals of the serial example are widely spread over several octaves; the complicated rhythmic structure is subject to the same rules as the order of tones is. (For additional information see the analysis published by Boulez himself in the American magazine "Transform" in 1952 and the analysis of Ligeti in the "Darmstädter Beiträge" 1956.) In addition to the original folksong, three further versions (examples 5, 9, 3) were constructed. One by shifting pitches in the octave range of the Boulez example (5), one by transforming the rhythmical structure in the way of the serial piece (9), and one by combining the two parameters (3). The Boulez example was treated in the same way (examples 8, 2, 6). As the octave range was shifted in the manner of the folksong the rhythm was simplified, and both parameters were combined.

30 graduate students of musicology (this means trained in tonal music) were subjects. The eight examples were presented to them in a random order, and to small groups of listeners. I had to give up my first idea that the students should write down the examples so that it would be possible to count the mistakes. This task was too difficult. Each music example was played twice, and the students had to judge whether the second version was the same or not the same, or whether they didn't recognize it.

*Results*

The table 1 shows the frequencies of correct and incorrect assessments. The original version of the folk tune was easily recognized. However, there is a drastic decrease of correct responses (only 6) if melodic contour is destroyed by shifting tones into another octave range. 21 subjects believed they were listening to another piece.

The transformation of the folk tune into a complicated rhythm which inhibits the process of chunking makes recognition also more difficult. The difference between the distribution for the contourless version and the beatless version is not significant. And the same result is obtained if both parameters are combined. The four versions of the Boulez example provided more clear-cut results. It seems to be impossible to perceive the original version if it is played a second time. It is not surprising that people believe they are hearing something else if this piece – maybe the most complicated one in our history of music – is played a second time. Nobody should be prevented from hearing a piece more than twice!

But it didn't help the listener to put the serial example into the range of only one octave even though this example then has a melodic contour with small intervals. It is surprising to see the effect of simple rhythmic structure. In a four-four beat the highly complicated series of pitches is recognized as easily as the folktune. Again it is more difficult to recognize this musical example when the simple rhythm is combined with a small octave range.

*Discussion*

Our experimental results indicate that in the case of a tonal example the destruction of the melodic contour as well as the metric structure confuses the listener. But for a very complex series of pitches, simple time-grouping increases perception more than melodic contour. Thus recognition patterning on a rhythmic level seems to be more important than on a melodic level. It facilitates the fundamental process of chunking and therefore easier perception.

The idea of different types of information processing – some of them more fundamental than others – seems to be a good hypothesis for further research.

The result obtained with the Boulez example which has the contour and the rhythm of the folktune, suggests another basic mechanism working in rhythmic and melodic organization. At first glance, I was really disturbed that listeners could not recognize this version when it was played the second time. I repeated the experiment, and I found the same result. I carefully interviewed the subjects who mainly mentioned the lack of any sense plus the impossibility to pick up this serie of tones which conflicted with their perceptual categories. Indeed, this example suggests d-flat minor at the beginning as much by a rhythmic as by a melodic gesture. However, this impression seems to be totally wrong after the c and f sharp key has appeared. This example doesn't reveal a harmonic problem alone. It shows more generally the tendency of our mind to pick up larger units while listening and to analyse the detail afterwards. It is possible to influence this process by an external memory which allows us to conceive smaller units at a lower level of comprehension. I undertook a further experiment in which subjects had the possibility of reading four annotated examples while listening. Three of these annotations had melodic or rhythmic mistakes, one of them was the right one. The correct choice was very easy. Apparently in a reading task it is easy to break down the large units into their intervallic semi-quaver structure and to follow them pitch by pitch. It is even not necessary to memorize exactly a preceding pitch to discover the meaning of the one following, because of the annotation. Without this external memory, the listener has to pick up larger units (I avoid the term "Gestalt" for its ideological implications) and to state the exact details by an additional analysis. Forming these units is not independent of the structural organization of music. But these units have a lot to do with the categorical system of the listener. Partly he imposes this categorical system on incoming information, more or less with success. Piaget called this a process of "assimilation". Considering all of our tunes (but especially examples 2 and 6) I suppose that at a very low level of perception, a stylistic scheme is working. This scheme need not be a tonal one (eventhough it was a tonal one for example 6). It is a perceptual set (in the sense of the theory of Bruner and Postman) working as a hypothesis for the listener who has lost his orientation through disapproving of it by reason of conflict with the incoming information. In the case of example 6 such a conflict arose, but not in the case of the non-tonal series example (it seems also that such a conflict arose in example 5). The idea that implicit acquired knowledge (a stylistic schema) can be more important than structural organization – even sometimes inhibiting the recognition of "Gestalt" principles – explains partly the different findings on recognition of distorted melodies.

Retrograde variations were particularly destructive of the recognition of familiar tonal melodies because they hurt the stylistic schema. These effects were weaker when the melodies were non-tonal. To assume that a stylistic judgement is automatically a basic process of perception is also confirmed by everyday experiences which show that listeners use such stylistic schemas. When listening to radio music, they move from one broadcasting station to another quickly if the style of music is incompatible with their categorical system.

*Conclusion*

The ease or difficulty with which subjects conceive music depends on the level of complexity inherent in the structural organization. Simple time-grouping enhances comprehension especially well. However, art isn't subject to limitations by simple structure. The ease or difficulty with which subjects conceive music depends on the possibility of relating music to a stylistic category. Such categories are learned. The history of music shows a broad range of musical styles, and if we hope that art in future will still be innovative we must expect new styles and new forms of music.

It is possible that the stylistic categories will overcome the fundamental principles of melodic and rhythmic organization, of "chunking," and proximity. Instead of seeking universals to confirm their own stylistic prejudice, psychologists should try to develop methods on how a listener can enlarge his perceptual sets. For a rich mind it can be a pleasure to listen to complex music where the simple rules, helpful for the processing of everyday events, are replaced by luxurious surprises.

## Abstract

The ease or difficulty with which subjects conceive music depends on the level of complexity inherent in the structural organization. An unknown Spanish folk tune and a monophonic section from the "Structures" of Boulez were selected for an experiment. In addition to the original versions six further versions were constructed by shifting pitches into another octave range and by transforming the rhythmical structure. Each musical example was played twice, and 30 graduate students of musicology had to judge whether the second version was the same or not the same, or whether they didn't recognize it. Simple time-grouping enhances comprehension especially well. But the possibility of relating music to a stylistic category is more important than simplicity of musical structure.

## References

E.C. Carterette, C.B. Monahan, E. Holman, T.S. Bell & R.A. Fiske, 1982 – *Rhythmic and Melodic Structures in Perceptual Space*, J. Acoust. Soc. Amer. 72, 11.
D. Deutsch, 1982 – *The Psychology of Music*. New York – London.
W.J. Dowling & D.L. Harwood, 1986 – *Musical Cognition*. Orlando – New York – London.
P. Howell, I. Cross & R. West, 1985 – *Musical Structure and Cognition*. Orlando – New York – London.
H. de la Motte-Haber, 1985. – *Musikpsychologie*. Laaber.
J.A. Sloboda, 1985. – *The Musical Mind. The Cognitive Psychology of Music*. Oxford.
C. Stumpf, 1883/1890. – *Tonpsychologie*, 2. Bde. Leipzig.

## Table 1: Number of correct (+) and incorrect (−, 0) answers

Subjects: 30
male: 17
female: 10
unclassified: 3

| musical example | male + | male − | male 0 | female + | female − | female 0 | unclassified + | unclassified − | unclassified 0 | total + | total − | total 0 | |
|---|---|---|---|---|---|---|---|---|---|---|---|---|---|
| 7 | 14 | 3 | − | 6 | 4 | − | 2 | 1 | − | 22 | 8 | − | |
| 5 | 2 | 15 | − | 2 | 5 | 3 | 2 | 1 | − | 6 | 21 | 3 | $\left.\right\}\chi^2 = 4{,}$ |
| 9 | 5 | 7 | 5 | 5 | 5 | − | − | 1 | 2 | 11 | 14 | 5 | |
| 3 | 6 | 10 | 1 | 3 | 7 | − | − | 3 | − | 12 | 17 | 1 | |
| 4 | 7 | 7 | 3 | 1 | 8 | − | − | 1 | 2 | 9 | 17 | 4 | |
| 8 | 4 | 11 | 2 | 4 | 6 | − | 2 | 1 | − | 10 | 18 | 2 | |
| 2 | 13 | 4 | − | 9 | 1 | − | 2 | 1 | − | 24 | 6 | − | |
| 6 | 6 | 11 | − | 2 | 8 | − | 1 | 2 | − | 9 | 21 | − | |

+ = same   − = not the same   0 = don't know it

Example 2

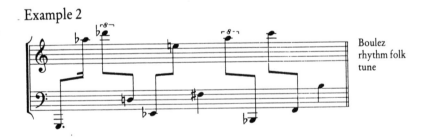

Boulez
rhythm folk
tune

Example 3

Folk tune
rhythm and
octave range
Boulez

## Example 4

Boulez "Structures"

## Example 5

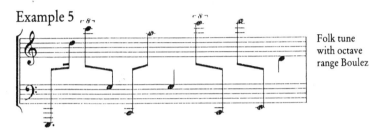

Folk tune with octave range Boulez

## Example 6

Boulez rhythm and octave range folk tune

## Example 7

Folk tune

## Example 8

Boulez with octave range folk tune

## Example 9

Folk tune rhythm Boulez

Rainer Schönhammer

# Mit Kopfhörern durch den Alltag –
# Zur Erkundung einer Hör-Welt

1. Der »Walkman« (WM): mit Kopfhörern, welche Musik eigener Wahl erklingen lassen, durch Stadt und Land. – Was erlebt man dabei? Dieser Frage ging ich zunächst durch Befragung und eigenes Ausprobieren nach. Später kamen explorative Experimente im Feld hinzu. Eine ausführliche Darstellung eines Teils der Befunde liegt bereits vor.[1] Im gegebenen Rahmen wird hauptsächlich von jenem Teil der explorativen Feldexperimente, deren Ergebnisse noch nicht veröffentlicht wurden, die Rede sein. Der Aspekt, der dabei zur Sprache kommt, ist ein *Aspekt* im wörtlichen Sinne: die *Anschauung* der Welt »durch« Kopfhörer. – Ginge es nach einem Teil der veröffentlichten (und nicht nur dieser) Meinungen über das Gerät bzw. über diejenigen, die es benützen, wäre weniger das Wie, als das Ob der Welt-Anschauung im Gefolge der veränderten Hör-Welt fraglich: »Sehen die überhaupt noch, nehmen die überhaupt noch Welt wahr?« – fragte (sich) z.B. J.E. Behrendt in einer Sendung des Bayerischen Rundfunks (Stelzer 1987).

2. Um Beschreibungen zu erhalten, die möglichst direkt an das aktuelle Erleben anknüpfen, wurden verschiedene Versuche durchgeführt:

a) Versuchspersonen beschritten einen Weg erst ohne, dann mit WM (mit Musik eigener Wahl; teils »U«, teils »E«); anschließend wurden jeweils schriftliche Protokolle erstellt.

b) Wie a), aber mit fortlaufender aktueller mündlicher Protokollierung auf Tonband.

c) Wie a), aber mit der Aufforderung, optische Eindrücke jedweder subjektiver Bedeutsamkeit durch (Schwarz-weiß-)Fotografien festzuhalten; die Abzüge wurden von den Versuchspersonen später nach Maßgabe der grundsätzlichen Frage »Was war der Eindruck, der den Schnappschuß auslöste?« kommentiert.

Ergebnisse der Variante a) wurden bereits in der oben erwähnten Publikation dokumentiert und diskutiert. Daher wird hier nur von den beiden anderen Varianten die Rede sein. – Zunächst jedoch ein Hinweis auf Arbeiten, die die Versuchsdurchführung angeregt haben: Für alle Varianten ist das »A Walk Around the Block« (Lynch & Rivikin 1976), eine Forschungsmethode der Umweltpsychologie; mit aktuellen Tonbandprotokollen bei Gängen zur Erforschung des »Sonic Environment of Cities« arbeitete z.B. Southworth (1969); Fotografie als Methode zur Erfassung des Erlebens bzw. der Persönlichkeit derer, die die Aufnahmen machten, wurde von Ziller & Smith (1977) als »phänomenologische Methode« eingeführt.

Da es hier in erster Linie um »die Sache selbst« geht, sollen methodologische Fragen nach Möglichkeit nicht auf abstraktem Niveau diskutiert werden. Ich beschränke mich daher zunächst auf eine knappe Begründung dafür, daß ich überhaupt die Varianten b) und c) durchführte bzw. dafür, daß ich bei der Variante c) in einem wesentlichen Punkt von dem genannten Vorbild abwich. – Erstens: Beide Varianten sollten helfen, (vollständiger als das in Erinnerungsprotokollen möglich ist) die konkrete Situation zum Gegenstand der Beschreibung zu machen. Zweitens: Die Probleme, die die Verbalisierung mit sich brachte (s.u.), waren der Anlaß dafür, die aktuelle Situation zunächst im Bild statt mit Worten einzufangen. Drittens: Fotografien dürfen nicht mit den Eindrücken bzw. Wahrnehmungen verwechselt werden; deshalb schien es mir unabdingbar, die Schnappschüsse (im Sinne einer Gedächtnisstütze) von denen »auswerten« zu lassen, die sie gemacht hatten; damit weiche ich von dem genannten Vorbild ab, bei dem das Erleben bzw. die Persönlichkeit der Fotografen durch Dritte als Ausprägungen vorgegebener Kategorien (»rating«) eingestuft wurden (ein Vergleich beider Varianten würde mit großer Sicherheit die Zweifelhaftigkeit des rating-Verfahrens aufweisen, was nicht heißt, die Ergebnisse solcher ratings wären sinnlos; nur: sie geben in erster Linie Aufschluß über die »rater« selbst).

Zur Durchführung: 8 Versuchspersonen (einschließlich des Autors) nahmen am Versuch in der Variante b) teil; 2 hatten keine vorherigen Erfahrungen mit dem Gerät, eine weitere hatte es nur gelegentlich eines Urlaubs ausprobiert. An der (aufwendigeren) Variante c) nahmen später 3 (ausschließlich des Autors) dieser 8 Versuchspersonen teil; eine von ihnen gehörte zu den »Erstnutzern«.

Zur Auswertung: Die Auswertung der schriftlichen und mündlichen Beschreibungen erfolgte im Sinne einer qualitativen Inhaltsanalyse. Dies schließt ein (quasi-statistisches; vgl. Barton & Lazarsfeld 1979) Festhalten des mehr oder weniger häufigen Auftretens bestimmter Aspekte nicht aus. Soweit die Kommentierung der Fotos in ausführlichen Gesprächen vorgenommen wurde, gehen die (auszuwertenden) Beschreibungen der Versuchspersonen in eine Teilhabe an der auszuwertenden Reflexion über, verschwimmt die Grenze zwischen Subjekt und Objekt der Forschung.

Zur Darstellungsweise: Der Wert qualitativer Methoden wird auch in der Musikpsycholgie gegen verengte Vorstellungen vom wissenschaftlich Erlaubten verteidigt (z.B. Kleinen 1984; Oerter 1985). Die beste Rechtfertigung solcher Methoden bleiben Befunde, die gelebte Erfahrung erhellen. Die überzeugende Darstellung von Ergebnissen ist eine Aufgabe, die sich bei solchen Untersuchungen nicht durch ein verbindliches Schema lösen läßt: es ist nicht vermeidbar, daß der Forscher *auswählt*, was *ihm* wesentlich erscheint; den Leser mit einem unselektierten Wust von Materialien zu konfrontieren, wäre eine Verwechslung von intellektueller Redlichkeit mit Denkfaulheit; dem Leser zu versichern, auch andere Auswerter seien zu denselben Deutungen wie der Forscher gelangt (»Inter-Rater-Reliabilität«), ist ein zweifelhafter Kompromiß, der zwar auf »Intersubjektivität« pocht, den Leser jedoch mit einer trockenen Versicherung abspeist, statt ihn anhand exemplarischer Materialien zum reflexiven Nachvollzug der Interpretation einzuladen und somit lebendige Intersubjektivität herzustellen.

3. Neben unmittelbaren Aussagen »zur Sache« enthält das folgende Zitat aus der Transkription eines Diktaphon-Protokolls (Serie b) Hinweise auf fundamentale Probleme dieser Erhebungsmethode; indirekt tragen diese Probleme, wie zu zeigen sein wird, jedoch zur Aufklärung des Phänomens bei:

»Eben hatte ich ein phantastisches Erlebnis: ein blondes, junges Mädchen mit sehr hübschen Beinen und einem kurzen Mini-Rock überquerte die Leopoldstraße, lief, und ist in die Hohenzollernstraße eingebogen – und da lief gerade ›You are out of touch my baby‹ von den ›Stones‹ und die lief genau in dem gleichen Rythmus, wie das Lied war; die hatte so einen schwungvollen Gang und das paßte so, so als ob sie selber die Musik hören würde, und das war also ein tolles Bild. (...) Das war einfach so toll, daß ich auf nichts anderes mehr geachtet habe. (...) Also was mir auffällt, daß wenn ich mich ganz auf die Musik einlasse und ich versuche, die einzelnen Menschen und Objekte in Bezug zur Musik zu setzen, ich überhaupt nicht mehr in der Lage bin, irgendwas zu formulieren, und wenn ich danach dann versuche, (...) die Gedanken in Worte zu repetieren, dann ist die Musik sehr störend, dann stelle ich die Musik auch immer leiser, und ich kann mich dann auch gar nicht auf die Musik konzentrieren. Also Musik hören und zur gleichen Zeit sprechen ist ein sehr konträrer Vorgang. ... (...), das habe ich am Schluß wieder, also ich war gar nicht in der Lage, irgendetwas zu formulieren, obwohl ich doch ganz viele Empfindungen hatte, also zum Beispiel bloß, wenn man jemand sieht, der mit seiner Aktentasche lang läuft, und die Stones gerade singen ›Let it be‹ oder so 'was, hat das irgendwie einen Sinnzusammenhang. Das ist mir irgendwie nie so aufgefallen, wenn ich sonst WM höre, daß man immer den Eindruck hat, daß die jeweiligen Bewegungen, die man sieht, Bewegungen sind aufgrund der Musik, die man hört. Und durch diesen Kopfhörer hat man irgendwie den Eindruck, als ob die Musik in einem selber ist, da hat man dann den Eindruck, als ob man die wirklichen Bewegungen auch aufgrund dieser Musik manipuliert« (Vp 8, Student, 26).

Die Vp *sieht* die *Musik* : alltägliche Erscheinungen erhalten einen neuen, faszinierenden Sinn. Die sprachliche Vergegenwärtigung dieses Erlebens ist jedoch nur um den Preis der Unterbrechung der beschriebenen Erfahrung möglich. Dieses Problem trat nicht erst bei den Gängen mit dem WM auf. Sämtliche Vpn erlebten den »Zwang« zur permanenten Verbalisierung des Erlebens grundsätzlich als Denaturierung desselben. Im Sinne von W. James (1901) formuliert: der Fluß des »Bewußtseinsstromes« entlang der »Flugstrecke« (= vages Erleben von Beziehungen) und »Rastplätze« (= definite, sprachlich faßbare Wahrnehmungen) wird künstlich zerhackt, der Bewußtseinsstrom stellt sich dar als Springen von Rastplatz zu Rastplatz. – Bemerkenswert ist allerdings die Tatsache, daß diese Denaturierung ohne den WM ausnahmslos gelang, mit dem WM jedoch auf Widerstand stieß: sei es in der geschilderten Weise (versuchsbedingte »Zwischenlandungen«), sei es (Vp 5) durch völlige Verweigerung der Verbalisierung (»Dauerflug«). Wo der Widerstand durchgängig überwunden wurde, war andererseits das »WM-Gefühl, das ich sonst habe« (Vp 4), verloren gegangen (»Rastzwang«) oder wollte sich (für einen »Erstnutzer«; Vp 3) ein Unterschied zum »normalen« Erleben erst gar nicht zeigen. M.a.W.: der Versuch war fehlerhaft, weil er grundsätzlich in Opposition zu den »Flugstrecken« des Bewußtseinsstromes steht, zeigte gerade darin aber, daß die Spezifik des WM-Erlebens ihrerseits in fundamentaler Opposition zu den »Rastplätzen«, zur reflexiven Vergegenwärtigung des Erlebens, steht.

Eine Vp schildert (bei ihren »Zwischenlandungen«) ein Erleben, das merkwürdig mit dem oben dargestellten »Musik-Sehen« kontrastiert: Musik-hörend erfährt sie einen Tonausfall.

»... dieses Plakat springt also echt in die Augen. – Eine Frau, die mit ihrem Korb wackelt. – Ein Mann mit einem Frauenschirm, der verdellt ist. Mit der Musik erinnert mich das alles ein bißchen an ein Stilleben. (...) (in einem Park) Zwei Amseln fliegen in die Büsche; ich habe Lust, einfach nur Musik zu hören; irgendwie ist alles unwirklich, als ob der richtige Ton abgeschaltet wäre. ... Die Blätter sehen lustig aus: sie hüpfen im Gras leicht hoch, so daß man sie für Vögel halten könnte« (Vp 7, Studentin, 23).

Hier werden alltägliche Erscheinungen nicht (durchgängig) durch Musik belebt bzw. bewegt, sondern das sichtbare Geschehen wird als unwirklich stumm und gleichzeitig gewissermaßen musikalisch umrahmt erfahren – als Bild. Eine andere Vp (ein »Erstnutzer«, Vp 6) sprach überhaupt nicht ausdrücklich von einem Zusammenwirken von Gesehenem und Gehörtem, sondern ausschließlich vom veränderten Charakter des optischen Erlebens: ungewöhnlich sei die Aufmerksamkeit für die Farben der Dinge sowie »absurde« Details in Schaufenstern usw. gewesen.

4. Die bereits am Anfang des letzten Abschnittes zitierte Vp 8 leitete ihre Kommentare zur Bildserie des WM-Gangs (Versuch c) so ein:

»Zu den Bildern, die ich mit dem WM gemacht habe, fällt es mir sehr viel schwerer, mich an das auslösende Moment, an den Grund oder an die Idee, die dahinter stehen könnte, zu erinnern. Ich glaube, ich habe die Bilder viel spontaner gemacht; zumindest bei denen, die ich von den Menschen, die mir auf der Straße begegnet sind, gemacht habe, fühlte ich mich viel mutiger und habe viel unbefangener fotografiert.«
Zwei Bilder der WM-Gang-Serie wurden dann z.B. kommentiert: »Bei beiden Bildern habe ich das Gefühl, die habe ich nur gemacht, weil ich sie vorher« (beim Gang ohne WM) »auch gemacht habe, aber ich glaube, ich dachte, das Gefühl, das ich durch die Musik hatte, veränderte auch das Bild, das ich dadurch mache.« (In diesem Falle erfolgte die Kommentierung aus praktischen Gründen schriftlich, in den beiden anderen Fällen im Rahmen ausführlicher Interviews.)

Eine Veränderung ist hier an den Bildern jedoch schwerlich festzumachen. Anders im Falle des folgenden Motivs (s. Abb. 1), das beim Gang mit WM ein wenig schräg (s. Abb. 2) wird und statt des »kulturkritischen« Kommentars – »Konsum auf offener Straße« – mit folgender Bemerkung versehen wird: »Das Motiv hatte ich auch ohne WM fotografiert; mit WM fühlte ich mich beschwingter, auch verwegener, und das Bild ist auch ganz anders geworden.«

Auch die beiden anderen Vpn hatten nur bei den Serien der WM-Bilder teilweise Erinnerungsschwierigkeiten. Vp 7 kommentierte die Bilder beider Serien vielfach mit kritischen Reflexionen über die »Künstlichkeit«,

»Glätte«, »Ordentlichkeit« Münchens bzw. mit positiven Urteilen über festgehaltene »Schmuddelecken«. Stellungnahmen wie die folgende ergaben sich jedoch nur bei der WM-Serie:

Abb. 1

Abb. 2

»Das Taxi und wieder so 'n Fahrrad im Gebüsch – und so 'ne Cola-Flasche ..., aber nicht so, daß ich mich da jetzt so, ich glaub', das war ganz anders als beim ersten, wo ich mich ja dann so, so 'ne Art Weltanschauung hatte, – jetzt einfach: ›das liegt da und das ist völlig o.k., daß es da liegt!‹ – Ich glaub' sicher, daß das durch die Musik so war. – Wie das ja halt auch, wenn man so 'n bißchen – ja – vielleicht auch durch Drogen, ja vielleicht auch ein bißchen, wo einem halt auch irgendwie alles egal ist, also Hauptsache einem selber geht's gut so, und was so sonst irgendwie ist – ist alles ganz lustig so ungefähr – irgendwie schon dieser Abstand zu allem...« (s. Abb. 3).

Abb. 3

Vp 8 (ein »Erstnutzer«) zeigte grundsätzlich ein größeres Interesse für dingliche und räumliche Konstellationen als für Menschen. Bei der Bilder-

Serie des Gangs ohne WM wurde jedoch durchgängig auf ausgreifende Reflexionen über die festgehaltenen Strukturen und ihren teils symbolischen Charakter hingewiesen. Die Kommentare zur WM-Serie fielen dagegen häufig recht lapidar aus, d.h. die Eindrücke, oftmals nur die Farbe eines Objekts, schienen bereits ohne aufgreifende Interpretation als bedeutsam erlebt worden zu sein. (s. Abb. 4 und 5).

»Der Papierkorb ... ich hab' mich gewundert, daß hier so etwas herumsteht ... Ich kenn' die schon, aber im Moment hat mich das umgehauen. Das Tuch, das Lila – obwohl ich wußte, das ist schwarz-weiß und so: das, was mich ansprach, hab ich versucht möglichst genau und beim zweiten Durchgang, also mit WM sehr viel mutiger, sehr viel schwungvoller und auch spontaner – ich hab's gesehen und bin ran. ... Ich hatte mir natürlich Gedanken gemacht: wie wird das beim zweiten Mal, ich kenn' jetzt schon gewisse Dinge und ... Aber, in dem Moment, wo ich losgegangen bin, da waren die Gedanken nicht mehr da: ›hatte ich das schon mal?‹. Das war ganz neu, die Situation ...«

Abb. 4                   Abb. 5

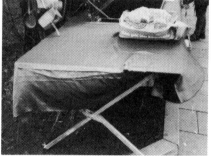

## Auf eine Frage nach der Rolle der Musik:

»... Ich weiß nicht, mir ist schon die Situation bewußt, aber nicht als Situation mit Musik, sondern eher als gesteigerte Aufmerksamkeit, in gewisser Richtung gesteigert. (...) Das war 'ne Stimmung, die ich ganz stark durch die Bilder selber repräsentiert finde. (...) ... die gewisse Losgelöstheit vom Tun selber eigentlich. (...) Es war das Auskosten oder Entdecken, das ziemlich amüsierte Entdecken von sprechenden kleinen Details. (...) Die Musik war dieses Mal weniger als Musik präsent, sondern als Stimmung, sie hat es wirklich geschafft, mich in 'ne Art Stimmung zu versetzen, wo ich dann wirklich, wo der Finger also wirklich locker saß, mit dem Fotoapparat und so. Ich kam mir auch wirklich vor wie so schaukelnd oder träumend durch die Straße: keine Vergangenheit, keine Zukunft, so jetzt übertrieben ausgedrückt – eben sehr momenthaft. (...) Auf der anderen Seite fand ich es gar nicht so dringend notwendig zu fotografieren ... die Entdeckungen schienen mir sehr viel einleuchtender. (...) Ich kann mich überhaupt nicht erinnern, diesen Auswahl-Gedanken gehabt zu haben. (...)«

Gefragt, ob er schon eine vergleichbare Situation erlebt hätte:

> »Ja, aber ich könnte nicht sagen, welche. Vielleicht im angeheiterten Zustand, oder so, auf dem Nachhauseweg spät abends, leicht angetrunken, am ehesten. (...) Es ist wahnsinnig schwer zu beschreiben. Es ist so 'ne Art Distanz. Es ist so'n – auf der einen Seite ist es fast so wie so'n Verstehen. (...) Und zwar so, daß ich sagen kann, das ist Besitz, das bleibt mir – ich hab' nicht so verstanden, daß ich jetzt weiter darüber nachdenken würde, sondern es ist 'n Bild, das mir bleibt, 'n Erlebnis, sehr starkes Erlebnis (...) – von dem ich mir nicht vornehme, wie es mir manchmal geht (...), das werde ich mir merken oder so ...« (Vp 7, Student, 27).

So störend sich die experimentelle Forderung zur Ad-hoc-Verbalisierung erwies, so angemessen ist offenbar der »Zwang« zum »fotografischen Blick«, dem Erleben mit dem WM: die Welt wird zum Bilderbogen.

5. Wer die Welt »durch« einen WM sieht, blendet das Geschehen also durchaus nicht ab. Im Gegenteil, er wird in einem spezifischen Sinn zum *Zuschauer* einer Szenerie, zu der er dank seiner *Hör-Situation* auf *Distanz* geht. Durch »Tonausfall« wird die Welt »unwirklich« – zugleich erscheint sie durch Musik belebt bzw. eigentümlich gegenwärtig. Dieses Erleben ist offenbar schwer in Worte zu fassen. Man ergötzt sich an Bildern, weil der Blick nicht mehr von der zielgerichteten Bewußtseinsspannung alltäglicher Verrichtung geleitet wird. Die Bilder stehen für sich.

In den Befragungen war das Erleben mit dem WM u.a. mit der Formel umschrieben worden »Das ist wie im Kino«. Die hier berichteten Befunde könnten auch dazu beitragen, nachvollziehbar zu machen, auf welches Erleben diese Metapher zielt.

## Summary

The empirical work reported in this paper aims at the description of experiences provided by the use of a so-called "walkman". Its results focus on the impact of the subjects' acoustic situation on their experience of the visual world. The data were gathered by means of explorative experimentation in the urban field ("walk around the block"). In one of the experiments the subjects taped their instantaneous verbalisations; in another they commented afterwards on photographs which they had taken while walking. The presentation is based on a qualitative content analysis of these reports.

It is shown that the specific acoustic situation may produce a spectacle-like impression of the experienced visual world.

## Anmerkung

1 Schönhammer (1988); dort ist auch die vorliegende Literatur zum Thema aufgeführt; hier sei nur zusätzlich auf Allesch (1985) sowie Möbius & Michel (1988) hingewiesen.

## Literatur

Chr. Allesch, 1985. *Musikkonsum als Symptom seelischer Belastungen und Fehlentwicklungen bei Jugendlichen.* In: Arbeitsgemeinschaft der Musikerzieher Österreichs (Hg.). *Musik eine Droge?* Bericht von der 17. Dachtagung. Ohne Ort: Bd. 14 der AGMÖ-Publikationsreihe.

A.H. Barton & P.F. Lazarsfeld, 1979/1955. *Einige Funktionen von qualitativer Analyse in der Sozialforschung.* In: Hopf, Ch. & Weingarten, E. (Hg.) 1979. *Qualitative Sozialforschung.* Stuttgart: Klett-Cotta, 41–89.

W. James, 1901. *The Principles of Psychology.* Vol. I. London: Macmillan and Co.

G. Kleinen, 1984. *Massenmusik und Alltagskulturen.* In: *Musikpsychologie.* Bd. 1, 53-72.

K. Lynch & M. Rivkin, 1976. *A Walk Around the Block.* In: Proshansky, H.M., Ittelson, W.H. & Rivkin, L.G. *Environmental Psychology.* (2. Aufl.) New York u.a.: Holt, Rinehart and Winston, 363–376

H. Möbius & B. Michel, 1988. *Henkelware. Vom vollkommenen Aufgehen in der Welt – ein Beitrag zur Psychologie des Walkman.* In: *die tageszeitung* (taz) vom 20. 7. 1988 (S. 13 f.).

R. Oerter, 1985, *Inhaltsanalyse.* In: H. Bruhn, R. Oerter & H. Rösing (Hg.). *Musikpsychologie.* München u.a.: Urban & Schwarzenberg, 516–523.

R. Schönhammer, 1988. *Der »Walkman«. Eine phänomenologische Untersuchung.* München: P. Kirchheim.

M. Southworth, 1969. *The Sonic Environment of Cities.* In: *environment and behaviour.* 1 (1), 49–70.

Ch. Stelzer, 1987. *Der Walkman: Musik im Kopf und die Welt vor Augen.* (Sendung des Bayerischen Rundfunk am 31. 5. 1987).

R.C. Ziller & D.E. Smith, 1977. *A Phenomenological Utilization of Photographs.* In: *Journal of Phenomenological Psychology* 7 (2), 172–182.

Helke Schnieder

# Streiflichter musikalischer Lebenswelten von Berufsschülern

## »Was ist Musik – wenn nicht das Leben«

Auf diese Formel lassen sich die Äußerungen von Jugendlichen bringen, die in einer Untersuchung zu ihrem alltäglichen Umgang mit Musik befragt wurden. Hinter dieser Studie zu Akzeptanz und Toleranz im Musikverhalten Jugendlicher steht die Intention, daß auch in der Berufsschule Grundqualifikationen im ästhetisch-sinnlichen Bereich – hier am Beispiel Musik – gefördert werden.

Die Untersuchung wurde an den Kaufmännischen Lehranstalten, einem der drei berufsbildenden Schulzentren in Bremerhaven, durchgeführt. Schülerinnen und Schüler an einer Berufsschule sind von unterschiedlichster Couleur: 15- bis 25jährig, vom Sonderschüler bis zur Abiturientin, vom Jugendlichen ohne Ausbildungsplatz bis zum angehenden Bankkaufmann.

Bei 164 befragten Schülerinnen und Schülern handelt es sich nicht um einen repräsentativen Querschnitt, sondern um mehrere symptomatische Gruppen: aus der Fachschule – die Handels- und Höheren Handelsschüler, aus der Berufsschule – Lebensmittelfachverkäufer, Bürokaufleute und Steuerfachgehilfen.

Um die verschiedenen Schülertypen zu erreichen und die Diskrepanz bildungsmäßiger Voraussetzungen auszugleichen, aber auch um für einen ausgewogenen Spannungsverlauf während der Befragung zu sorgen, war diese bewußt methodisch differenziert angelegt, auch wenn dadurch Abstriche an Objektivität und Wissenschaftlichkeit gemacht werden mußten.

Die Befragung war in vier Bereiche eingeteilt:
1. frei formulierte Fragebogenantworten;
2. assoziative schriftliche Äußerungen zu vorgespielter Musik;
3. Ankreuzen einer Fotoreihe mit unterschiedlichen Musiksituationen;
4. Erfinden von Geschichten zu musikbezogenen Bildern.

Der erste Teil enthält Fragen zum Hörverhalten und war mehr als Einstieg gedacht.

»Wenn Sie Zeit hätten, Musik zu hören, welche Musik würden Sie auflegen?
Was erwarten oder erhoffen Sie von einer Musik, die Sie hören wollen?«

Vor Beginn wurde jeder Gruppe erklärt: *Alles, was Sie denken, fühlen, schreiben, ist wichtig. Es gibt nichts »Falsches« (gleich, ob es richtig oder falsch geschrieben ist). Es wird kein Wert auf Rechtschreibung, Grammatik, Stil oder Form gelegt. Nur eigene Meinungen, Erfahrungen, Antworten sind wichtig. Sie sollen keine vermeintlich erwarteten Ergebnisse abliefern.* (Dazu die Bemerkung einer Schülerin der L-Klasse: »... sonst müssen wir uns immer ›draußen‹ lassen, wenn wir in diese Schule kommen, und jetzt sollen wir etwas ganz Persönliches schreiben. – Das kann ich so schnell nicht.«)

Die unterschiedlichen Aussagen wurden bewußt mit den von den Schülerinnen und Schülern verwendeten Formulierungen erfaßt und kodiert, um nicht hier schon durch Übersetzung und Übertragung die Beiträge zu glätten und damit eventuell zu verfälschen.

Die 293 verschiedenen Angaben enthielten 35 verschiedene Stilrichtungen, 61 Namen von Gruppen und Interpreten, 16 Adjektive zur Musik und über 40 Begriffe zu Funktionen von Musik und zum Text von Musik. Viele Mehrfachnennungen gab es bei den zur Zeit aktuellen Hits und Gruppen.

| Stilrichtungen | Kodierung | Häufigkeit | Prozentanteil (Antworten) | Prozentanteil (Befragte) |
|---|---|---|---|---|
| 1. Aktuelle Hits, Schlager, Pop, Discosound | 1 | 95 | 32,4 | 63,8 |
| 2. Rock, Hard-Rock, Soul, Jazz, Funk, Punk | 2 | 92 | 31,4 | 61,7 |
| 3. Polit-Rock, Deutsch-Rock, Neue Deutsche Welle | 3 | 34 | 11,6 | 22,8 |
| 4. Oldies, Schwoofs, 50er–60er Jahre, Country | 4 | 26 | 8,9 | 17,4 |
| 5. Klassik | 5 | 26 | 8,9 | 17,4 |
| 6. Alles was kommt, quer durch den Garten | 6 | 20 | 6,8 | 13,4 |
| Gesamt | | 293 | 100,0 | 196,6 |

| Charakterisierung | Kodierung | Häufigkeit | Prozentanteil (Antworten) | Prozentanteil (Befragte) |
|---|---|---|---|---|
| 1. schnell, flott, schwungvoll | 1 | 30 | 19,7 | 31,6 |
| 2. fetzig, laut | 2 | 18 | 11,8 | 18,9 |
| 3. harmonisch, melodisch, nicht schief | 3 | 33 | 21,7 | 34,7 |
| 4. romantisch, gefühlvoll | 4 | 19 | 12,5 | 20,0 |
| 5. leise, nicht laut, ruhig | 5 | 52 | 34,2 | 54,7 |
| Gesamt | | 152 | 100,0 | 160,0 |

| Funktionen | Kodierung | Häufigkeit | Prozentanteil (Antworten) | Prozentanteil (Befragte) |
|---|---|---|---|---|
| 1. Hintergrund, Unterhaltung, Begleitung anderer Tätigkeiten | 1 | 39 | 11,3 | 26,2 |
| 2. Entspannung, Gelassenheit und Ruhe erlangen | 2 | 95 | 27,6 | 63,8 |
| 3. Aggressionen und Streß abbauen, Konfliktbewältigung | 3 | 47 | 13,7 | 31,5 |
| 4. Freude, gute Laune, Spaß verschaffen | 4 | 70 | 20,3 | 47,0 |
| 5. Gefühle, Erinnerungen aufkommen lassen | 5 | 53 | 15,4 | 35,6 |
| 6. Tanzen, mitsingen, Feten und Parties feiern | 6 | 40 | 11,6 | 26,8 |
| Gesamt | | 344 | 100,0 | 230,9 |

Tab. 1: Aufschlüsselung der Antworten zu Fragenkomplex 1

Im zweiten »klingenden« Teil äußerten sich die Schülerinnen und Schüler zu Musikbeispielen aus unterschiedlichen Musikrichtungen.
1. Jennifer Rush: The Right Time ...
2. Ulla Meinecke: Schieß die Lichter aus ...
3. Südamerikanische Folklore: Mi Candombe »Folklore«
4. Karlheinz Stockhausen: Intensität »Neue Musik«
5. Frederic Chopin: Scherzo Nr. 1, h-moll »Klassik«
Folgender Text war als unverbindliche Formulierungshilfe und als Gerüst zur Orientierung der Schüler gedacht:

»Hören Sie der Musik eine Weile zu. –
Hören Sie diese Musik gern?
Schreiben Sie bitte auf, was Ihnen beim Hören der Musik einfällt.

Welche Gedanken, Gefühle, Erinnerungen kommen auf?
Welche Bilder entstehen in Ihrer Fantasie?

Würden Sie diese Musik verschenken wollen?
Wenn ja – wem? – warum?
Falls Sie diese Musik nicht kennen, würden Sie mehr darüber erfahren wollen?«

Die Musikbeispiele wurden nicht erläutert, sondern nur in ihrer Reihenfolge angekündigt: Musik 1, Musik 2 usw.

Die Reaktionen waren vielfältig und vielschichtig. Das Spektrum reichte von numerierten Antworten, die sich streng an das Fragegerüst hielten, über Stichworte bis hin zu dichtgedrängten, ausformulierten Texten. Eine Katalogisierung der quantitativ zusammengetragenen Daten ist aus Tab. 2 ersichtlich. »Funktionen und Handlungsimpulse« resultierten aus den vorgegebenen Fragen und waren nicht immer genau zu trennen. Der Wunsch nach aktivem Umgang mit der Musik, Erweiterung der Sach- und Fachkompetenz oder ihre Ablehnung sind unter Handlungsimpulsen registriert worden.

| Etikett | positiv | | negativ | | missing | |
|---|---|---|---|---|---|---|
| | rel. | adj. | rel. | adj. | rel. | adj. |
| Musik 1 | 51,2 | 84,8 | 9,1 | 15,2 | 39,6 | 60% |
| Musik 2 | 28,7 | 73,4 | 10,1 | 26,6 | 61 | 40% |
| Musik 3 | 48,2 | 68,7 | 22 | 31,3 | 29,9 | 70% |
| Musik 4 | 3,0 | 4,5 | 64 | 95,5 | 32,9 | 67% |
| Musik 5 | 37,8 | 75,6 | 12,2 | 24,4 | 50 | 50% |

| Funktionen | positiv | | negativ | | missing | |
|---|---|---|---|---|---|---|
| | rel. | adj. | rel. | adj. | rel. | adj. |
| Musik 1 | 47 | 98,7 | 0,6 | 1,3 | 52,4 | 48% |
| Musik 2 | 20,2 | 91,5 | 2,4 | 8,5 | 71 | 29% |
| Musik 3 | 21,3 | 84,4 | 4,9 | 18,6 | 74 | 26% |
| Musik 4 | 0,5 | 5,6 | 10,4 | 94,4 | 89 | 11% |
| Musik 5 | 29,9 | 94,2 | 1,8 | 5,8 | 68,3 | 32% |

| Handlungsimpulse | | | | | |
|---|---|---|---|---|---|
| | positiv | | negativ | | missing |
| | rel. | adj. | rel. | adj. | rel. adj. |
| Musik 1 | 72 | 93,7 | 4,9 | 6,3 | 23,2 77% |
| Musik 2 | 39,6 | 67,7 | 18,9 | 32,3 | 41,5 59% |
| Musik 3 | 14,6 | 29,6 | 34,8 | 70,4 | 50,6 49% |
| Musik 4 | 3,7 | 8,3 | 40,2 | 91,7 | 56,1 44% |
| Musik 5 | 39,6 | 87,8 | 5,5 | 12,2 | 54,9 45% |

Tab. 2: Aufschlüsselung der Antworten zu Fragenkomplex 2:
*Differenzierte Äußerungen zu Musikbeispielen*
Musik 1: Jennifer Rush; Musik 2: Ulla Meinecke; Musik 3: Folklore;
Musik 4: Neue Musik; Musik 5: Klassik

Der weitgehend positiven Beurteilung der Musikbeispiele 1 und 2 wurde
nicht übermäßig Gewicht beigemessen, da diese Titel in ihrer Funktion als
positive Motivation bestätigt wurden. Die Ablehnung oder die indifferen-
ten Antworten zu dem Titel von Ulla Meinecke wurden meistens mit dem
Text begründet:

»Eigentlich finde ich, daß diese Musik sehr interessant ist, weil sie oft die Realität beschreibt.
Ich könnte sie aber nicht ständig hören, weil viele Texte so kritisch sind, daß sie oft deprimieren
...«

Die südamerikanische Folklore rief Assoziationen von »Afrika« und
»Urwald«, »Bayern« und »Bierzelt«, »Mexiko« und »Fußball« über »Kar-
neval in Rio«, »Spanien« bis zu »Südsee« mit »Eingeborenen« hervor.
Einhellig ablehnend waren die Urteile zur Neuen Musik (Beispiel 4). Die
Äußerungen tendierten von klaren Protesten: »abstellen«, »ausschalten«
über Geräuschdefinitionen: »Krach«, »Lärm«, »Unruhe« und Interpretationen wie »Müll«, »Misthaufen«, »Schwachsinn« bis zu Klagen über physische und psychische Beeinträchtigungen: »Kopfschmerzen«, »Beleidigung
für meine Ohren«, »Angst«, »macht wütend und aggressiv«, »macht ver-
rückt« und Assoziationen zum früheren (schlechten) Musikunterricht und
zu gesellschaftskritischen Ansätzen:

»... Ich denke dabei an absolut überzogene und überdrehte Intellektuelle, die meinen, etwas
Tolles, Außergewöhnliches geleistet zu haben, das zum Nachdenken anregen soll. Aber in ihrer

49

Selbstherrlichkeit merken sie nicht, daß sie die einzigen Menschen sind, die diese Musik hören und sich damit beschäftigen.«

Drastischer ausgedrückt:

»Blöder intellektueller Mist! Wie Dadaismus in der Kunst.«

Die Nichtakzeptanz wurde überwiegend mit akustischer Paraphrasierung von Zahnschmerzen, Kopfschmerzen, Horrortrip ausgedrückt. Die Assoziationen reichten von Geräuschdefinitionen wie Krach, Lärm, Stimmen von Instrumenten über Filmmusik, Gruselmusik bis zu Etikettierungen und Aussprüchen die hart mit der Avantgarde-Kunst als Teil etablierter Kulturszene ins Gericht gehen:

»Vielleicht wieder eine neumodische Aufführung.«
»... Diese Musik haben sich wahrscheinlich Leute einfallen lassen, die zu lange Musik studiert haben ...«
»Spinnermusik für Leute, die unbedingt etwas machen wollen, was sonst keiner tut.«

Die wenigen positiven Einstellungen kamen von Schülern, die sich in irgendeiner Form mit Neuer Musik auseinandergesetzt hatten (oder in der Schule »mußten«):

»Dissonanz, atonale Musik finde ich interessant zum Selbstkomponieren (Zwölf-Ton-Kompositionen sind leichter zu erfinden) und Musizieren ...«

Diese Aussage war nicht typisch für die befragte Gruppe, denn der 21jährige Auszubildende als Steuerfachgehilfe brachte Vorinformationen aus einer gymnasialen Bildung mit. Einfacher drückte dies eine 17jährige Handelsschülerin mit Hauptschulabschluß aus:

»Vielleicht mag ich sie (die Musik) nur nicht, weil ich sie nicht verstehe ...«

Die Diskrepanz zwischen den verbalen Äußerungen über Klassik und der Klaviermusik von Chopin (als Hörbeispiel für »Klassik«) war groß. Zum einen war der Unterschied (verbal knapp 10% Zustimmung – klingend knapp 50%) auf Sozialprestigegründe (vgl. Behne 1986, S. 178) zurückzuführen, spiegelte doch die erste allgemeine Einschätzung eher den (erwarteten) öffentlichen Musikgeschmack wider. (Welcher Jugendliche bekennt sich schon zu »Klassik« = »bürgerliche Musikkultur«!) Zum anderen konnte beim (privaten) Hören die Musik als subjektiv »schön« beurteilt werden und persönliche, individuelle Empfindungen hervorrufen. Die häufigsten Assoziationen waren: romantisch, gefühlvoll, träumen, entspannen, Sommerabend am See, Blumenwiese, Freundin, Freund.

»Diese Musik finde ich einfach schön. So etwas könnte ich den ganzen Tag hören, wenn ich traurig bin. Klavierspieler, Kerzen, romantische Stimmung. Würde ich niemandem schenken, weil ich niemanden kenne, der außer mir so etwas gern hört.«

Den Eindruck, daß sie es wohl allein wären, die diese Musik gern hören, hatten mehrere, und das verstärkt die Theorie des Sozialprestiges.

»Ab und zu höre ich solche Klaviermusik gern. Es kommt auf meine Stimmung an. Ich beginne zu träumen, diese Musik stimmt mich melancholisch. Ich stelle mir einen weißen Flügel vor und den Spieler in einem großen, hellen Raum, in den die Sonne scheint. Romantisch.«

Die Auswahl und die Reihenfolge der vorgestellten Musikbeispiele hatten für das Urteil Bedeutung, aber folgende Zitate waren doch eher unabhängig davon und beinhalteten eine umfassende Meinung:

»Ja, diese Musik gefällt mir mindestens so gut wie die erste. Mir fällt ein Ballettstück ein. Zu dieser Musik fallen mir Theaterbesuche ein. Ja, ich würde diese Musik gern verschenken, z.B. an meine Mutter, weil ich ganz genau weiß, daß sie diese Musik mag. Ich würde gern mehr darüber erfahren, über den Komponisten.«

Hier gab unter anderem das »eigene Erleben« Anstoß für eine positive Beurteilung.

»Diese Musik ist meiner Meinung nach die beste dieser Auswahl! Sie hat das gewisse Etwas. Hierbei kann man sich einige Vorstellungen machen.«

Obwohl an dieser Stelle nichts Näheres über die Vorstellungen oder das gewisse Etwas ausgesagt wurde, stand die Antwort im Konsens mit den übrigen Zustimmungen zur Klassik, die zum Teil formal kurz waren und auf ungeübte schriftliche Ausdrucksmöglichkeiten schließen lassen.
Die dritte Aufgabe bestand in Zuordnungen zu Fotos aus der Schlager- und Rockszene, aus offiziellem Musik- und Konzertleben:
»Wo oder wie würden Sie sich gern sehen?«
Hierbei traten die Ablehnungen wesentlich deutlicher hervor als die Zustimmungen. Den höchsten Grad der Zuneigung erlangte die Pop-gruppe mit 68,1% vor dem Rockstar mit 53,4%. Die Ablehnung des Chors mit 89%, der Blaskapelle mit 90% und des Kammerorchesters mit 85% waren wesentlich eklatanter (vgl. Abb. 2).

**Schauen Sie sich die Bilder an. –**
**Wo oder wie würden Sie sich entscheiden?**

| | sehr gern | gern | egal | nicht gern | überhaupt nicht | |
|---|---|---|---|---|---|---|
| | | | | | | |
| | | | | | | |
| | | | | | | |
| | | | | | | |
| | | | | | | |
| | | | | | | |

Habe ich *Ihr Instrument* vergessen? Welches?

Abb. 1: Vorlage zu Fragenkomplex 3

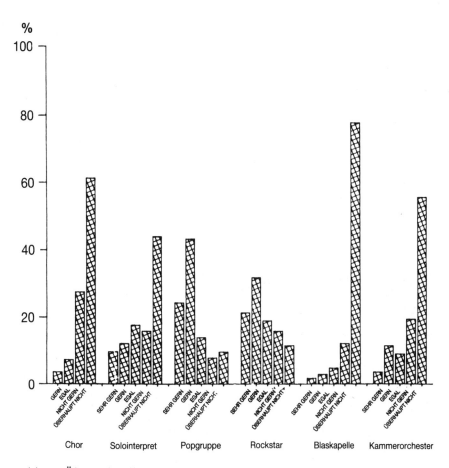

Spezielle inhaltliche Informationen liefert die als »Trichter« gestellte Frage: »Können Sie Ihre besondere Vorliebe oder Abneigung begründen?« (vgl. de la Motte-Haber 1985, S. 448). Die Kritik der Schülerinnen und Schüler am Chor richtete sich nicht so sehr gegen das Singen als vielmehr gegen nicht zeitgemäße Texte und Lieder und mangelnde Kreativität. Die Popgruppe fand Zustimmung, weil es dort »lustig und fetzig« zugeht, und der Rockstar assoziierte die Wünsche nach »Selbstverwirklichung« und »einmal ein Star sein«. Die Ablehnungen des Musizierens waren nicht prinzipell, eher graduell: »... zu Hause für mich allein ja, – aber nicht vor Publikum...«

Im vierten Abschnitt sollten zu zwei Bildern Geschichten erfunden werden.

Dieses rechnet zu den projektiven Verfahren, die auf unterschiedlichen Bildungsniveaus zu gleichermaßen aussagefähigen Resultaten führen können und einen Vergleich heterogener Gruppen erlauben, wie sie für die Berufsschule typisch sind. Die Ergebnisse der projektiven Verfahren gewähren überdies Einblick in die alltägliche Lebenswelt der Schülerinnen und Schüler, in ihre soziale und kulturelle Wirklichkeit.

»Welche ›Geschichten‹ fallen Ihnen zu diesen Bildern ein?«

Abb. 3: Vorlage zu Fragenkomplex 4 (Walkman-Gruppe)

Gruppensozialisation und Gruppenidentifikation überwogen bei den Ausführungen zur Walkman-Gruppe (s. Abb. 3). Schlagworte waren: Clique, Freunde, Gruppe, Gemeinsamkeit, zusammenhalten, sich gut verstehen. Als Funktionen tauchten »gute Laune verbreiten«, »Stimmung machen«, »Spaß haben« auf. Die Situation wurde häufig mit Urlaub, Freizeit, Stadtbummel beschrieben. Einkaufen schien eine beliebte Freizeitbeschäftigung zu sein. Gedanken wie »Alltag vergessen«, »nicht die reale Welt sehen«, »rosa Brille« wurden assoziiert. Zwar überwog die positive Besetzung, aber es waren durchaus kritische Ansätze in bezug auf Modezwang, Scheinwelt, mangelnde Kommunikation vorhanden:

»Diese Leute wollen den Alltag vergessen. Es fehlt nur eine rosa Brille.«
»Eine Gruppe von Teenagern trifft sich, natürlich mit Walkman in der Stadt. Alle sind gut aufgelegt und tänzeln lächelnd durch die Stadt. Verständigung geht natürlich nur mit Handzeichen, denn verstehen kann man den anderen doch nicht. Eigentlich möchte sich das Mädchen vielleicht lieber mit dem Jungen unterhalten, doch Walkman tragen ist modern, deshalb hat sie auch einen. Da es modern ist, so herumzulaufen, tun sie es, aber eigentlich möchten sie sich unterhalten.«
»Es war einmal in ferner, ferner Zeit, da lebten alle Menschen mit einem Bügel auf dem Kopf, aus dem Musik kam. Aber eines heiteren Tages tauchte ein Wesen auf, das dieses Merkmal nicht besaß. Es wurde von allen anderen nur begafft und fühlte sich somit sehr einsam und ausgestoßen. Daraufhin probierte es mit den Bügelmenschen zu reden, doch diese konnten anscheinend nicht hören, es kamen nur komische Geräusche aus den Bügeln. Daraufhin verschwand das bügellose Wesen von den anderen, die nicht in der Lage sind zu verstehen.«

Das zweite Bild, der Konzertsaal (s. Abb. 4), provozierte die Vorurteile: langweilige Musik, für vornehme Leute, für alte Leute.

Abb. 4: Vorlage zu Fragenkomplex 4 (Konzertsaal)

Es wurden Assoziationen zu Obrigkeit, NS-Zeit, Disziplin und Drill gebildet. Die deutliche Ablehnung der Situation wurde durch eine oft abstruse Gesellschaftskritik ausgedrückt.

»Oma und Opa gingen ins Konzert. Beide zogen vorher ihre Sonntagsklamotten an. Als sie da waren, war Oma begeistert. Opa hingegen schlief auf seinem Platz ein. Der schöne Anzug war verknittert. Oma war sauer. Am nächsten Tag zog Opa sich seine Tirolermusik rein.«

»Das Ehepaar ging ins Sinfoniekonzert, denn so etwas macht man, wenn man zu den besseren Kreisen gehören will. Eigentlich hört der Mann viel lieber Egerländer, aber Ernst Mosch ist eben etwas für ländliche, einfache Leute. Seine Frau ist mit der Frau des Professors befreundet, und die geht halt ins Konzert. Der Mann ist zwar kein Professor, aber man muß sich der Gesellschaft anpassen. Eigentlich langweilig, aber was man auf der einen Seite will, das muß man halt auf der anderen Seite tun.«

»Hierzu fällt mir eigentlich keine Geschichte ein, bloß daß alles sehr ruhig ist und alle auf das Kommando eines Einzigen agieren müssen, was mir persönlich nicht gefällt. Dies erinnert mich an die NS-Zeit, in der einer, nämlich Hitler, das Sagen hatte und alle anderen, die meisten, die Klappe hielten.«

Eine 17jährige Schülerin versuchte, die gesellschaftlichen Zwänge durch Chaos aufzubrechen:

»Fünf Minuten vor Beginn. Alles schwebt in Aufregung. Da, der Dirigent betritt die Bühne. Rasender Applaus. Da gibt er auch schon den Einsatz. Es wird die Nußknacker-Suite gespielt. Mitten in dieser Suite spielt eines der Orchestermitglieder falsch und merkt es nicht. Der Dirigent versucht verzweifelt dem Mitglied zu vermitteln, daß dieses falsch spielt, aber vergeblich. Es spielt in völliger Trance weiter und bekommt nicht mit, was um ihn (es) herum geschieht. Der Dirigent fuchtelt wie wild mit den Armen 'rum, und nun spielt das ganze Orchester verkehrt. Ein riesiges Chaos. Empörung und Lacherfolg von Seiten des Publikums. Der Abend wird mit Sicherheit in die Geschichte eingehen.«

Positiv äußerten sich diejenigen Schülerinnen und Schüler, die über eigene Erfahrungen oder den Wunsch nach eigenem Erleben formulierten:

»Ich würde auch gern einmal in einer solchen Halle mit vielen Musikern ein Konzert aufführen. Es muß riesig sein, den herrlichen Klang seines Instrumentes und die Klänge der anderen zu hören und mitten unter ihnen zu sitzen und einfach dazu zugehören.«

»Erinnert mich an meinen ersten Besuch in der Münchener Philharmonie – Sinfoniekonzert L. v. Beethoven. Ich weiß nicht mehr welche Sinfonie, nur weiß ich, daß ich 2 Stunden total überwältigt zugehört und es als absolutes Erlebnis empfunden habe.«

Die Schülerinnen und Schüler arbeiteten sehr bereitwillig und intensiv mit. Selbst aus den vermeintlichen Problemklassen kamen aussagekräftige und ideenreiche Beiträge. Nur wenige verweigerten sich oder gaben offensichtliche Nonsense-Antworten ab. Ihr hoher Motivationsgrad zeigte zum einen den Stellenwert und die Bedeutung von Musik im Leben der Jugendlichen und zum anderen die Tatsache, daß ihre Musik in der Schule zum Inhalt gemacht wurde und daß die Klangbeispiele an die Vorlieben der Schüler anknüpften. Die ersten beiden Titel standen seit Wochen an oberen Stellen in den Hitlisten und Charts und waren den Schülern somit vertraut. Ein fetziger Titel aus der englisch getexteten Rock-Pop-Szene (Jennifer Rush aus LP »Movin'«: *The Right Time Has Come Now*) und ein eher nachdenklicher Titel mit deutschem Text (Ulla Meinecke aus LP »Wenn nicht für immer ...«: *Schieß die Lichter aus*) ermunterten die Schüler, sich auf emotionaler und kognitiver Ebene zu äußern. Die (überwiegend positiven) Ergebnisse hierzu wurden analytisch inhaltlich nicht verarbeitet, da sie eine gute Arbeitsatmosphäre schaffen sollten. Die »Folklore« aus dem karibischen Raum (The Happy Family of Folk, Südamerika: *Mi Candombe*) stellte durch ihre Mischung negroider Rhythmen mit europäischen Melodien schon erhebliche Ansprüche an das Toleranzverhalten der Jugendlichen und löste ein breites Spektrum von Assoziationen und Projektionen aus. Das Beispiel der »Neuen Musik« (Karlheinz Stockhausen, *Aus den sieben Tagen: Intensität*) konnte als Provokation gesehen werden, als Konfrontation mit bisher Unbekanntem und damit Unbequemem. Das Musikbeispiel für »Klassik« (Frédéric Chopin, *Scherzo Nr. 1 h-moll op. 20*) sollte vom Klangeindruck her Ausgleich und Harmonie vermitteln. Es forderte aber zugleich Stellungnahme gegenüber dem »bürgerlichen Musikgeschmack« heraus, den viele Jugendliche auch als solchen empfanden. Die arrangierte Reihenfolge wurde auf die Gefahr eines Kontexteffektes oder eines »time-errors« zugunsten einer guten Testmotivation nicht verändert. Die Musikstücke waren zwar typisch für ihre Stilbereiche, sie enthielten jedoch keine extremen Konstrukte ihrer Richtung, um nicht positive oder negative Vorurteile zu provozieren oder zu bestärken.

Bewußt in Kauf genommen wurde auch, daß der Fragebogen Klischeevorstellungen beinhaltete und somit stereotype Antworten begünstigte. Die zu befragenden Zielgruppen, Berufsschüler unterschiedlichster Art, machten erst auf dem Umweg über Verallgemeinerungen subtile Aussagen zu ihren eigenen Erfahrungen mit Musik. Bei der Interpretation und Bewertung der Antworten blieb abzuwägen, inwieweit von den subjektiven Empfindungen auf objektive Sachverhalte geschlossen werden konnte. Das zeigt die Problematik projektiver Tests schlechthin, deren Zuverlässigkeit im Sinne einer Testkonstruktion fraglich ist. Eine Schwachstelle liegt in der persönlichen und aktuellen Lage der Testperson, deren Reaktionen mitbestimmt werden durch die Umgebung, in der sie leben, durch die Situation, in der sie schreiben, und durch das Verhalten der sie umgebenden Personen und auch des Testleiters. Unzulänglichkeiten auf Seiten des Interpreten oder Auswerters treten bei der Entscheidung auf, welche Inhalte mehr oder weniger relevant sind. In jede auswertende Interpretation werden notwendigerweise auch subjektive Gedanken des Interpreten miteinfließen, d.h. sein sozialer und politischer Standort dürfen nicht außer acht gelassen werden. So wird auch diese Studie eher im Sinne eines heuristischen Vorgehens einzuordnen sein.

Die Vorteile der projektiven Verfahren sind ihre relative Unabhängigkeit von Wissen, Vorwissen, Gedächtnis und Bildungsgang der Probanden. Es gibt keine »korrekten« und keine »falschen« Antworten. Durch Projektionen können eigene Erfahrungen und Erlebnisse anderen Personen zugeschrieben werden. Durch Interpretationen von Situationen und Ereignissen können eigene Erlebnisse und Gefühle ausgedrückt werden. So sind die Geschichten zu den vorgelegten Bildern keine unverbindlichen Phantasieprodukte. Vielmehr spiegeln sie Interessen, Wünsche, Konflikte, aber auch Urteile und Vorurteile wider.

Da die Befragung anonym war, ließ sich auch nicht feststellen, wie weit sich die Persönlichkeit in den Geschichten wiedererkennen ließe und wie weit sich Erzähler und Erzähltes einander zuordnen ließen. Durch die freien Schilderungen gewährten die Schüler Einblick in Lebenswelten, in ihre alltägliche Wirklichkeit, die ihre Sozial- und Kulturwelt mit einschließt. Die gesellschaftliche Realität ihres musikalischen Alltags mit den Beziehungs- und Rollenkonflikten, mit Kommunikations- und Identifikationsproblemen haben die Schülerinnen und Schüler deutlich zum Ausdruck gebracht. Sie führten zu dem Gedanken: – *Was ist Musik, wenn nicht das Leben...*

Die Jugendlichen wachsen in einer hochtechnisierten und arbeitsteiligen Gesellschaft heran. In ihrem Berufsleben und in ihrer Freizeit werden sie mit Medien und Kommunikationsmitteln permanent konfrontiert. Um in ihren persönlichen Freiräumen nicht vollends einer gewinnorientierten Musik- und Medienwirtschaft ausgeliefert zu sein, ist für sie ein kritischer

Umgang mit den Medien wichtig. Über einen praktisch-sachlichen Bezug zu alternativen musikalischen Handlungskompetenzen können sie einen lebendigen Zugang zu anderen kulturellen Bereichen gewinnen. Es muß nicht besonders hervorgehoben werden, daß für eine Lebensbewältigung auch berufsunspezifische Inhalte wichtig sind. Den sozial unterprivilegierten Jugendlichen, die sich zum größten Teil in der Berufsschule wiederfinden, steht nur ein stark eingeschränkter Zugang zu ästhetisch-kulturellen Bildungsinhalten offen. Die Schule muß aber ein Ort sein, an dem sozialkultureller Ausgleich stattfindet. Bildungspolitik sollte darauf hinarbeiten, auch diesen Jugendlichen ihren Anspruch auf aktive, selbstbestimmte Teilnahme an Kultur zu ermöglichen.

Ästhetische Erkenntnisse sind für den menschlichen Entwicklungsprozeß ebenso wichtig wie die Ausbildung von kognitivem Wissen und praktisch-technischen Fertigkeiten. Gesellschaftliche Realität im kulturellen Bereich sollte sich auch auf Lernprozesse in der Berufsschule auswirken, denn der Prozeß des Lernens ist immer ein Prozeß der Entfaltung, der Verwirklichung und der persönlich intellektuellen Veranlagungen.

Gute Beispiele in dieser Studie lieferten die Schüleräußerungen von Gymnasiasten, die zeigten, daß eine bessere Vorinformation den Schülern die Kompetenz verleiht, differenzierter wahrzunehmen und zu beurteilen. So darf Bildung bei jungen Menschen nicht nur Spezialfähigkeiten entwickeln, sondern muß zu einer persönlichen Gesamtheit beitragen, die einen Wissenstransfer ermöglicht. Kunst und Kultur sind entscheidende Faktoren der Persönlichkeitsbildung. Sie beeinflussen die Entwicklung von Wahrnehmung, die wiederum Grundlage menschlicher Erkenntnis ist. Die Ausbildung von Wahrnehmungsfähigkeiten als wichtige Voraussetzung für Lebensqualität kommt in der Haupt- und Berufsschule zu kurz (vgl. Hoffmann 1979, S. 303). Der Trennung kulturell Bevorrechtigter und kulturell Benachteiligter wird hier Vorschub geleistet. Zumindest wird ihr nicht entgegengearbeitet, wenn kulturelle Bildung dem Zufall überlassen oder zur Privatsache deklariert wird. Kreativität als Quelle schöpferischer Prozesse, die neue Erlebens- und Handlungsspielräume öffnen, Kreativität als Gegenpol zu Gewohnheit und Rigidität, sollte auch für Jugendliche an Berufsschulen erklärtes Bildungsziel sein.

## Summary

To attain and to deal with knowledge outside specific professional training is just as necessary as professional qualification. The present contribution refers to a study on acceptance and tolerance in the musical behaviour of students of a vocational school. By means of extensive projective techniques, an insight into their everyday situation is gained. Their social and cultural interests are revealed by their explanations of given situations and stories they had to make up to pictures.

## Literatur

K.-E. Behne, 1986 – *Hörertypologien, Zur Psychologie des jugendlichen Musikgeschmacks.* Regensburg: Gustav Bosse.

H. Hoffmann, 1981 (1979) – *Kultur für alle, Perspektiven und Modelle.* Frankfurt: Fischer.

H. de la Motte-Haber, 1985 – *Handbuch der Musikpsychologie.* Laaber: Laaber.

H. Schnieder, 1987 – *Akzeptanz und Toleranz im Musikverhalten Jugendlicher – Eine musiksoziologische Studie an einer Berufsschule.* Unveröffentlichte Examensarbeit. Bremerhaven.

Claudia Bullerjahn und Andreas Lehmann

# »Videotraining für Sänger« – zur audiovisuellen Rezeption von Jazz- und Klassikgesang im Fernsehen

Tagtäglich umgibt uns medial vermittelte Musik und oft genug bemerken wir es nicht einmal. Aber nur an Radio und Plattenspieler zu denken, wäre etwas zu kurz gegriffen, denn das Fernsehen steckt ebenfalls voller Musik. Seit einigen Jahren hat es mit dem Videoclip ein Musikprodukt geschaffen, dessen visuellen Reizen sich der Betrachter nur schwerlich entziehen kann. Für viele war dieses Phänomen der Anstoß dafür, sich mit audiovisuell vermittelter Musik jeglichen Genres auseinanderzusetzen.

Bei der audiovisuellen Rezeption von Musik im Fernsehen, sei es als Wettbewerb oder als Konzert, wird der *Ausführende* zugleich als *Aufführender* erlebt. Streng genommen gibt das Medium Fernsehen der Musikpraxis jedoch nur das wieder, was ihr durch die Schallplatte genommen worden war – das Bild. Welchen Einfluß hat aber bei dieser Gleichzeitigkeit der Sinnesreize der optische Eindruck auf die Bewertung der akustischen Darbietung?

Wie selten gerade eine solche Frage bislang gestellt wurde, zeigt ein Blick in die Literatur der Attraktivitäts- und Personenwahrnehmungsforschung. Die einzige uns bekannte musikrelevante Untersuchung stammt von May und Hamilton (1980)[1], denen es darum ging, den Einfluß von Musik auf die Beurteilung von Personenphotos festzustellen. Erst in jüngerer Zeit gab es Vorstöße von Seiten der Musikpsychologie (Behne 1988a, 1988b, i.V.).[2] Hierbei wurde im wesentlichen der Einfluß des Optischen auf die Bewertung von gedoubelten *Klavier*darbietungen untersucht.

Im folgenden wollen wir versuchen, uns dem Problem der audiovisuellen Rezeption von *Gesang* (Jazz und Klassik) in einer explorativen Studie zu nähern. Ein besonderes Problem besteht dabei in der verbal-retrospektiven Erfassung stimmlich gesanglicher Leistungen.

## Versuchsbeschreibung

An den Versuchen zu dieser Studie nahmen insgesamt 158 Versuchspersonen (Vpn) verschiedenster Gruppen teil: Sänger des Opernchors Hannover, Schüler eines Gymnasiums, Schwesternschüler/innen der MHH Hannover, Studenten des Studiengangs Jazz der Musikhochschule Hamburg, eine Gruppe von Lehrern aus dem Raum Bremen und Studenten des Studienganges Musikerziehung der HdK Berlin.[3] Das Alter der Vpn lag zwischen 14 und 59 Jahren, und die weiblichen Vpn waren mit 59% (Männer 41%) in der Überzahl. Den Vpn wurde gesagt, daß sie an einer Studie mit dem Titel »Videotraining für Sänger« teilnähmen. Dabei gehe es darum, jungen Nachwuchssängerinnen die Möglichkeit zu geben, sich auf dem Bildschirm zu erleben und ihre »Videogenität« von unabhängigen Beobachtern beurteilen zu lassen. Es wurde erklärt, daß die Studie eine Zusammenarbeit der Opern-, resp. Jazzabteilung und der Musikwissenschaft darstelle.

Die Dauer des Versuchs betrug etwa 40 Minuten. Während dieser Zeit wurden den Vpn fünf Videos vorgespielt, auf denen jeweils eine Sängerin zu sehen war, die entweder einen Jazz- oder einen Klassiktitel sang (s. Abb. 1). Zu Beginn zeigten wir als Beispiel einen Jazztitel (»Lover Man«), bei dem die Vpn in den Gebrauch des Semantischen Differentials eingeführt wurden. Dann folgte ein klassischer Titel (»Unter die Soldaten« von R. Schumann) und der Jazztitel »There will never be another you«. Jeder der beiden Titel wurde von zwei Doubles »dargeboten«, wobei die Tonspur in beiden Fällen die gleiche war. Das Material entstammt der zweiteiligen Videokassette »Musiker auf dem Bildschirm« (Behne 1988). Es wurden zwei verschiedene Reihenfolgen benutzt. Da die Gruppen der Vpn für die beiden Reihenfolgen in ihrer Zusammensetzung nicht ausbalanciert waren, sind unerwünschte Reihenfolgeeffekte aufgetreten (s.u.).

Die Tauglichkeit der Adjektivpaare und des gesamten Vorgehens ist in zwei Vorversuchen erprobt worden. Mit Hilfe eines sechsstufigen Polaritätenprofils sollte zunächst der *Hör*eindruck der jeweiligen Interpretation auf acht Skalen beurteilt werden. Zusätzlich wurde nach der Vertrautheit mit der Musikgattung gefragt und nach dem generellen Gefallen der Interpretation.

Nach den ersten drei Videos (Aufwärmbeispiel und je ein Jazz- und Klassikbeispiel) sollte in einer gut achtminütigen Pause ein Fragebogen zur Person ausgefüllt werden. Gefragt wurde nach Alter, Geschlecht, Medienkonsum, musikalischer Vorbildung und der Beurteilung von Musiksendungen im Fernsehen. Zum Teil mußten sich die Vpn in freier Formulierung zu einzelnen Fragen äußern. Der Fragebogen diente vor allem dem Zweck, zeitlichen Abstand zwischen den verschiedenen Interpretationen zu gewinnen, um das Timbre der Stimme und die genaue Ausführung des Titels vergessen zu machen. Ein direkter akustischer Vergleich sollte dadurch erschwert werden.

## Reihenfolge I             Reihenfolge II

*Isabella*                      *Isabella*     (Aufwärmbeispiel)
                    (Lover Man [Ramirez])

*Dörte*       (s. Photo)        *Susanne*     (Klassik)
        (Unter die Soldaten [Schumann op. 79 Nr. 8])

*Kathrin*     (s. Photo)        *Nanni*       (Jazz)
        (There will never be another you [Warren])

———— Pause (Personenfragebogen) ————

*Susanne*     (s. Photo)        *Dörte*       (Klassik)
        (Unter die Soldaten [Schumann op. 79 Nr. 8])

*Nanni*       (s. Photo)        *Kathrin*     (Jazz)
        (There will never be another you [Warren])

———— Fragebogen zum optischen Eindruck ————

Abb. 1: Die beiden verwendeten Reihenfolgen

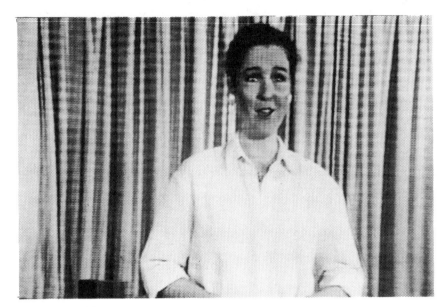

Gesangsdouble *Dörte*

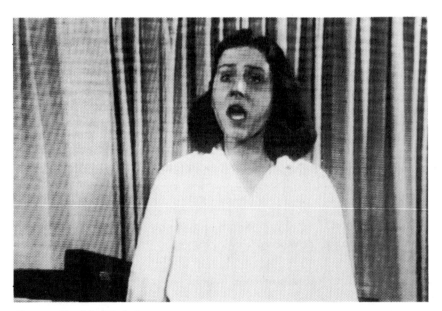

Gesangsdouble *Kathrin*

Gesangsdouble *Susanne*

Gesangsdouble *Nanni*

Nach dem Vorspiel des 4. und 5. Gesangsvideos sollten die Vpn auf einem später ausgeteilten Blatt ihren *optischen* Eindruck von den Sängerinnen in einem Profil mit sechs Adjektivpaaren niederlegen. Als Erinnerungshilfe dienten Ausschnitte von fünf Sekunden Länge aus den vorher gezeigten Gesangsvideos. Diese Ausschnitte waren nicht in der gleichen Reihenfolge wie die Gesangsvideos angeordnet und wurden bei heruntergeregelter Lautstärke vorgeführt. Da die Zeit für den Versuch großzügig kalkuliert worden war, hatten die Vpn immer genug Zeit für das Ausfüllen der Testunterlagen. Der Versuchsleiter blieb bei allen Testdurchgängen gleich (Ausnahme: Berlin), und die Vpn wurden nur einmal befragt.

## Auswertung, Daten und Diskussion

Ziel der Untersuchung war es, den Einfluß des optischen Eindrucks und möglicher anderer Variablen auf die Bewertung des audiovisuell vermittelten Gesangs festzustellen. Zunächst sollen einige Einzelbefunde der Studie aufgezeigt werden, die aus dem Vergleich der beiden Jazzvideos stammen. Danach werden die Ergebnisse des Klassikvergleichs referiert. Diese Trennung geht von der Annahme aus, daß Klassik- und Jazzgesang verschieden rezipiert werden. Am Schluß steht dann eine kurze Gegenüberstellung der Ergebnisse mit Zusammenfassung. Alle benutzten statistischen Verfahren entstammen den verfügbaren Prozeduren im Programmpaket SPSS-X.

### Jazz

Unter den auf dem Personenbogen erhobenen Daten waren die Fragen nach Alter und Geschlecht für uns besonders interessant: zum einen, weil die Jüngeren unter den Vpn wahrscheinlich andere Medienerfahrungen aufweisen als Ältere, und zum anderen, weil auf den Videos nur Sängerinnen zu sehen waren und damit geschlechtsspezifische Bewertungsunterschiede zu erwarten waren.

Diese sind auch auf beiden Profilen (zum Höreindruck und zum optischen Eindruck) in erwarteter Weise aufgetreten. Bei der einen Sängerin (Kathrin) waren im akustischen Bereich Bewertungsunterschiede nur auf der Skala *aufdringlich/künstlich – ehrlich/natürlich* zu verzeichnen. Während die weiblichen Vpn sie ziemlich *aufdringlich* fanden, wurde sie von den Männern eher als *natürlich* empfunden. Diese »Sängerin« ist Schauspielerin und benutzt eine ausgeprägtere Gestik, die von den Frauen kritischer bewertet worden ist als von den Männern.

Bei der anderen Interpretin (Nanni) ergaben sich Unterschiede auf der Skala *charmant/sinnlich – sachlich/nüchtern*. Dieser blonde, schlanke Typ von Sängerin wurde sowohl auf den akustischen als auch auf den optischen Skalen von den meisten Männern eindeutig favorisiert. Bei »Kathrin« ergaben sich im optischen Bereich keine signifikanten Bewertungsdifferenzen. Die Frauen zeigten eine durchschnittlich höhere Varianz als die Männer: bei »Kathrin« z.B. 1,73 (Frauen) gegenüber 1,59 (Männer) auf dem akustischen Profil; bei »Nanni« 1,60 (Frauen) gegenüber 1,35 (Männer) auf dem optischen Profil.

Differenzierter präsentieren sich die geschlechtsspezifischen Befunde zur Rezeption auf verschiedenen Altersstufen, die ebenso wie die vorherigen Ergebnisse mit Hilfe des Chi-Quadrats geprüft worden sind. Drei Altersgruppen wurden für die Auswertung berücksichtigt: Jugendliche unter 20, Vpn zwischen 20 und 29 Jahren und Vpn, die 30 Jahre oder älter waren. Bei den Männern waren kaum signifikante Unterschiede zwischen den Altersgruppen festzustellen, während die Urteile der Frauen extrem divergierten. Der größte Unterschied bestand zwischen den weiblichen Jugendlichen und den Frauen ab 30. Die Älteren hatten deutliche Probleme mit »Nanni«, die von den Jüngeren auf allen Skalen besser bewertet wurde (s. Abb. 2). Auch auf der zusätzlich erhobenen Skala *Gefallen* bestanden signifikante Unterschiede. Die akustischen Skalen 1 und 3 verfehlten nur knapp das 5%-Niveau.

Die Gruppe der Frauen ab 30 wird im wesentlichen von den Opernsängerinnen gebildet, während die Gruppe der Jugendlichen im wesentlichen aus Laien besteht. Daß aber die unterschiedliche musikalische Vorbildung nicht als Ursache anzusehen ist, zeigt ein Vergleich der Profile der Frauen ab 30 und der Gruppe der Sänger insgesamt, die sich nicht nennenswert unterscheiden. Es liegt also nahe, anzunehmen, daß Alter und Geschlecht wichtiger sind als die Tatsache, Sänger zu sein. Bei »Kathrin« gibt es nur signifikante Unterschiede auf der Skala *künstlich – natürlich*[5], wobei die

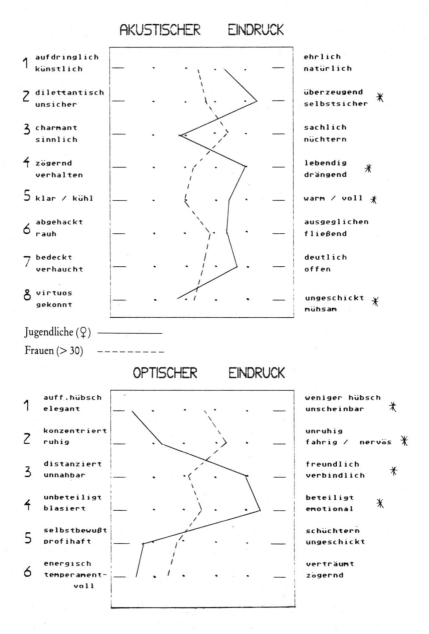

Abb. 2: Optisches und akustisches Profil »*Nanni*«, für Frauen, nach Altergruppen getrennt[4]

weiblichen Jugendlichen, wie auch die Männer, diese »Sängerin« als wesentlich *künstlicher/aufdringlicher* empfinden. Ansonsten sind die Unterschiede auf den akustischen Skalen nur gering. Es erschien uns deshalb sinnvoll, die Variable »Kompetenz« getrennt zu untersuchen: dabei wurden nun Gruppen gebildet, die sich hinsichtlich ihrer fachlich musikalischen Kompetenz unterschieden. Die zugrundeliegende Hypothese war, daß Laien anders urteilen als Musiker, Sänger (Opernchor) oder Jazzer. Aus diesem Grunde sind auch so unterschiedliche Gruppen von Vpn zu der Studie herangezogen worden. Es hat sich herausgestellt, daß sich diese Gruppen in erwarteter Weise unterscheiden. Am ähnlichsten in bezug auf »*Nanni*« urteilten Musiker und Laien. Bei »*Kathrin*« sind sie sich nur im optischen Bereich einig, während im akustischen Bereich dort Musiker und Sänger die ähnlichsten Profile aufweisen. Signifikante Differenzen zwischen den Kompetenzgruppen gab es bei »*Nanni*« auf den akustischen Skalen 1, 2, 3, 4, 6 und 7; im optischen Bereich auf den Skalen 2, 3 und 4. Bei »*Kathrin*« hingegen auf den akustischen Skalen *Gefallen*, 1, 2, 5 und 6; im optischen Bereich nur auf der dritten Skala. Das Profil »*Nanni optisch*« der Laien und Musiker ähnelt dem der gesamten Stichprobe, ohne Trennung nach Gruppenzugehörigkeit. Dieses legt nahe, daß weibliche Jugendliche, Männer aller Altersgruppen und Laien generell einen ähnlichen optischen Eindruck von der Interpretin gewonnen haben. Dieses läßt sich auch, wenngleich nicht in so ausgeprägter Form, für »*Kathrin*« feststellen.

Die Opernsängerinnen sind die Gruppe, die sich auf der optischen Ebene und bei »*Nanni akustisch*« am zurückhaltendsten geäußert haben, wohingegen sie bei »*Kathrin akustisch*« deutlich eine positivere Stellung beziehen. Beide Expertengruppen (Jazz / Opernsänger) zeigen bei der akustischen Beurteilung von »*Nanni*« ein zur Mitte hin orientiertes Profil (s. Abb. 3). Bei »*Kathrin*« verläuft das Profil etwas extremer, da die Sänger deutlich ihre Vorliebe für diese Interpretin dokumentieren: sie finden sie *ehrlicher/natürlicher, überzeugender/selbstsicherer* und *virtuoser/gekonnter* als die Jazzer. Sie geben aber im optischen Profil auch zu erkennen, daß sie »*Kathrin*« weniger hübsch finden als »*Nanni*«. Es ließen sich noch andere Einzelvergleiche anführen, deren Aussage aber nicht deutlich vom generellen Trend abweichen würde:

a) Gefällt der Typ optisch, dann wird auch im akustischen Bereich ausgeprägter geurteilt.

b) Je qualifizierter der Betrachter, desto kritischer sind die Urteile, und die Bewertungsprofile rücken in einen mittleren Bereich.

Möglicherweise bemerken die Experten den starken Einfluß des Optischen und versuchen sich mit einem reservierteren Urteil davon zu distanzieren.

Da in unserer Stichprobe die Qualifikation aber auch mit dem Alter steigt, ist es nicht immer leicht, beides zu trennen. Ein Unterschied ist z.B. zwischen den Jazzstudenten und den Musikstudenten/-lehrern festzustellen. Beide Gruppen sind etwa im gleichen Alter, trotzdem urteilen die Jazzer sowohl im optischen als auch im akustischen Bereich vorsichtiger, oder besser besagt, kritischer.

Etwas verwirrender sind die Daten, wenn sie auf mögliche Reihenfolgeeffekte untersucht werden, was mittels eines Chi-Quadrattests erfolgt ist. Vorab sei gesagt, daß bis auf die optische Skala 1 bei »*Kathrin*« und 2 bei »*Nanni*« nur auf dem akustischen Profil signifikante Bewertungsunterschiede zu verzeichnen waren. Besonders deutlich sind sie bei »*Kathrin*«, die von den Vpn der zweiten Reihenfolge insgesamt weniger extrem beurteilt wurde. Die Vpn der ersten Reihenfolge empfanden sie *überzeugender/ selbstsicherer, lebendiger/drängender* als die Vpn der zweiten Reihenfolge. Dies mag daran gelegen haben, daß bei dieser Reihenfolge »*Kathrin* « als letzte Interpretin zu sehen war. Außerdem hörten die Vpn hier den Jazztitel zum zweiten Mal und verglichen gleichzeitig »*Kathrin*« optisch mit »*Nanni*«, die sie zu Beginn des Versuchs gesehen hatten. Dafür würde auch sprechen, daß die zweite Reihenfolge »*Kathrin*« signifikant *weniger hübsch/unscheinbarer* als die erste Reihenfolge bewertet. Es handelt sich also um einen Kontrasteffekt.

Bei »*Nanni*« sind im Gegensatz dazu bei Reihenfolge I leicht bessere, aber im optischen Bereich bis auf Skala 1 nicht signifikante Urteilsunterschiede zu bemerken. Dieser Befund spricht ebenfalls dafür, daß die Interpretinnen verglichen werden. Das Profil der zweiten Reihenfolge könnte als das eines unbefangenen Beobachters angesehen werden, da »*Nanni*« als erste Jazzinterpretin auftritt und noch nicht mit »*Kathrin*« verglichen werden kann. Das Profil ähnelt eher dem der Männer als dem der Frauen,

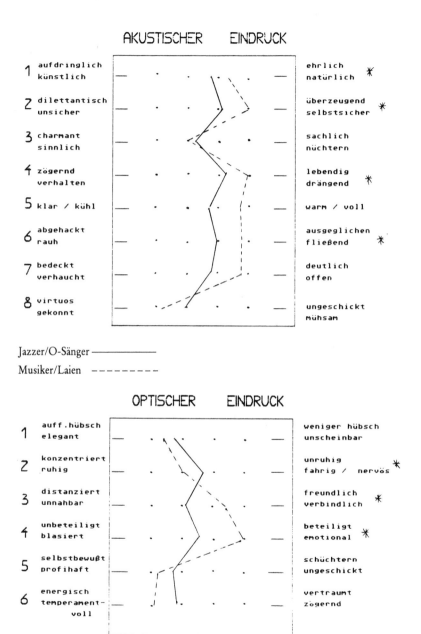

Abb. 3: Profilvergleich Laien/Musiker mit Jazzer/Sänger für »*Nanni*«

womit sich eine Lösung abzeichnet. In der zweiten Gruppe sind keine weiblichen Jugendlichen, die (s.o) am extremsten geurteilt haben. Sie haben eindeutig »*Nanni*« favorisiert, weshalb »*Kathrin*« gegenüber »*Nanni*« stärker abfällt, wenn sie an zweiter Stelle (Reihenfolge II) gezeigt wird. Auf der akustischen Ebene schlagen sich nicht nur einfach die optischen Urteile nieder, wie in der Folge noch zu zeigen sein wird, sondern auch der optische Vergleich zwischen den verschiedenen Interpretinnen. Durch den Personenfragebogen nach der ersten Hälfte des Tests kann zwar die akustische Erinnerung verwischt werden, nicht aber im selben Maße der optische Eindruck.

Um Anhaltspunkte über die Varianzanteile der optischen an den akustischen Skalen zu bekommen, wurde eine stufenweise Regression gerechnet. Dabei wurde offensichtlich, daß die optische Skala *hübsch/elegant – weniger hübsch/unscheinbar* auf acht von 10 Skalen zwischen 3% und 37% der Varianz der akustischen Skalen erklärt.[6] Bei »*Nanni*« betraf dies besonders die Skalen *Gefallen, Vertrautheit*, 3, 4, 6 und 8, wo die Werte jeweils zwischen 7% und 26% liegen. Teilt man die Gesamtstichprobe in eine Expertengruppe (Jazzer und Opernsänger) und eine Laiengruppe (Musiker und Laien) steigen die Werte sogar bis zu 55% (!), und zwar erstaunlicherweise nicht bei den Laien, sondern bei den Experten, wo die optische Skala 1 die akustische Skala *dilettantisch / unsicher – überzeugend/selbstsicher* erklärt. Dies ist jedoch die einzige Ausnahme. Insgesamt weist die Laiengruppe bei »*Nanni*« auf acht von zehn Skalen Varianzanteile der optischen Skala 1 zwischen 7% und 51% auf, bei den Experten hingegen taucht diese Skala nur viermal auf.

Bei »*Kathrin*« erklärt diese optische Skala *(hübsch/elegant – weniger hübsch/unscheinbar)* Varianzanteile von 3% bis 14% auf den akustischen Skalen *Gefallen, Vertrautheit*, 5 und 8, also deutlich weniger als bei »*Nanni*«. Die Aufteilung in die o.g. Experten- und Laiengruppe zeigt für die Experten nur einen Varianzanteil von 20% der optischen Skala 3 an der akustischen Skala »*sinnlich – nüchtern*«. Bei den Laien weisen immerhin 7 von 10 Skalen Varianzanteile verschiedener optischer Skalen zwischen 7% und 34% auf.

So erklärt z.B. die optische Skala *distanziert/unnahbar – freundlich/verbindlich* bei »*Kathrin*« 8% auf der akustischen Skala *aufdringlich/künstlich*

– *ehrlich/natürlich*, während diese akustische Skala bei »*Nanni*« mit 29% durch *konzentriert/ruhig* – *unruhig/nervös* erklärt wird. Die einzige akustische Skala, die durch keinerlei optische Aspekte erklärt wird, ist die Skala *bedeckt/verhaucht* – *deutlich/offen*. Diese Skala bewertet am deutlichsten die Stimme und nicht das Stück. Die Skala *selbstbewußt/profihaft* – *schüchtern/ungeschickt* erklärt auf der zweiten akustischen Skala bei »*Nanni*« 30%, bei »*Kathrin*« aber nur 6%. Das Adjektivpaar *hübsch/elegant* – *weniger hübsch/unscheinbar* des optischen Profils erklärt also einen gewissen, in Einzelfällen überraschend großen Teil der Varianz auf der akustischen Ebene, und zwar sogar auf Skalen, die eher dynamische oder andere musikimmanente Aspekte repräsentieren. Bei »*Kathrin*« ist die erklärte Varianz etwas geringer und auf mehrere verschiedene Skalen verteilt.

Eine Faktorenanalyse sollte etwas Licht in die unterschiedliche Beurteilung von »*Nanni*« und »*Kathrin*« bringen. Eine Extraktion von zwei Faktoren mit Varimaxrotation bei »*Kathrin*« ergab eindeutig einen »akustischen Faktor« (32,7% Varianz; Eigenwert 4,902) und einen »optischen Faktor« (14,4% Varianz; Eigenwert 2,160). Insgesamt klären die beiden Faktoren zusammen 47,1% der Gesamtvarianz auf.

Bei »*Nanni*« erklärt der erste Faktor nach der Varimaxrotation 41,1% (Eigenwert 6,172) und muß ebenfalls als »akustischer Faktor« interpretiert werden, da er alle akustischen Skalen umfaßt. Der zweite Faktor, »optischer Faktor«, klärt 10,2% (Eigenwert 1,533) auf, was zu einer kumulierten Gesamtvarianzaufklärung von 51,4% führt.

Da für die beiden Interpretinnen die gleichen, gut interpretierbaren Faktoren extrahiert werden konnten, ist davon auszugehen, daß die audiovisuelle Darbietung von den Vpn gleich erlebt worden ist und sich auf beiden Sinnesebenen nachweisen läßt. Nach dieser für beide Jazzinterpretinnen getrennten Faktorenanalyse, wurde eine gemeinsame Analyse mit Rotation gerechnet. Bei vier Faktoren ergab sich ein »*Nanni*«-Faktor (21,6%; Eigenwert 6,704), auf dem alle Skalen zur Beurteilung dieser Sängerin luden. Die drei weiteren Faktoren betreffen »*Kathrin*«. Der zweite Faktor erfaßte die »Professionalität« von »*Kathrin*« (16,0%; Eigenwert 4,945) auf den akustischen Skalen, ein vierter könnte als »Sympathiefaktor-*Kathrin*« bezeichnet werden. Er lud auf der akustischen Skala 3 und 5 (7,2%; Eigenwert 2,242).

Der dritte Faktor (9,1%; Eigenwert 2,809) ist als »optischer Faktor-*Kathrin*« zu bezeichnen; hier luden alle optischen Skalen. Insgesamt ergibt sich bei dieser Analyse eine kumulierte Gesamtvarianz von 53,9%. Der Beurteilungsprozeß scheint also bei »*Kathrin*« differenzierter zu verlaufen als bei »*Nanni*«.

Zum besseren Verständnis eine kurze Zusammenfassung des Jazzvergleichs. Der optische Eindruck bestimmt in starkem Maße die Urteile auf den akustischen Profilen:

a) Je besser die Interpretin auf der optischen Ebene beurteilt wird (»*Nanni*«), desto stärker ist der Einfluß auf die akustische.

b) Je weniger einheitlich und positiv der optische Eindruck bewertet wird (»*Kathrin*«), desto differenzierter wird die Einschätzung im akustischen Bereich.

c) Die Variabilität des Urteils ist bei Frauen bestimmter Altersgruppen erheblich stärker als bei Männern.

d) In Abhängigkeit von der Kompetenz der Vp wird das Urteil kritischer, weniger extrem und gewinnt eine größere Unabhängigkeit von dem optischen Eindruck.

e) Der gefundene Reihenfolgeeffekt erklärt sich aus der Zusammensetzung der Stichprobe in den verschiedenen Anordnungen und einer größeren Persistenz des optischen Eindrucks gegenüber dem akustischen über die Testzeit hinweg, der einen indirekten Vergleich der Interpretinnen des gleichen Titels nicht verhindern kann, obwohl durch das Bearbeiten des Fragebogens eine längere Pause entsteht.

*Klassik*

Schon bei dem Vergleich der Profile der Gesamtgruppe fallen bei fünf akustischen (1, 2, 4, 7, 8) und vier optischen Skalen (2, 3, 5, 6) signifikante Abweichungen zwischen den Interpretinnen auf. Besonders groß sind die Unterschiede bei den akustischen Skalen 4 und 7 und der optischen Skala 3. »*Dörte*« wird zwar als geringfügig *aufdringlicher/künstlicher* empfunden, erhält sonst aber durchweg die positivere Bewertung. Die Profile von »*Susanne*« tendieren insgesamt mehr zur Mitte (s. Abb. 4).

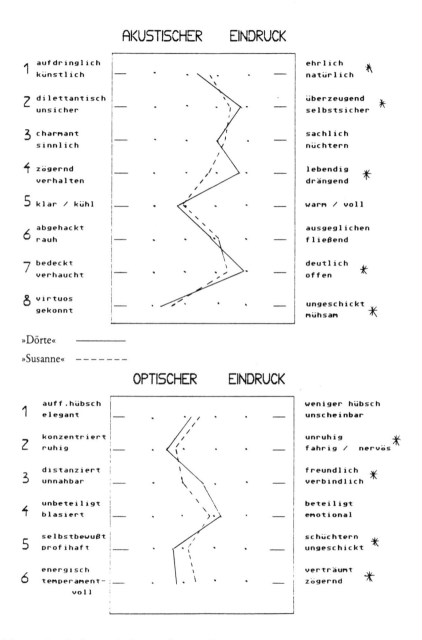

Abb. 4: Optische und akustische Profile von »*Dörte* und »*Susanne*« über alle Versuchspersonen gemittelt

Da zu vermuten war, daß sich hinter diesen noch relativ ähnlichen Mittelwertskurven bei einigen Versuchspersonenuntergruppen weit ausgeprägtere Unterschiede finden lassen, wurden diese in Abhängigkeit von Geschlecht, Alter, Kompetenz, Singen bzw. Nichtsingen[7] untersucht sowie Kombinationen davon gebildet. Als Ergebnis stellte sich heraus, daß sich auf allen akustischen und nahezu allen optischen Skalen (Ausnahme: optische Skala 1) signifikante Unterschiede in der Beurteilung von »Dörte« und »Susanne« finden lassen. Im folgenden sollen die einzelnen Skalen näher betrachtet werden. Die Signifikanzen wurden mit Hilfe des t-Tests für abhängige Stichproben ermittelt.

Bei der ersten akustischen Skala stellen hauptsächlich Jugendliche und Musikerinnen Unterschiede in der Interpretation fest. Beide empfinden »Susanne« als *ehrlicher/natürlicher*, wobei der Unterschied bei den Musikerinnen mit fast zwei Einheiten sehr deutlich ausfällt. Hauptsächlich weibliche Versuchspersonen stufen »Dörte« als *überzeugender/selbstsicherer* ein. Auf der Skala 3 findet man signifikante Abweichungen nur bei Jugendlichen und Erwachsenen im Alter zwischen 20 und 30. Dabei empfinden paradoxerweise die Jugendlichen »Dörte« als *sachlicher/nüchterner*, während die Erwachsenen diese Eigenschaft »Susanne« zuordnen. Es handelt sich hier vermutlich um einen rein altersbedingten Effekt. Außer den Musikern beurteilen alle Versuchspersonen »Dörte« als *lebendiger/drängender*, wobei der größte Unterschied überhaupt bei den Opernsängerinnen mit ca. 2,5 Einheiten herausragt. Bei der Skala 5 zeigt sich ein sehr uneinheitliches Bild: während »Singende«, Jugendliche und weibliche Erwachsene über 30 »Dörte« als eindeutig *klarer/kühler* einstufen, sind Erwachsene unter 30, männliche Jazzer und männliche »Nichtsingende« entgegengesetzter Meinung. Nahezu ausschließlich Frauen beurteilen »Susannes« Interpretation als *ausgeglichener/fließender*. »Dörtes« Gesang wird von allen Frauen und sämtlichen Opernsängern als *deutlicher/offener* empfunden. Bei der achten und letzten akustischen Skala votiert eine gemischte Gruppe aus weiblichen Laien, Opernsängerinnen und männlichen Erwachsenen zwischen 20 und 29 recht deutlich für »Dörte«. Ihre Interpretation wird als *virtuoser/gekonnter* eingestuft.

Im optischen Bereich lassen sich, wie schon erwähnt, auf der ersten Skala keine signifikanten Unterschiede feststellen. Opernsängern und Laien erscheint »*Dörte*« als *konzentrierter/ruhiger.* Vor allem weibliche Laien und männliche Musiker beurteilen »*Dörte*« als *freundlicher/verbindlicher.* Als *beteiligter/emotionaler* erscheint sie dagegen den weiblichen Laien und männlichen Opernsängern. Opernsänger und weibliche Laien stufen »*Dörte*« als *selbstbewußter/profihafter* ein. Alle außer den Jazzern, Musikern und männlichen Opernsängern sehen »*Susanne*« als eher *verträumt/zögernd* im Vergleich zu »*Dörte*« an.

Es stellt sich nun die Frage, was zu dieser unterschiedlichen Beurteilung von »*Dörte*« und »*Susanne*« führte. Zunächst soll untersucht werden, ob und inwieweit ein Zusammenhang zwischen den akustischen und optischen Skalen besteht, aus dem sich möglicherweise auf eine Auswirkung des optischen auf den akustischen Eindruck schließen läßt. Eine stufenweise gerechnete Regression bietet sich auch hier an, da sie Varianzanteile der optischen an den akustischen Skalen aufzeigt. Bei einer über die Gesamtstichprobe gerechneten Regression treten bei »*Dörte*« vier optische Skalen (3, 4, 5, 6) und bei »*Susanne*« alle sechs in Erscheinung. Die Varianzanteile an den akustischen Skalen liegen bei »*Dörte*« zwischen 5% und 18%, wobei die Skalen 4, 5 und 6 den Großteil bestreiten. Bei »*Susanne*« liegen die Varianzanteile zwischen 5% und 23%, wobei die optische Skala 5 *(selbstbewußt/profihaft – schüchtern/ungeschickt)* in nahezu der Hälfte aller Fälle auftaucht.

Interessantere Ergebnisse erhält man, wenn Regressionen über spezielle Versuchspersonenuntergruppen gerechnet werden. Es treten dann Varianzanteile in Höhe von bis zu 76%(!) auf. Erstaunlicherweise können alle akustischen Skalen bei beiden Sängerinnen durch optische Skalen für Untergruppen erklärt werden. Berücksichtigt man Alter, Geschlecht oder Kompetenz, liegen die Höchstwerte der Aufklärung durch optische Skalen bei allen akustischen Skalen und für beide Sängerinnen zwischen 30% und 50%. Höchstwerte erhält man auf der akustischen Skala 4 *(zögernd/verhalten – lebendig/drängend)* für »*Susanne*« (63% bei den Jazzern insgesamt) und auf den Skalen 5 *(abgehackt/rauh – ausgeglichen/fließend)* und 6 *(bedeckt/verhaucht – deutlich/offen)* für »*Dörte*« (66% bei männlichen Jugendlichen bzw. 76% bei männlichen Jazzern). Bemerkenswerterweise tragen bei den beiden letzteren akustischen Skalen zumeist die optischen Skalen 3 *(distanziert/unnahbar – freundlich/verbindlich)* und 2 *(konzen-*

*triert/ruhig – unruhig/fahrig/nervös)* zur Aufklärung bei. Wie oben gezeigt, wird »*Dörte*« als *freundlicher/verbindlicher* empfunden, und es ist eigentlich verwunderlich, daß dieses Sympathie-Attribut zur Klärung eindeutig stimmlicher Merkmale beiträgt. Die am häufigsten im optischen Zusammenhang stehende Skala *virtuos/gekonnt – ungeschickt/mühsam* hat bei beiden Sängerinnen einen optischen Varianzanteil von bis zu 58% erklärt, wobei hier die Skalen 5 *(selbstbewußt/profihaft – schüchtern/ungeschickt)* und wiederum 2 im Vordergrund stehen. Das selbstbewußtere und sichere Auftreten »*Dörtes*« ist also vermutlich der Grund für die ihr zugebilligte größere stimmliche Virtuosität.

Im folgenden sollen einige auffällige Untergruppen im Einzelnen behandelt werden. Prägnant sind die Ergebnisse bei *männlichen Jugendlichen* bzw. *Laien*, zwei Gruppen, die sich im wesentlichen durch die Gruppenzusammensetzungen bedingt überschneiden dürften. Auf *allen* akustischen Skalen außer der ersten ist bei »*Dörte*« ein bedeutsamer optischer Varianzanteil zwischen 29% und 66% vorhanden. In bezug auf »*Susanne*« kann ein solcher dagegen nur auf drei akustischen Skalen nachgewiesen werden. Allerdings unterscheiden sich die Kurven der Sängerinnen nur bei Skala 1 und 4 signifikant. Bei den *weiblichen Jugendlichen* dagegen treffen wir auf nahezu umgekehrte Verhältnisse: bei »*Susanne*« weisen 7 akustische Skalen einen bedeutsamen optischen Varianzanteil mit bis zu 41% auf, bei »*Dörte*« hingegen nur die akustische Skala 2. Trotzdem sind hier sieben signifikante Unterschiede in der akustischen Beurteilung von »*Dörte*« und »*Susanne*« nachweisbar. Vergleichen wir die Polaritätsprofile der Jugendlichen untereinander, so unterscheiden sich nur diejenigen von »*Dörte*« deutlich: die Kurve fällt bei den Mädchen insgesamt noch positiver aus. Bei dieser Gruppe sind demnach die negativen optischen Eigenschaften von »*Susanne*« für deren schlechteres Abschneiden verantwortlich, während es bei den Jungen der positivere optische Eindruck von »*Dörte*« ist.

Auch die *männlichen Jazzer* weisen auf 4 bzw. 5 Skalen eine bedeutsame und hohe Aufklärung durch optische Skalen auf, was sich z.B. in Werten bis zu 76% in bezug auf die 6. akustische Skala *(abgehackt/rauh – ausgeglichen/fließend)* äußert. Dieser hohe Varianzanteil verteilt sich auf die optischen Skalen 3, 2 und 5. Signifikante Unterschiede zwischen den Polaritätsprofilen von »*Dörte*« und »*Susanne*« findet man aber nicht, da die Ergebnisse stark streuen. Die starke optische Orientierung könnte aber als Indiz dafür gewertet werden, daß Jazzer in der Regel in bezug auf klassischen Gesang auch Laien sind und somit ähnlich wie diese reagieren.

Eine weitere auffällige Gruppe bilden die *Musiker*. Während die Musikerinnen sowohl optisch als auch akustisch für »*Susanne*« votieren (s. Abb. 5), was bei keiner Gruppe sonst der Fall ist, favorisieren die männlichen Musiker »*Dörte*«. Auch in der Regressionsrechnung schlägt sich dies nieder: während bei Musikerinnen in bezug auf »*Susanne*« fünf akustische Skalen mit bis zu 38% durch optische erklärt werden, findet man bei Musikern in bezug auf »*Dörte*« Aufklärungen auf vier Skalen mit bis zu 34%. Die jeweils bessere optische Beurteilung scheint demnach für das bessere akustische Abschneiden verantwortlich zu sein.

Erstaunlich sind die Ergebnisse schließlich bei den *Opernsängerinnen* (s. Abb. 6). Die Prägnanz des Ergebnisses übersteigt alle Erwartungen. Auf vier akustischen Skalen (2, 4, 7, 8) sind große bis sehr große signifikante Abweichungen zu finden. »*Dörte*« wird um 2,5 Einheiten *lebendiger/drängender* als »*Susanne*« empfunden! Mit 47% hat diese Skala auch den höchsten optischen Varianzanteil bei den Opernsängerinnen. Bei fünf akustischen Skalen findet man Varianzanteile mit mindestens 28%, nur *einen* bedeutsamen dagegen in bezug auf »*Susanne*«. Von der Tendenz ähnlich, aber bei weitem nicht so ausgeprägt, sind die Ergebnisse bei den männlichen Opernsängern.

Zur Beleuchtung der verschiedenen Urteilsstrategien in bezug auf die »Interpretationen« der beiden Sängerinnen bietet sich eine Faktorenanalyse an. Es lassen sich für beide vier gleich interpretierbare Faktoren extrahieren (vgl. dazu Abb. 7 mit den Faktorenladungen der »*Dörte*«-Analyse): *Faktor 1* betrifft die Interpretation (»*Dörte*«: 34,9%; Eigenwert 5,24139; »*Susanne*«: 14%; Eigenwert 1,94003), *Faktor 2* den optischen Beleg der Kompetenz (»*Dörte*«: 12,9%; Eigenwert 1,94003; »*Susanne*«: 10,9%; Eigenwert 1,63201), *Faktor 3* den akustischen Beleg der Kompetenz (»*Dörte*«: 10,7%; Eigenwert 1,60718; »*Susanne*«; 33,8%; Eigenwert 5,07708) und *Faktor 4* die Sympathie, die von der optischen Erscheinung ausgeht (»*Dörte*«: 7,9%; Eigenwert 1,17890; »*Susanne*«: 6,1%; Eigenwert 0,91857). Die einzige wichtige Abweichung betrifft den 4. Faktor: An die Stelle der optischen Skala 1 tritt bei »*Susanne*« die akustische Skala 3. Insge-

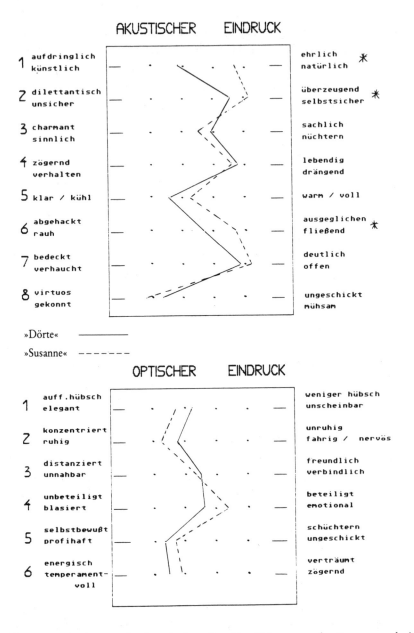

Abb. 5: Optisches und akustisches Profil »*Dörte*« und »*Susanne*« bei Musikerinnen

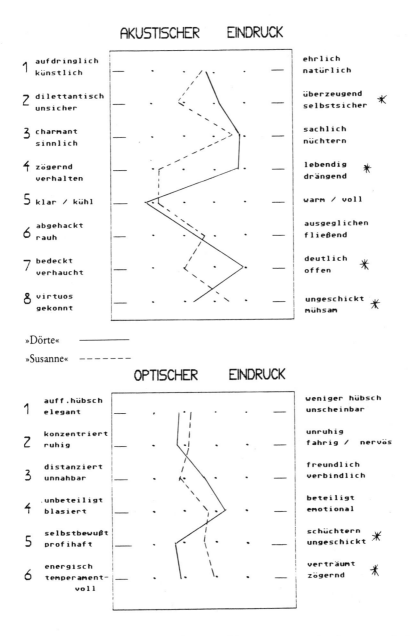

Abb. 6: Optisches und akustisches Profil »*Dörte*« und »*Susanne*« bei
Opernsängerinnen

samt klären alle vier Faktoren zusammen 66,5% (»Dörte«) bzw. 64,8% (»Susanne«) der Gesamtvarianz auf.

| Skalen | Faktor 1 Interpretation | Faktor 2 optischer Beleg der Kompetenz | Faktor 3 akustischer Beleg der Kompetenz | Faktor 4 optische Erscheinung/Sympathie |
|---|---|---|---|---|
| *Gefallen* | −.63432 | .15437 | −.41274 | −.17859 |
| *künstlich/natürlich* | .66086 | .05540 | .24170 | .23743 |
| *dilett./überzeug.* | .29126 | −.36920 | .70041 | −.18739 |
| *charmant/nüchtern* | −.81462 | .05400 | .02369 | −.13792 |
| *zögernd/lebendig* | .07407 | −.08475 | .78203 | .19213 |
| *kühl/warm* | .77622 | −.07083 | .07837 | .07057 |
| *rauh/fließend* | .74750 | −.18486 | .19172 | .11856 |
| *bedeckt/offen* | .10899 | .00831 | .72177 | .21541 |
| *virtuos/mühsam* | −.43216 | .32148 | −.59613 | .13850 |
| *hübsch/unscheinbar* | −.12044 | .45134 | .19480 | −.61099 |
| *ruhig/nervös* | .01417 | .76260 | −.11123 | −.24921 |
| *distanz./freundlich* | .24515 | −.08764 | .12653 | .78846 |
| *blasiert/emotional* | .18664 | −.15476 | .26612 | .73688 |
| *profihaft/ungesch.* | −.09544 | .84693 | −.21717 | −.14181 |
| *energ./verträumt* | −.16613 | .83003 | −.09016 | −.04360 |

Abb. 7: Rotierte Faktorenmatrix »Dörte«

Bei einer gemeinsamen Faktorenanalyse ergeben sich nur sieben Faktoren, da bei »Susanne« die beiden Kompetenzfaktoren zusammenfallen. Es wird eine Gesamtvarianzaufklärung von 64,4% erreicht.

Um den möglichen Zusammenhang zwischen der jeweiligen akustischen Beurteilung und unabhängigen Variablen wie Geschlecht, Singen bzw. Nichtsingen, Alter und Kompetenz aufzudecken, wurde eine Varianzanalyse (Prozedur ANOVA) gerechnet. Es zeigt sich (s. Abb. 8), daß die Beurteilung »Dörtes« im wesentlichen unbeeinflußt von den unabhängigen Variablen erfolgt. Nur auf den akustischen Skalen 5 und 7 findet man signifikante Geschlechts- bzw. Altersgruppeneffekte. Das Geschlecht der Versuchspersonen spielt dagegen bei »Susanne« keine Rolle. Die Kompetenz wirkt sich gegenüber der Altersgruppe und Singen bzw. Nichtsingen am stärksten aus.

| Dörte | Gefallen | 1 | 2 | 3 | 4 | 5 | 6 | 7 | 8 |
|---|---|---|---|---|---|---|---|---|---|
| Haupt-effekte | | | | ■ | | ■ | | | ■ |
| Geschlecht | | | | | | ■ | | ■ | |
| Singen | | | | | | | | | |
| Alters-gruppe | | | | | | ■ | | | |
| Kompetenz | | | | | | | | | |
| **Susanne** | | | | | | | | | |
| Haupt-effekte | ■ | ■ | ■ | ■ | ■ | ■ | ■ | ■ | ■ |
| Geschlecht | | | | | | ■ | | | |
| Singen | ■ | | | | | ■ | | | |
| Alters-gruppe | | ■ | | ■ | ■ | ■ | ■ | ■ | |
| Kompetenz | ■ | ■ | ■ | ■ | | ■ | ■ | ■ | ■ |

Abb. 8: Signifikanzen auf akustischen Skalen in bezug auf die unabhängigen Variablen Geschlecht, Singen, Altersgruppe und Kompetenz; »Dörte« und »Susanne« im Vergleich

*Vergleich der Ergebnisse von Jazz und Klassik*
*und Zusammenfassung*

Faßt man die Ergebnisse zusammen und setzt sie in Beziehung zu dem bereits referierten Jazzvergleich, so fällt das sehr viel differenziertere Urteil beim Klassikgesang auf. Die Faktorenanalyse ergab sieben Faktoren für den Bereich Klassik, jedoch nur vier für den Bereich Jazz. Auch wenn mögliche Artefakte nicht ausgeschlossen werden können, so ist dieser Unterschied kaum als Zufall zu werten. Beim durch Medien vermittelten Jazzgesang scheint der optische Eindruck zu dominieren, der Klassikgesang erfordert dagegen sowohl optische (»Videogenität«) als auch akustische Professionalität der Darbietenden (»stimmliche Virtuosität«), um zu gefallen.

Die großen Unterschiede in der Beurteilung des akustischen Eindrucks (z.B. bei den Opernsängerinnen) sind einerseits vermutlich auf mögliche optische Eigenschaften der Interpretinnen zurückzuführen, die durch keine der verwendeten Adjektivpaarungen abgefragt wurden. Andererseits könnten testspezifische Aspekte einen Zwang zur Entscheidung bewirkt haben. Je größer die Kompetenz ist, desto größer ist wohl auch der Zwang, diese unter Beweis zu stellen. Zu einem ähnlichen Ergebnis kam schon ein 1977 vom WDR[8] im Rahmen einer Hörfunksendung durchgeführtes Experiment mit drei vermeintlich verschiedenen Interpretationen ein und desselben klassischen Stücks. Möglicherweise ist dies aber auch nur typisch für den klassischen Bereich, denn die Jazzer zeigten sich im wesentlichen vom optischen Eindruck der Jazzsängerinnen unbeeindruckt.

Die Reihenfolgeeffekte sowohl bei der Jazz- als auch bei der Klassikdarbietung sind auf Kontrastphänomene zurückzuführen. Einerseits fällt der erste Klassiktitel im Vergleich zum vorangegangenen Jazzaufwärmbeispiel bei Jugendlichen immer ab. Andererseits wird eine bevorzugte Interpretin eines Genres (»Nanni« bzw. »Dörte«) noch positiver beurteilt, wenn sie nach der Pause auftritt.

Insgesamt wird der Höreindruck des Jazzgesangs zumeist durch die erste optische Skala erklärt, wohingegen gerade diese, die Attraktivität betreffende Skala, für die Klassik ohne Bedeutung zu sein scheint. Ein Grund dafür ist vermutlich die größere visuelle Unterschiedlichkeit der Jazzinterpretinnen. Ein weiterer betrifft die Rezeptionsgewohnheiten: vermutlich werden die medienvermittelten audiovisuellen Rezeptionsgewohnheiten von Rock/Popmusik aufgrund einer scheinbaren Nähe auf den Jazz übertragen, was die Reaktion der weiblichen Jugendlichen auf »Nanni« erklären könnte. »Nanni« entspricht möglicherweise einem gängigen »Videoclipideal« und wirkt am »jugendlichsten«. Ruhiges, freundliches und selbstsicheres Auftreten scheint im Gegensatz dazu für den Klassikgesang im Fernsehen wichtiger als das Aussehen zu sein.

Laien sind sowohl in bezug auf Klassik- als auch Jazzgesang stärker optisch orientiert als Experten. Weibliche Versuchsteilnehmer urteilen insgesamt extremer und uneinheitlicher. Bei ihnen wirken sich Altersdifferenzen im optischen Bereich vor allem auf die Beurteilung des Jazzgesangs und im akustischen Bereich besonders auf die Beurteilung des Klassikgesangs aus.

Ein Nachteil der Untersuchung ist, daß aufgrund der ausgewählten Gruppen und deren Zusammensetzungen die Auswirkungen von Geschlecht, Kompetenz und Alter der Versuchspersonen kaum trennbar sind. Außerdem bedeutet im musikalischen Bereich größeres Alter immer auch einen Zuwachs an Erfahrung und Kompetenz. Eine Clusteranalyse, die in Arbeit ist, könnte zusätzliche Aufschlüsse geben. Die Untersuchung, die natürlich nur einen Einblick in die vielfältigen Abhängigkeiten geben konnte, hat aber auch so schon einen Eindruck von der Differenziertheit der medial vermittelten audiovisuellen Rezeption geben können. Nachfolgende Untersuchungen werden zur Absicherung und Ausweitung der Ergebnisse dieser explorativen Studie vonnöten sein.

## Summary

This exploratory study is concerned with the influence of judgements of visual attractiveness on the auditive evaluation of videotaped female vocal performances. To 158 subjects of heterogeneous groups (professional singers, [Jazz] musicians, music students and non-professionals) playback video performances of a jazz and a classical piece of music were presented. It was shown that female subjects responded more differenciatedly according to age than males and that experts tended to judge more sophisticatedly than non-professionals in the case of classical music while more reservedly in the case of the jazz title. The results of a regressional and a factor analysis indicate that the visual perception is more important for jazz evaluation than for the evaluation of classical music. The latter seems to be more complex.

# Anmerkungen

1 J.L. May & P.A. Hamilton (1980): Effects of musically evoked affect on women's interpersonal attraction toward and perceptual judgements of physical attractiveness of men, in: *Motivation and Emotion* Vol. 4, No. 3, 1980, S. 217–228.

2 K.-E. Behne (i.V.): Blicken Sie auf die Pianistin! Zur bildbeeinflußten Beurteilung des Klavierspiels im Fernsehen. In: *Medienpsychologie* (Vorauss. Anfang 1990) (s.a. die Beiträge von Schlosser & Behne bzw. Wille in diesem Band).
Ders. (1988a): Bilder zur Musik – Fesseln, Fragen oder Freiräume? Überlegungen zum musikalischen Kunstwerk im Fernsehen (II). In: *Neue Zeitschrift für Musik* 149. 1988, 4, S. 12–17.
Ders. (1988b): Musiker auf dem Bildschirm. Materialien für Forschung und Unterricht. In: *Zeitschrift für Musikpädagogik* 13. 1988, 5, S. 3–8.

3 Unser besonderer Dank für die freundliche Zusammenarbeit gilt den Herren Prof. Dr. Ott (Berlin), Prof. Dr. Glawischnig (Hamburg), Prof. Dr. Rhode (MHH Hannover), Dr. Heymel (Bersenbrück) und Martin Brauß (Hannover).

4 Die Sterne in den Abbildungen zeigen signifikante Unterschiede ($p < 5\%$) an.

5 Die Gegensatzpaare sind auf beiden Seiten mit jeweils zwei Adjektiven versehen. Aus Platzgründen wird meist nur ein Adjektivpaar aufgeführt oder die Nummer der Skala. Alle Skalen mit ihren genauen Bezeichnungen sind jedoch den Abbildungen zu entnehmen.

6 Bei der Formulierung »optische Skala x erklärt akustische Skala y« ist eine Einschränkung zu machen. Es wäre nämlich durchaus möglich, daß die nachträgliche Skalierung des optischen Eindrucks von den zuvor abgegebenen Interpretationsurteilen mehr oder weniger stark beeinflußt ist.

7 Als »Singen« bzw. »Nichtsingen« wird die auf dem Fragebogen erhobene Variable der Häufigkeit des Singens bezeichnet. Vpn, die angaben, regelmäßig oder oft zu singen, wurden als Singende klassifiziert.

8 WDR-Studie vom 31.1.1977: In der Sendung »Trau, hör wem? Ein musikpädagogisches Propädeutikum« wurde erstmals in der deutschen Rundfunkgeschichte ein musikpsychologisches Experiment durchgeführt und sofort ausgewertet.

Christoph Fassbender und Gabriel Frommer

# Ohr-Asymmetrie in der Wahrnehmung dichotisch dargebotener Melodien als Funktion von musikalischer Begabung und musikalischer Erfahrung

## Einführung

Die Tatsache, daß mentale Funktionen asymmetrisch in den cerebralen Hirnhälften des Menschen verteilt sind, ist schon seit Mitte des 19. Jahrhunderts bekannt, als Broca (1861) Sprachstörungen mit Verletzungen der linken Hirnhälfte in Zusammenhang brachte. Auch Zusammenhänge zwischen Formen von Amusia und Hirnverletzungen sind schon früh beschrieben worden, aber ein starkes Interesse an den Verarbeitungsunterschieden der beiden Hemisphären für Musik und Sprache entstand erst in den sechziger Jahren dieses Jahrhunderts.

Beide cerebralen Hemisphären sind mit sensorischer Verarbeitung und motorischer Kontrolle der jeweils gegenüberliegenden Körperseite beschäftigt, mit der sie über efferente und afferente Nervenbahnen in Verbindung stehen. Die beiden Hirnhälften sind über das Corpus Callosum, einem Bündel von über 200 Millionen Nervenfasern, miteinander verbunden. Diese Verbindung erlaubt eine Integration der Information beider Seiten und ermöglicht eine einheitliche Repräsentation des gesamten Körpers und seiner Umwelt (vgl. Springer & Deutsch, 1985). Es könnte aufgrund dieser Symmetrie geschlossen werden, daß beide Hemisphären in Struktur und Funktion symmetrisch sind. Tatsächlich gibt es aber Unterschiede im strukturellen wie im funktionellen Bereich (vgl. Geschwind und Galaburda, 1984).

Frühere Berichte über Unterschiede der Hemisphären kamen hauptsächlich aus der klinischen Literatur, die spezifische Defizite nach spezifischen Hirnläsionen beobachteten (z.B. Reichardt, 1923; Weisenberg & McBride, 1935; Hebb, 1939; Alajouanine, 1948; Kimura, 1961a; Wertheim & Botez, 1961), die Methoden der direkten Hirnstimulation bei epileptischen Patienten anwendeten (Penfield & Roberts, 1959) oder mit Hilfe von Sodium-amobarbital-Injektionen eine Hirnhälfte zeitweise anästhetisierten (Wada & Rasmussen, 1960). Technische Innovationen machten erst später die Anwendung von EEG (Electroencephalograph; Galin & Ornstein, 1972; Davidson & Schwartz, 1977; Osborne & Gale, 1976), AEP (average evoked potential; Molfrese, Freeman & Palermo, 1975), rCBF (regional cerebral blood flow; Risberg, Halsey, Wills & Wilson, 1975) und anderen Messungen möglich, die eine Beobachtung auch bei gesunden Menschen zuließen.

Aber schon die Entwicklung der dichotischen Hörmethode von Kimura (1961a, b) in den sechziger Jahren öffnete wegen ihrer relativ einfachen Durchführbarkeit und dem geringen technischen Aufwand dieses Forschungsfeld einer Reihe von Wissenschaftlern, die an der cerebralen Lateralisation von Sprache und Musik interessiert waren. Die dichotische Methode beruht auf der Arbeit von Rosenzweig (1951) und wurde bei Menschen zuerst im neurologischen Kontext von Kimura (1961b) eingesetzt. Beide Ohren projektieren über kontralaterale und ipsilaterale Nervenbahnen in den auditiven Cortex jeder Hirnhälfte, wobei die ipsilateralen Verbindungen das Ohr mit der Hirnhälfte auf der gleichen Seite und die kontralateralen Verbindungen das Ohr mit der gegenüberliegenden Hirnhälfte verbinden. Kimura nahm an, daß die akustische Information in den contralateralen Verbindungen die Information in den ipsilateralen Verbindungen unterdrückt. Im dichotischen Hörtest, in dem auf beiden Ohren zwei konkurrierende Stimuli gleichzeitig dargeboten werden, kommen unter dieser Annahme die Informationen zuerst in den den Ohren gegenüberliegenden Hirnhälften an, bevor sie über das Corpus Callosum ausgetauscht werden können (siehe Abb. 1).

Die heute vorherrschende Theorie über cerebrale Asymmetrie nimmt an, daß jede Hirnhälfte für einen bestimmten kognitiven Modus – eine bestimmte kognitive Verarbeitungsstrategie – spezialisiert ist: die linke für die analytische Verarbeitung, was für die Sprachwahrnehmung von Vorteil ist, und die rechte für die holistische, ganzheitliche Verarbeitung, was für die Musikwahrnehmung von Vorteil ist (vgl. Springer & Deutsch, 1985). Die Hemisphären sind nicht auf spezifische Stimuli sondern auf verschiedene Verarbeitungsstrategien spezialisiert. Es wird aber angenommen, daß

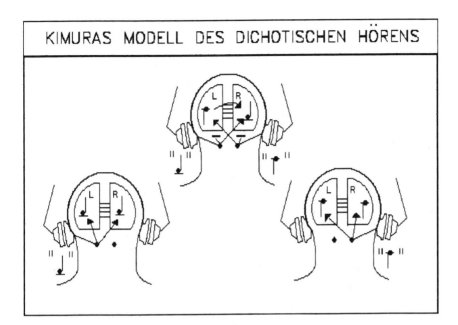

Abb. 1

ein bestimmtes Stimulusmaterial besser und schneller mit einer bestimmten Strategie verarbeitet wird als mit einer anderen. Beide Hemisphären werden als sich unterstützend und ergänzend in ihrer Informationsverarbeitung angesehen (Sperry, 1982).

Milner (1962) war eine der ersten Wissenschaftlerinnen, die musikalische Fähigkeiten bei Patienten mit Gehirnverletzungen untersuchte. Sie beobachtete, daß Patienten mit Exzisionen in den rechtsseitigen temporalen Bereichen der Schläfenlappen viele Fehler bei Aufgaben mit Lautstärke, Klangfarbe, Tondauer und melodischer Struktur machten, jedoch nicht bei linksseitigen Exzisionen. Milner hypothetisierte daraufhin, daß die Verarbeitung von Musik rechtshemisphärisch lokalisiert ist. Andere Untersuchungen mit hirnverletzten Patienten (z.b. Shankweiler, 1966; Roeser & Daly, 1974; Shapiro, Grossmann & Gardener, 1981) und Studien mit der dichotischen Hörmethode (z.b. McCarthy, 1969; Spellacy, 1970; Spreen, Spellacy & Reid, 1970; King & Kimura, 1972; Blumstein, Goodglass &

89

Tartter, 1975; Goodglass & Calderon, 1977) unterstützten diese Ergebnisse und zeigten eine rechtshemisphärische Verarbeitung für die Wiedererkennung von kurzen Melodien und tonalen Sequenzen, die auf musikalischen Instrumenten aufgeführt oder gesungen wurden. Einige Untersuchungen berichteten aber auch konträre Ergebnisse und fanden entweder keine Lateralisierungen (z.B. Selby & Rosenfeld, 1982; Rainbow & Herrick, 1982; Baumgarte & Franklin, 1981; Gates & Bradshaw, 1977) oder eine rechtsohrige Lateralisierung (linke Hemisphäre) für rhythmisches Stimulusmaterial (Gordon, 1970; Robinson & Solomon, 1974; Gordon, 1978).

Um diese Ergebnisse in Einklang mit der funktionalen Dichotomie der Hemisphäre zu bringen, wurde angenommen, daß Lateralisierungen von bestimmten Eigenschaften des Stimulusmaterials abhängen. Aspekte der musikalischen Verarbeitung, welche Beurteilungen über Dauer, zeitliche Abfolge, Sequenzierung und Rhythmus verlangen, wurden als linkshemisphärisch lokalisiert angenommen; tonales Gedächtnis, Klangfarbe, melodische Kontur und Lautstärke aber als rechtshemisphärisch (vgl. Springer & Deutsch, 1985). Andere Forscher wiederum hielten diese Lateralisationseffekte zusätzlich für abhängig von musikalischem Training und Erfahrung (Bever & Chiarello, 1974; Kellar & Bever, 1980; Gaede, Parsons & Bertera, 1978; Selby & Rosenfeld, 1982). Bever und Chiarello berichteten für Musiker eine rechtsohrige und für Laien eine linksohrige Lateralisierung. Sie nahmen an, daß Musiker gelernt haben, Musik als eine Reihe von Beziehungen von verschiedenen Segmenten zu verstehen und zu verarbeiten. Sie nehmen dieses Material analytischer auf. Laien dagegen konzentrieren sich auf den generellen Melodieverlauf, auf die globale Kontur, nehmen Musik also mehr in einem holistischen Modus auf. Einige Studien konnten diese Effekte aber nicht replizieren und berichteten entweder von keinen Unterschieden zwischen den Gruppen oder von Effekten in umgekehrter Richtung (Zatorre, 1979; Peretz & Morais, 1980; Baumgarte & Franklin, 1981). Eine Unterscheidung von Musikern und Laien auf der Basis von musikalischer Erfahrung kann aber auf einem konfundierenden Faktor beruhen. Vielleicht trägt nicht die Zeit, die mit musikalischen Aktivitäten verbracht wird, sondern musikalische Begabung zu den Lateralitätseffekten bei. Ziel der Studie war es, dies zu untersuchen.

## Methode

*Versuchspersonen*
103 freiwillige Jungen und Mädchen der Klassen 5 und 6 einer amerikanischen Grundschule nahmen an der Studie teil. Alle Kinder waren gesund und hatten weder bei der Untersuchung noch zu einem früheren Zeitpunkt Hörprobleme. Die Kinder beantworteten zu Hause zusammen mit ihren Eltern zwei Fragebögen zu ihrer Händigkeit und ihrer musikalischen Erfahrung. Sie nahmen dann an einem musikalischen Begabungstest und einem dichotischen Hörtest teil.

*Material*
*Händigkeit.* Auf dem Fragebogen zur Händigkeit – einer adaptierten Version des »Edinburgh Inventory« (Oldfield, 1971) – gaben die Schüler den Grad ihrer Handpräferenzen auf einer fünfstufigen Likert-Skala an. Sie gaben an, ob sie bestimmte Tätigkeiten wie Schreiben, Malen, Schneiden usw. »immer«, »meistens« oder »gleichberechtigt« mit der linken oder/und rechten Hand ausführen. Zusätzlich wurden Fragen zur Händigkeit der Familie gestellt. Ein Gesamtwert von 60 Punkten auf dem Fragebogen bedeutet maximale Rechtshändigkeit und ein Gesamtwert von 12 Punkten maximale Linkshändigkeit. Der Mittelwert von 50.29 (*S.D.* = 11.24) und die relativ schiefe Verteilung (*Skew* = −1.97) zeigen an, daß die untersuchte Personengruppe hauptsächlich rechtshändig war.

Untersuchungen von Wada & Rasmussen (1960) mit der »Sodium amobarbital Injektionsmethode«, in der eine Hirnhälfte gezielt anästhesiert wird, ergaben, daß für über 95% der getesteten Rechtshänder die sprachdominante Hirnhälfte links lokalisiert war, während dies nur auf ungefähr 70% der Linkshänder zutraf. Auch scheint familiäre Linkshändigkeit mit der Lateralität von Sprache in Beziehung zu stehen (Bryden, 1973). Ein Maß der Händigkeit ist also unbedingt erforderlich, wenn man von Verhaltensbeobachtungen, wie z.b. dem dichotischen Hörtest, auf mögliche zugrundeliegende hemisphärische Funktionen und deren Lateralisierung schließen möchte, und wenn keine direkteren Methoden zur Feststellung der sprach-dominanten Hemisphäre zur Verfügung stehen.

*Musikalische Erfahrung.* Ein Fragebogen zur musikalischen Erfahrung erhob die Zeit, welche die Kinder mit verschiedenen musikalischen Tätig-keiten, praktisch, theoretisch, in der Klasse, einem Orchester oder privat verbracht hatten. Zusätzlich wurde in einem zweiten Teil der musikalische Hintergrund der Familie und die Zeit, die mit bewußtem Zuhören von Musik im Radio oder von Schallplatte und die mit dem Üben eines Instru-mentes verbracht wurde, erfaßt. Der Mittelwert der gesamten Stichprobe liegt bei 16.31 mit einer Standardabweichung von 8.24 (*Skew* = .63). Die Korrelation zwischen den beiden Teilen des Erfahrungsmaßes ist moderat $r = .51, p < .01$).

*Musikalische Begabung.* Musikalische Begabung wurde mit Hilfe des »Gordon Musical Aptitude Profile« (MAP; Gordon, 1965) untersucht. Allerdings besteht der MAP aus insgesamt 250 Fragen in 7 Untertests und ist damit sehr lang. Aus diesem Grund wurden hier nur die Untertests Tonale Vorstellung-Melodie (Tonal Imagery-Melody) und Rhythmus Vorstellung-Taktrhythmus (Rhythm Imagery-Meter) verwendet. Beide Untertests wurden zu einem Gesamtfaktor der musikalischen Begabung zusammengefaßt. Die Reliabilität in der hier vorgestellten Untersuchung (Split-half, Items mit geraden versus ungeraden Ordnungszahlen) ist $r = .69$ ($p < .01$). Die Beschränkung auf die beiden Untertests geschah aus rein praktischen Gründen. Auch ein komplett durchgeführter Begabungstest dürfte kaum musikalische Begabung in seiner ganzen Bandbreite erfassen (vgl. Behne, 1986). Musikalische Begabung wird also im Rahmen dieser Untersuchung als aus den beiden erhobenen Faktoren bestehend definiert. Wir hoffen natürlich, mit den beiden Untertests wichtige Teilfaktoren der musikalischen Begabung, nämlich Melodiegedächtnis, tonales Gefühl und Rhythmusgefühl, zu erfassen. Der Mittelwert für den tonalen Test liegt bei 27.54 (*S.D.* = 4.99; *Skew* = .19) und für den rhythmischen Test bei 28.54 (*S.D.* = 5.57; *Skew* = −.28) von je 40 maximal zu erreichenden Punkten. Der Mittelwert des Gesamtfaktors beträgt 56.13 (*S.D.* = 9.38; *Skew* =.03).

*Dichotischer Hörtest.* (Abb. 2) Als abhängige Variable dient die Ohr-überlegenheit in der Erkennung von Melodiesegmenten. Es wurde ein dichotischer Hörtest benutzt, der von Spellacy (1970) entwickelt wurde und von ihm (Spellacy, 1970) sowie anderen (Spreen, Spellacy & Reid, 1970; Johnson, 1977) zur Untersuchung von Lateralitätsunterschieden in der Musikwahrnehmung eingesetzt worden ist. Der Hörtest besteht aus 48

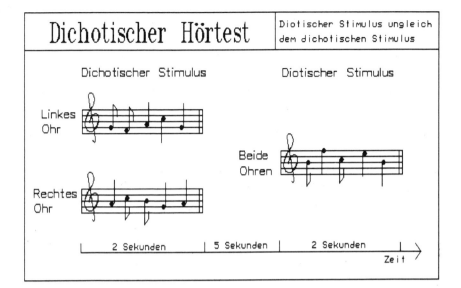

Abb.2

kurzen dichotischen Melodiesegmentpaaren (zwei verschiedene Melodiesegmente werden gleichzeitig, aber jeweils nur einem Ohr, dargeboten) mit
einer Länge von jeweils 2 Sekunden. Auf jedes Melodiepaar folgt nach einer
Pause von 5 Sekunden ein diotisches Melodiesegment (ein Melodiesegment, das beiden Ohren gleichzeitig dargeboten wird) von wiederum 2
Sekunden. Die Hälfte aller diotischen Melodiesegmente kamen nicht in den
dichotischen Melodiesegmentpaaren vor, ein Viertel war identisch mit dem
Melodiesegment des dichotischen Paares im linken Kanal, und ein weiteres
Viertel war identisch mit dem Melodiesegment des dichotischen Paares im
rechten Kanal. Alle Melodien wurden auf einer Geige gespielt.

Der Lateralitätsindex, der für die weitere Analyse benutzt wurde, ist

$$([L\% - R\%] : [L\% + R\%]) \cdot 100$$

(L% = Prozent der mit dem linken Ohr richtig wiedererkannten Melodiesegmente; R% = Prozent der mit dem rechten Ohr richtig wiedererkannten Melodiesegmente) und korrigiert für die unterschiedlichen Wiedererkennungsleistungen der Versuchspersonen (Studdert-Kennedy & Shankweiler, 1970). Eine Linksdominanz, eine größere Wiedererkennungslei-

stung des linken Ohres, erscheint also als positiver Wert und eine Rechts-dominanz als negativer Wert.

Der Mittelwert der im dichotischen Test richtig wiedererkannten Melo-dien beträgt für das linke Ohr 68.57% (*S.D.* = 17.94; *Skew* = −.64) und für das rechte Ohr 64.34% (*S.D.* = 19.44; *Skew* = −.38). Der durchschnittli-che Lateralitätswert von 4.43 (*S.D.* = 21.31) zeigt, daß insgesamt besser mit dem linken Ohr als mit dem rechten Ohr wiedererkannt wurde. Dieser Unterschied ist allerdings nicht signifikant ($t$ [102] = 1.77 ns [two-tailed]). Die Werte des Lateralitätsindexes variieren zwischen −49 und +75.

Die Reliabilitätsüberprüfung (Split-half) zeigt signifikante Korrelatio-nen für Linkes-Ohr-Wiedererkennung ($r$ = .37, $p$ < .01), für Rechtes-Ohr-Wiedererkennung ($r$ = .45, $p$ < .01) und für den Lateralitätsindex ($r$ = .25, $p$ = .012). Die relativ schwachen Korrelationen lassen sich vielleicht mit der sehr geringen Anzahl der Items erklären (12 Items für jedes Ohr für den ganzen Test).

*Untersuchung*

Die Versuchspersonen wurden in der vertrauten Umgebung des Klas-senzimmers in Gruppen von 5 bis 15 Kindern untersucht. Der musikalische Begabungstest wurde in einer offenen Raumsituation durchgeführt. Der dichotische Hörtest wurde über Kopfhörer dargeboten.

Versuchspersonen markierten ihre Antworten in beiden Tests auf vorbe-reiteten Antwortbögen. Um mögliche Aufmerksamkeitseffekte während des dichotischen Hörtests auszuschalten, wurde ein Aufmerksamkeit-links/Aufmerksamkeit-rechts Design benutzt. Die Versuchspersonen wurden gebeten, während einer Hälfte des Versuches auf ihr linkes Ohr und während der anderen Hälfte auf ihr rechtes Ohr zu hören. Vor jeder Testhälfte wurden die Versuchspersonen gebeten, das Ohr der jeweiligen Aufmerksamkeit mit dem Finger zu berühren, um sicherzugehen, daß sie die Aufgabe verstanden. Alle Versuchspersonen nahmen erst an dem Bega-bungstest und dann an dem dichotischen Test teil. Zwischen den beiden Tests lagen jeweils mehrere Tage.

*Ergebnisse*

Tabelle 1 zeigt die Korrelationen zwischen den prädiktiven Maßen: musikalische Begabung, Erfahrung und Händigkeit mit dem dichotischen

*Tabelle 1*

Matrix der Pearson-Produkt-Moment Korrelationen für die Vorhersagevariablen mit Prozent richtiger Wiedererkennung linkes Ohr, rechtes Ohr und den absoluten Werten des Lateralitätsindexes

|  | Melodie | Metrum | MAP | Erfahrung | Händigkeit |
|---|---|---|---|---|---|
| Linkes Ohr % | .34 | .37 | .40 | .29 | .17 |
| Rechtes Ohr % | .31 | .39 | .40 | .19 | .17 |
| Absolute Lateralität | -.42 | -.33 | -.42 | -.20 | -.38 |

Werte größer als .19 sind unter dem .05 Level signifikant
Werte größer als .28 sind unter dem .01 Level signifikant

Test. Alle prädiktiven Variablen außer Händigkeit sind signifikant mit der Wiedererkennung im dichotischen Hörtest korreliert. Besseres Abschneiden auf dem dichotischen Test ist also mit höherer musikalischer Begabung und Erfahrung assoziiert.

Um zu prüfen, ob die Größe der Ohrlateralität unabhängig von der Richtung mit den prädiktiven Faktoren in Beziehung steht, wurden die Werte des Lateralitätsindexes als absolute Werte verwendet. Alle Korrelationen sind zwar moderat aber signifikant und negativ. Versuchspersonen mit relativ niedrigen Werten auf dem musikalischen Begabungs- und Erfahrungstest tendierten mehr dahin, mit dem einen oder dem anderen Ohr besser zu erkennen, während Personen mit hohen Werten auf dem musikalischen Begabungs- und Erfahrungstest mit beiden Ohren fast gleich gute Werte erreichten[1]. Die Vorhersagefaktoren (tonale Vorstellung, Rhythmus Vorstellung, Händigkeit, musikalische Erfahrung Teil 1 und 2) wurden dann einer mehrstufigen Regressionsanalyse zugeführt (siehe Tabelle 2). Die Variable Tonale Vorstellung geht zuerst in die Analyse ein und erklärt fast 18% der Varianz im Lateralitätsindex. Die Händigkeits-, Rhythmus Vorstellungs-, und Erfahrungsvariablen tragen kaum noch zu weiterer Aufklärung bei. Dies könnte mit dem großen Anteil gemeinsamer Varianz erklärt sein. Obwohl die Variable Tonale Vorstellung der beste Prädiktor für die Ohrlateralisierung in der Erkennung musikalischer Melo-

*Tabelle 2*

Zusammenfassung der mehrstufigen Regressionsanalyse mit den Absolutwerten des Lateralitätsindexes als Kriteriumsvariable

| Variable | Mehrfaches R | $R^2$ Änderung | $R^2$ | Einfaches R | F |
|----------|------|---------|-------|------|------|
| Melodie | .429 | .179 | .179 | -.423 | 21.30* |
| Händigkeit | .516 | .087 | .266 | -.378 | 18.14* |
| Metrum | .529 | .014 | .280 | -.326 | 12.85* |
| Erfahrung 1 | .535 | .006 | .286 | -.197 | 9.83* |
| Erfahrung 2 | .536 | .001 | .287 | -.157 | 7.82* |

* $p < .001$

diesegmente zu sein scheint, ist der F-Wert der Händigkeitsvariable auch signifikant ($F = 11.91$, $p < .01$). Beide Faktoren zusammen erklären fast 27% der Varianz in den absoluten Werten des Lateralitäts-Indexes.

Tabelle 3 zeigt die Relationen zwischen den Prädiktionsfaktoren. Die beiden Begabungsvariablen sind moderat miteinander korreliert. Die Erfahrungsvariable ist moderat mit der Begabungsgesamtvariable und den Untervariablen korreliert. Versuchspersonen mit hoher musikalischer Erfahrung erreichten im Durchschnitt auch höhere Werte auf den musikalischen Begabungstests. Der Händigkeitsfaktor korrelierte signifikant nur mit der Begabungsvariablen Tonale Vorstellung. Stärker rechtshändige Personen schnitten hier generell besser ab als weniger Rechtshändige.

**Zusammenfassung der Ergebnisse**

Es wurden keine signifikanten Ohrdifferenzen in der Erkennung dichotisch gehörter Melodiesegmente für die Gesamtgruppe gefunden. Die Daten unterstützen daher nicht die Auffassung, daß die der Verarbeitung von Musik innewohnenden cerebralen Funktionen in der rechten Gehirnhälfte lateralisiert sind (Kimura, 1964; King & Kimura, 1972). Die Ergebnisse stehen besonders im Gegensatz zu denen von Spellacy (1970) und Spreen, Spellacy & Reid (1970), deren original dichotischer Test in dieser

*Tabelle 3*

Matrix der Pearson-Produkt-Moment Korrelationen der Variablen musikalische Begabung, musikalische Erfahrung und Händigkeit

|            | Metrum | Gesamt | Erfahrung | Händigkeit |
|------------|--------|--------|-----------|------------|
| MAP-Melodie | .57 | .87 | .35 | .21 |
| MAP-Metrum |    | .90 | .32 | .08 |
| MAP-Gesamt |    |    | .38 | .16 |
| Erfahrung  |    |    |    | .05 |

Werte größer als .19 sind über dem .05 Level signifikant

Studie verwendet wurde. Sowohl Spellacy als auch Spreen et al. berichteten eine signifikant größere Linksohrigkeit in der Verarbeitung von musikalischen Stimuli.

Die Ergebnisse unserer Studie unterstützen die Daten von Gaede, Parsons & Bertera (1977). Versuchspersonen mit hoher musikalischer Begabung zeigten kleinere Ohrpräferenzen als Versuchspersonen mit geringerer musikalischer Begabung. Gaede et al. fanden aber keinen Zusammenhang mit musikalischer Erfahrung, obwohl dies aufgrund der Relationen zwischen musikalischer Erfahrung und Begabung erwartet werden könnte. Radocy & Boyle (1970) hypothetisierten, daß musikalische Begabung die Fähigkeiten einer Person beinhalte, die aufgrund genetischer Anlagen und Reifungen sowie von Umwelteinflüssen außerhalb des formalen Unterrichtes entstanden sind. Der hier benutzte Fragebogen zur musikalischen Erfahrung erhob nicht nur formales Training der Versuchspersonen, sondern auch Umwelteinflüsse wie den musikalischen Hintergrund der Familie und Zeit, die mit Hören von Musik verbracht wurde. Zusätzlich mag es eine Beziehung zwischen formalem Training und musikalischer Begabung geben. Obwohl zwar einige Personen ohne musikalisches Training in musikalischen Begabungstests besser abschneiden können als Personen mit viel Training, schneiden doch generell diejenigen besser ab, die auch musikalisches Training aufweisen (Shuter-Dyson & Gabriel, 1981). Die hier gefundene Beziehung zwischen musikalischer Erfahrung und dem Grad der Ohrlateralisierung kann daher auf dem Anteil gemeinsamer Varianz von

Begabung und Erfahrung beruhen. Diese Interpretation wird dadurch unterstützt, daß die Erfahrungsvariable nicht viel mehr Varianz des Lateralisationsfaktors erklärt, als schon von der Begabungsvariable erklärt wurde, und dies, obwohl beide nur moderat miteinander korrelierten ($r = .38$, $p < .01$).

Die Beziehung von Händigkeit zur Ohrlateralisation ist schwieriger zu erklären. Linkshänder zeigen nicht immer die gleichen funktionalen Asymmetrien wie Rechtshänder (Wada & Rasmussen, 1960), und es gibt auch einige Evidenz für eine bilaterale Sprachrepräsentation bei Linkshändern (vgl. Bryden, 1982). Man könnte also spekulieren, daß diese Personen nicht nur Sprache, sondern auch nichtsprachliche Funktionen bilateral lokalisiert haben. Da auch einige Verarbeitungsfunktionen für musikalische Stimuli bilateral lokalisiert zu sein scheinen (Gates & Bradshaw, 1977), könnte man erwarten, daß Linkshänder in der Verarbeitung von Musik ein geringeres Ausmaß an Ohrlateralität zeigen als Rechtshänder. Die Ergebnisse zeigen aber genau das Gegenteil an.

Man könnte aber auch annehmen, daß die bilaterale Repräsentation von Sprache bei Linkshändern auf Kosten anderer nichtsprachlicher Funktionen besteht (vgl. Levy, 1970). Diese Annahme könnte das schwächere Abschneiden der Linkshänder beim Wiedererkennen musikalischer Stimuli erklären. Allerdings ist die Interpretation der Händigkeitsdaten sehr schwierig und muß mit Vorsicht betrieben werden, da die Verteilung der Händigkeit in der hier beschriebenen Population ein deutliches Überwiegen der Rechtshändigkeit zeigte.

*Diskussion und Schlußfolgerungen*

Obwohl sich eine große Anzahl von Forschungsarbeiten mit Fragen der hemisphärischen Spezialisierung für musikalische Funktionen beschäftigt hat und eine Anzahl verschiedener Faktoren, die zur funktionellen Spezialisierung beitragen, identifiziert wurde, gibt es immer noch kein deutliches Bild über dieses Phänomen. Viele Untersuchungen liefern weiterhin widersprüchliche Ergebnisse. Trotzdem scheinen die Resultate der bisherigen Forschung anzudeuten, daß cerebrale Prozesse in der Verarbeitung musikalischer Stimuli nicht in dem selben Maß der Kontrolle nur einer Hemisphäre unterliegen, wie das bei Sprachprozessen der Fall ist. Oberflächlich gesehen könnte dies Zweifel an der üblicherweise angenommenen strikten Dichotomie der Hirnhälften, links-analytisch versus rechts-holistisch (Levy-Agresti & Sperry, 1968) oder links-verbal versus rechts-visuspatial (Milner, 1962), aufkommen lassen.

Die beidseitige Aktivierung der Hemisphären kann aber auch am Charakter des »musikalischen« Stimulus liegen. Musik ist ein reichhaltiger und komplexer Stimulus, für dessen Verarbeitung sich möglicherweise eine Reihe verschiedener funktionaler Verarbeitungsstrategien und Prozesse anbietet (Schweiger & Malzman, 1985). Beurteilungen über Dauer, zeitliche Anordnung, Sequenzierung und Rhythmus beanspruchen aller Wahrscheinlichkeit nach linkshemisphärische Prozesse, während Beurteilungen über Tonalität, Klangfarbe, Melodiekontur und Intensität rechtshemisphärische Prozesse beanspruchen (Springer & Deutsch , 1985). Jeder musikalische Aspekt kann aber auch unterschiedlich verarbeitet werden, je nachdem ob er in seine grundlegenden Teile analysiert wird, oder ob er als Ganzes wahrgenommen wird (Bever & Chiarello, 1974; Sheep, 1978). Die Fähigkeit, musikalische Stimuli zu analysieren und sie in einer »analytischen« Art zu verarbeiten, kann wiederum auch von der Komplexität, dem Vertrautheitsgrad mit dem Stimulusmaterial und dem Wissen um die zugrundeliegenden wesentlichen Elemente des jeweiligen Materials abhängen. Man kann also nicht erwarten, daß Lateralitätseffekte bei der Musikwahrnehmung über mehrere Versuche oder auch über verschiedene Personen hinweg stabil bleiben.

Schon Levy (1983) nahm an, daß funktionale cerebrale Asymmetrien nicht festgelegt sind, sondern einem dynamischen Prozeß des ständigen Kompetenzwettstreites der beiden Hemisphären unterliegen. Ein solcher dynamischer Prozeß kann ein Aktivierungswechsel von einer Hemisphäre zur anderen mit gleichzeitiger funktionaler Unterdrückung der gegenüberliegenden Hemisphäre sein, der durch Aufmerksamkeitsverschiebungen kontrolliert wird. Kinsbourne hat dies in seinem Aufmerksamkeitsmodell der Lateralität beschrieben (Kinsbourne, 1970/75; attentional model of lateralisation). Andererseits gibt es auch Annahmen darüber, daß eine unabhängige, parallele Verarbeitung in den Hemisphären stattfindet (Goodglass & Calderon, 1977). Allen (1983) unterstützt diese Ansicht, unterscheidet aber zusätzlich zwischen verschiedenen Verarbeitungsstufen innerhalb einer Hirnhälfte. Er nimmt an, daß innerhalb jeder Hemisphäre eine Anzahl von Unterprozessen lokalisiert ist, die alle für unterschiedliche Verarbeitungsstrategien verantwortlich sind. Einige dieser Unterprozesse sind nun wiederum unilateral, links oder rechts, andere aber bilateral lokalisiert. Einfache Aufgaben, die nur unilateral lokalisierte Prozesse beanspruchen, könnten also Asymmetrien auf der linken oder rechten Seite zeigen. Komplexe Prozesse und Aufgaben, die eine große Zahl dieser Unterprozesse benutzen, welche wahrscheinlich teilweise unilateral und teilweise bilateral lokalisiert sind, würden keine klaren Asymmetrien zeigen. Da Musik ein komplexer Stimulus ist, der – wie schon vorher beschrieben – eine Reihe von unterschiedlichen Verarbeitungsstrategien beanspruchen kann, können unterschiedliche musikalische Stimuli sowohl unterschiedliche Unterprozesse als auch eine unterschiedliche Kombination von Unterprozessen, die unilateral und bilateral lokalisiert sind, beanspruchen. Personen mit hoher musikalischer Begabung könnten dazu tendieren, komplexere und parallele Verarbeitungsstrategien zu verwenden, die gleichzeitig zu einer besseren Leistung führen, als einfache Strategien, die schlechtere Leistungen erbringen.

Wenn die obigen Annahmen auf die Ergebnisse dieser Studie angewendet werden, können sie erklären, warum Personen mit geringer Ohrlateralität im Begabungstest und im dichotischen Test besser abschneiden als Personen mit großer Ohrlateralität. Untersuchungen von Musikern und Laien zeigten ein ähnliches Bild. Während Laien, die auch schlecht auf musikalischen Tests abschnitten, große Ohrlateralitäten entweder links oder rechts zeigten, fand man bei Musikern, die auch auf den Tests gut abschnitten, keine Ohrlateralitäten (Aiello, 1978; Franklin & Baumgarte, 1978).

Ohrlateralitäten in der Wahrnehmung und Verarbeitung von Musik zeigen also nicht unbedingt funktionale Unterschiede der beiden cerebralen Hemisphären auf, sondern zeigen das Ausmaß der parallelen Verarbeitung. Die Beziehung zwischen Ausmaß der Ohrlateralität und musikalischer Begabung sowie das Fehlen eines entsprechenden Zusammenhangs mit musikalischer Erfahrung deuten ein stabiles Phänomen an, welches früh im Leben erworben wird, und welches sich vielleicht nicht mit musikalischer Erfahrung verändert. Diese Deutung ist allerdings spekulativ. Untersuchungen, die Veränderungen in cerebralen Asymmetrien vor und nach

musikalischem Training erheben, könnten diese Fragen vielleicht beant-
worten.

## Summary

Many variables affect ear advantage obtained for musical stimuli. Our
research assessed effects of music aptitude and music experience. 103 children (5th and 6th graders) of both sexes took part in a musical aptitude test
and a dichotic listening test. They also filled out a handedness questionnaire
and a questionnaire about music experience. Results show that higher aptitude, more music experience, and more right-handedness are associated
with lower absolute laterality (i.e. less laterality, either left or right) in the
recognition of short musical melodies. Stepwise multiple regression shows
that melody aptitude accounts for 18% of the variance in laterality, handedness 9%, meter aptitude 1%, and experience less than 1%. Our results suggest that variation in aptitude (and presumably processing strategy) contri-
butes to the diverse results on ear advantage for musical stimuli.

## Literatur

R. Aiello, 1978 – *Cerebral dominance for the perception of arpeggiated triads.* Journal of Research in
    Music Education 26, 470–478.
T. Alajouanine, 1948 – *Aphasia and artistic realization.* Brain 71, 229–241.
M. Allen, 1983 – *Models of hemispheric specialization.* Psychological Bulletin 93, 73–104.
R. Baumgarte & E. Franklin, 1981 – *Lateralization of components of melodic stimuli: musicians vs.
    non-musicians.* Journal of Research in Music Education 29, 199–208.
K.-E. Behne, 1986 – *Begabtenförderung – Forschungsförderung – Kulturförderung.* In: E. Rohlfs
    (Ed.), Musikalische Begabung finden und fördern. Materialien und Dokumente Kieler-Woche-
    Kongress 1985, Regensburg: Bosse.
T.G. Bever & R.J. Chiarello, 1974 – *Cerebral dominance in musicians and non-musicians.* Science
    185, 537–540.
S. Blumstein, H. Goodglass & V. Tartter, 1975 – *The reliability of ear advantage in dichotic listening.*
    Brain and Language 2, 226–236.
J.L. Bradshaw & N.C. Nettleton, 1981 – *The nature of hemispheric specialization in man.* The Beha-
    vioral and Brain Sciences 4, 51–92.
P. Broca, 1861 – *Nouvelle observation d'aphemie produite par une lesion de la moite posterieure des
    deuxieme et troisieme circonvolutions frontales.* Bulletin de la Society Anatomique de Paris 36,
    398–407.

M.P. Bryden, 1973 – *Perceptual asymmetry in vision: Relation to handedness, eyedness, and speech lateralization.* Cortex 9, 418–435.

M.P. Bryden, 1978 – *Strategy effects in the assessment of hemispheric asymmetry.* In: G. Underwood (Ed.), Strategies of Information Processing. New York: Academic Press.

M.P. Bryden, 1982 – *Laterality: Functional Asymmetry in the Intact Brain.* New York: Academic Press.

R. Davidson & G.E. Schwartz, 1977 – *The influence of musical training on patterns of EEG asymmetry during musical and non-musical self-generation tasks.* Psychophysiology 14, 58–63.

E. Franklin & R. Baumgarte, 1978 – *Auditory laterality effects for melodic stimuli among musicians and non-musicians.* Journal of Research in Music Education 26, 48–56.

S.E. Gaede, O.A. Parsons & J.H. Bertera, 1978 – *Hemispheric differences in music perception: Aptitude vs. experience.* Neuropsychologia 16, 369–372.

D. Galin & R. Ornstein, 1972 – *Lateral specialization of cognitive mode: An EEG study.* Psychophysiology 9, 412–418.

A. Gates & J.L. Bradshaw, 1977a – *The role of cerebral hemispheres in music.* Brain and Language 4, 413–431.

A. Gates & J.L. Bradshaw, 1977b – *Music perception and cerebral asymmetries.* Cortex 13, 390–401.

N. Geschwind & A.M. Galaburda, 1984 – *Cerebral dominance: The biological foundations.* Cambridge: Harvard University Press.

H. Goodglass & M. Calderon, 1977 – *Parallel processing of verbal and musical stimuli in right and left hemispheres.* Neuropsychologia 15, 397–407.

E. Gordon, 1965 – *Musical Aptitude Profile.* Boston, Mass.: Houghton Mifflin.

E. Gordon, 1969 – *An investigation of the intercorrelation among Musical Aptitude Profile and Seashore Measures of Musical Talents subtests.* Journal of Research in Music Education 17, 263–271.

H.W. Gordon, 1970 – *Hemispheric asymmetry in the perception of musical chords.* Cortex 6, 387–398.

H.W. Gordon, 1978 – *Left hemisphere dominance for rhythmic elements in dichotically presented melodies.* Cortex 14, 58–70.

D.O. Hebb, 1939 – *Intelligence in man after large removals of cerebral tissue: Deficits following right temporal lobectomy.* Journal of General Psychology 21, 437–446.

P. Johnson, 1977 – *Dichotically-stimulated ear differences in musicians and non-musicians.* Cortex 13, 385–389.

L. Kellar & T. Bever, 1980 – *Hemispheric asymmetries in the perception of musical intervals as a function of musical experience and family handedness background.* Brain and Language 10, 24–38.

D. Kimura, 1961a – *Some effects of temporal-lobe damage on auditory perception.* Canadian Journal of Psychology 15, 156–165.

D. Kimura, 1961b – *Cerebral dominance and the perception of verbal stimuli.* Canadian Journal of Psychology 15, 166–171.

D. Kimura, 1964 – *Left-right differences in the perception of melodies.* Quarterly Journal of Experimental Psychology 26, 355–356.

F.L. King & D. Kimura, 1972 – *Left-ear superiority in dichotic perception of vocal non-verbal sounds.* Canadian Journal of Psychology 26, 111–116.

M. Kinsbourne, 1970 – *The cerebral basis of lateral asymmetries in attention.* Acta Psychologica 33, 193–201.

M. Kinsbourne, 1975 – *The mechanism of hemispheric control of the lateral gradient of attention.* In: P.M.A. Rabitt and S. Dornie (Eds.), Attention and Performance 5. New York: Academic Press.

J. Levy, 1970 – *Information processing and higher psychological functions in the disconnected hemi-*

sphere of human commissurotomy patients (Doctoral dissertation, California Institute of Technology). Dissertation Abstracts International 31, 1542B.

J. Levy, 1983 – Is cerebral asymmetry of function a dynamic process? Implications for specifying degree of lateral differentiation. Neuropsychologia 21, 3–11.

J. Levy-Agresti & R.W. Sperry, 1968 – Differential perceptual capacities in major and minor hemispheres. Proceedings of the National Academy of Science 61, 115.

J. McCarthy, 1969 – Accuracy of recognition for verbal and tonal stimuli presented to the left and right ears. Council of Research in Music Education Bulletin 16, 18–21.

B. Milner, 1962 – Laterality effects in audition. In V.B. Mountcastle (Ed.), Interhemispheric Relations and Cerebral Dominance. Baltimore, Maryland: John Hopkins.

B. Milner, L. Taylor & R.W. Sperry, 1968 – Lateralized suppression of dichotically presented digits after commissural section in man. Science 161, pp. 184–186.

D.L. Molfese, R.B. Freeman & D.S. Palermo, 1975 – The ontogeny of brain lateralization for speech and nonspeech stimuli. Brain and Language 2, 356–368.

R. Oldfield, 1971 – The assessment and analysis of handedness: The Edinburgh Inventory. Neuropsychologia 9, 97–113.

K. Osborne & A. Gale, 1976 – Bilateral EEG differentiation of stimuli. Biological Psychology 4, 185–196.

W. Penfield & L. Roberts, 1959 – Speech and Brain Mechanisms. N.J. Princeton: Princeton University Press.

I. Peretz & J. Morais, 1980 – Modes of processing melodies and ear asymmetry in non-musicians. Neuropsychologica 18, 477–489.

R.E. Radocy & J.D. Boyle, 1979 – Psychological Foundations of Musical Behavior. Springfield, Illinois: Charles C. Thomas.

E. Rainbow & C. Herrick, 1982 – An investigation of hemispheric specialization for the pitch and rhythm aspects of melody (Special Issue: Proceedings of the Ninth International Seminar on Research in Music Education). Psychology of Music, 96–100.

M. Reichardt, 1923 – Allgemeine und Spezielle Psychiatrie: Ein Lehrbuch für Studierende und Ärzte. 3rd Ed., Jena.

J.H. Risberg, J.H. Halsey, E.I. Wills & E.M. Wilson, 1975 – Hemispheric specialization in normal man studied by bilateral measurements of the regional cerebral blood flow: A study with the 133 Xe Inhalation Technique. Brain 98, 511–524.

G.M. Robinson & D.J. Solomon, 1974 – Rhythm is processed by the speech hemisphere. Journal of Experimental Psychology 102, 508–511.

R.J. Roeser & D.D. Daly, 1974 – Auditory cortex disconnection associated with thalamic tumor. Neurology 24, 555–559.

M.R. Rosenzweig, 1951 – Representations of the two ears at the auditory cortex. American Journal of Physiology 167, 147–214.

A. Schweiger & I. Maltzman, 1985 – Behavioral and electrodermal measures of lateralization for music perception in musicians and non-musicians. Biological Psychology 20, 129–145.

B. Selby, J. Rosenfeld, E. Styles & J. Westcott, 1982 – Which hemisphere is trained? The need for a new strategy for interpreting hemispheric asymmetries in music. (Special Issue: Proceedings of the Ninth International Seminar on Research in Music Education.) Psychology of Music, 101–103.

D. Shankweiler, 1966 – Effects of temporal-lobe damage on perception of dichotically presented melodies. Journal of Comparative Physiological Psychology 62, 115–119.

B.E. Shapiro, M. Grossmann & H. Gardner, 1981 – Selective musical processing deficits in brain damaged populations. Neuropsychologia 19, 161-169.

B.E. Shepp, 1978 – *From perceived similarity to dimensional structure: A new hypothesis about perspective development*. In: E. Rosch & B.B. Lloyd (Eds.), Cognition and Categorization. N.J. Hillsdale: Erlbaum.

R. Shuter-Dyson & C. Gabriel, 1981 – *The Psychology of Musical Ability*. New York: Methuen.

J.J. Sidtis, 1981 – *The complex tone test: Implications for the assessment of auditory laterality effects*. Neuropsychologia 19, 103–112.

F. Spellacy, 1970 – *Lateral preferences in the identification of patterned stimuli*. The Journal of the Acoustical Society of America 47, 574–578.

R.W. Sperry, 1982 – *Some effects of disconnecting the cerebral hemispheres*. Science 217, pp. 1223–1226.

O. Spreen, F. Spellacy & J.R. Reid, 1970 – *The effect of interstimulus interval and intensity on ear asymmetry for nonverbal stimuli in dichotic listening*. Neuropsychologia 8, 245–250.

S.P. Springer & G. Deutsch, 1985 – *Left Brain, Right Brain*. New York: W.H. Freeman.

M. Studdert-Kennedy & D. Shankweiler, 1970 – *Hemispheric specialization for speech perception*. Journal of the Acoustical Society of America 48, 579–594.

J.A. Wada & T. Rasmussen, 1960 – *Intracarotid injection of sodium amytal for the lateralization of cerebral speech dominance: Experimental and clinical observations*. Journal of Neurosurgery 17, 266–282.

T. Weisenberg & K.E. McBride, 1935 – *Aphasia: A clinical and psychological study*. New York: Commonwealth Fund.

N. Wertheim & M.J. Botez, 1961 – *Receptive amusia: A clinical analysis*. Brain 84, 19–30.

R.J. Zatorre, 1979 – *Recognition of dichotic melodies by musicians and non-musicians*. Neuropsychologia 17, 607–617.

Eine vorläufige Version dieses Artikels wurde auf der jährlichen Konferenz der Midwestern Psychological Association, Chicago, Mai 1987, und auf der Jahrestagung der Deutschen Gesellschaft für Musikpsychologie, Hannover, September 1988, vorgetragen.

Korrespondenz und Anfragen für Sonderdrucke sollten an Christoph Fassbender, Deutsche Forschungsanstalt für Luft- und Raumfahrt e.V. (DLR), Institut für Flugmedizin, Abt. Luft- und Raumfahrtpsychologie, Sportallee 54, 2000 Hamburg 63, oder Gabriel P. Frommer, PH. D. Prof., Indiana University, Department of Psychology, Bloomington, IN 47405, USA, gerichtet werden.

1 Bei der Vorbereitung dieses Artikels zur Veröffentlichung stellten wir fest, daß der hier benutzte Lateralitätsindex eine unerwünschte Eigenschaft besitzt. Bei gleichbleibenden absoluten Unterschieden in den Wiedererkennungsleistungen beider Ohren nehmen die Werte des Lateralitätsindexes mit steigenden Gesamtwiedererkennungsleistungen ab. Es könnte also die hier berichtete Funktion zwischen Lateralität und musikalischer Begabung bzw. Erfahrung aufgrund dieser Eigenschaften des Indexes zustandegekommen sein. Allerdings deuten die relativ hohen Korrelationswerte zwischen den Vorhersagevariablen und den absoluten Werten des Lateralitätsindexes an, daß die Funktion nicht allein auf diese Eigenschaft des Indexes zurückzuführen ist. In der Lateralitätsforschung sind bisher viele verschiedene Lateralitätsmaße verwendet worden, die alle unterschiedliche Eigenschaften aufweisen und zu unterschiedlichen Ergebnissen kommen können. Die dadurch entstehenden Probleme sind allerdings bisher kaum in der Literatur diskutiert worden. Eine Aufarbeitung dieser Problematik und eine Reanalyse unserer Daten ist zur Zeit in Bearbeitung.

# Methodendiskussion

*Auf der 3. Jahrestagung der DGM im September 1987 in Hamburg wurde erstmals ein Methodensymposion unter einer speziellen musikpsychologischen Fragestellung durchgeführt. Die Daten eines kleineren Videoexperimentes wurden zwei Kollegen für eine vergleichende Analyse zur Verfügung gestellt: O. Schlosser (Berlin) sollte die Besonderheiten und die Eignung der Clusteranalyse, R. Wille (Darmstadt) jene der Formalen Begriffsanalyse am jeweils gleichen Datensatz demonstrieren. Als »vermittelnde« Instanz im Methodenstreit wurde H. Feger hinzugebeten. Aufgrund des ungewöhnlich positiven Echos haben sich die Herausgeber entschlossen, die Ergebnisse dieses Symposions zu dokumentieren. Die drei Artikel wurden so konzipiert, daß sie für sich stehen können, was an einigen Stellen kleinere Überschneidungen bedingt. Einzelheiten des Experiments sind bei Schlosser & Behne etwas ausführlicher, bei Wille dagegen, um Wiederholungen zu vermeiden, knapper dargestellt. Die Herausgeber hoffen, daß die Methodendiskussion weitergeführt werden kann.*

*Klaus -Ernst Behne*

Hubert Feger

# Zum Vergleich strukturanalytischer Verfahren

Bei dem folgenden Methodenvergleich werden zwei verschiedene Verfahren angewendet, um Urteile über Musikdarbietungen zu analysieren. Die Datenstruktur ist – im varianzanalytischen Sinn – dreifaktoriell, mit (1) mehreren Beurteilern, Männern und Frauen, Studenten, Lehrern und Laien, (2) mehreren Darbietungen von verschiedenen Komponisten, gespielt (angeblich) von verschiedenen Personen, und schließlich (3) diversen Schätzskalen, die unterschiedliche Aspekte des Musikvortrages erfassen sollen.

Analysiert man eine solche Datenmatrix, so können recht verschiedene Interessen im Vordergrund stehen, beispielsweise die Frage, ob Studenten anders urteilen als Lehrer. Hier interessieren jedoch nicht Differenzen, sondern Zusammenhänge in den Daten, speziell Zusammenhänge im Urteilsverhalten von der Art, daß sich Hörertypen identifizieren lassen.

Somit wird es erforderlich, eines der zahlreichen strukturanalytischen Verfahren der Verhaltens- und Sozialwissenschaften einzusetzen, und es ist reizvoll, ein Verfahren aus der bekannten Familie der Clusteranalysen mit der von Wille entwickelten Begriffsanalyse an ein und demselben Datensatz zu vergleichen. Beide Verfahren sind in der Tat so unterschiedlich wie Ansätze innerhalb der strukturanalytischen Verfahren nur sein können. Bevor sie im einzelnen mit ihren Ergebnissen bei der Anwendung in diesem konkreten Fall dargestellt werden, sollen innerhalb einer Skizze der strukturanalytischen Möglichkeiten überhaupt diese grundsätzlichen Unterschiede herausgestellt werden.

Die älteste ordnungsbeschreibende Verfahrensweise in unseren Wissenschaften ist bekanntlich die Familie der Faktoranalysen (FA), der dann bald die Clusteranalysen (CA) und die (nonmetrische) Multidimensionale Skalierung (MDS) folgten. Innerhalb jeder Familie entwickelten sich in den letzten Jahrzehnten Varianten, die Daten jedes Skalenniveaus gerecht werden, so daß in dieser Hinsicht keine wesentlichen Unterschiede mehr bestehen. Es sind die theoretischen Konzepte, die Ordnungsideen, die wesentlich sind.

FA und MDS repräsentieren die ausgeprägtesten Zusammenhänge in den Daten in einem dimensionalen Raum; in der zugrunde gelegte Topologie unterscheiden sie sich somit von der CA als auch von graphentheoretischen Verfahren. Für FA und MDS passen Modell und Daten gut zusammen, wenn man viel (Ko-)Varianz in den Daten auf wenige Variationsdimensionen projizieren kann. Für die CA ist die Idee zugrunde liegender Dimensionen i.A. nicht relevant; sie versucht vielmehr, die zu ordnenden Elemente, z.b. Hörer, in Mengen zu gruppieren. Daten und eine CA-Repräsentation passen gut zusammen, wenn Teilmengen möglichst eindeutig voneinander getrennt werden können. Die Varianten der CA unterscheiden sich dann in Fragen wie der, ob sich die Mengen überlappen dürfen oder nicht, oder ob die einzige erlaubte Beziehung zwischen Mengen die von echten Teilmengen ist.

Die bisher erwähnten Verfahrensfamilien FA, MDS, CA haben gemeinsam, daß sie sich ausschließlich auf bivariate Zusammenhänge beziehen, die oft als Korrelationskoeffizienten ausgedrückt werden. Es gibt jedoch einige Verfahren, wie z.b. die Konfigurationsfrequenzanalyse von Lienert, die Zusammenhänge höherer Ordnung darstellen können.

Wenn wir nun die von Schlosser benutzte Clusteranalyse und die von Wille angewandte »formale Begriffsanalyse« (FBA) in einigen Aspekten vergleichen, so halten wir zunächst den gemeinsamen Ausgangspunkt fest: Hörer werden durch ihre Urteile auf Schätzskalen charakterisiert, nicht also beispielsweise durch ihre musikalischen Präferenzen oder durch globale Ähnlichkeitsurteile von Experten. Formal betrachtet wird eine Menge (Hörer) durch eine andere Menge (Skalen) geordnet, und – was nicht bei allen Verfahren so ist – diese Ordnungsbeziehungen bleiben im Ergebnis der Analyse erkennbar. Ferner gibt es bei beiden Verfahren stets ein Ergebnis, eine »Lösung«, so daß Aussagen über die Qualität der Lösung grundsätzlich erwünscht sind.

Die CA gruppiert Elemente nach Ähnlichkeit. Diesen ihren Grundbegriff setzt sie in der räumlichen Darstellung mit Nähe gleich. Die FBA stellt logische Zusammenhänge dar; Elemente sind oder sind nicht durch eine (Implikations-)Beziehung verbunden. Zugleich ist in unserem Fall, was nicht so sein muß, die CA datenreduzierend, während die FBA rein deskriptiv ist und die Daten vollständig zu reproduzieren vermag.

Die Frage, welche Vorgehensweise angemessener ist, läßt sich hier guten Gewissens in jene transformieren, in der die relativen Vor- und Nachteile jedes Ansatzes abgewogen werden. Wenn man datenreduzierend vorgeht, impliziert man die Existenz von (Stichproben-/Meß-)Fehlern, was in den Verhaltenswissenschaften nur zu realistisch ist. Dann aber sollte eine explizite Fehlertheorie begründen, was warum zum Fehler erklärt wird, mit welchen Folgen für die Lösungen. Andererseits sollten Verfahren mit perfekter Datenreproduktion etwas über die Stabilität von Lösungen sagen, und etwas über die Anzahl der Parameter, die zur vollständigen, fehlerfreien Rekonstruktion der Ausgangsdaten führen. Für die FBA hatte sich diese Problematik solange nicht ergeben wie, etwa bei der Analyse von Bedeutungen verschiedener Begriffe in einem Wortfeld, die Ausgangsdaten uneingeschränkt reliabel waren. Die Ergebnisse der beiden Verfahren können sich im Prinzip nicht widersprechen; ihre Angemessenheit ist nicht nur in bezug auf die jeweiligen Daten zu zeigen, sondern auch als Kompatibilität der impliziten Grundideen der Methodik mit den Annahmen über den untersuchten Gegenstandsbereich aufzuzeigen. Die folgenden Untersuchungen erlauben einen Blick auf dieses faszinierende Wechselspiel von Methoden und Theorie des Gegenstandsbereiches.

Otto Schlosser und Klaus-Ernst Behne

# Die clusteranalytische Auswertung eines Musik-Video-Experiments

Die Clusteranalyse (CA) kennt – wie die Faktorenanalyse – zwei Grund-Versionen, nämlich R- und Q-Technik. Bei der R-Technik der CA sprechen wir kurz von einer Variablen-Cluster-Analyse (VCA), bei der Q-Technik von einer Personen- oder Profil-Cluster-Analyse (PCA). Mit der VCA werden Merkmale bzw. Variablen, mit der PCA Personen bzw. Merkmals-Profile nach Ähnlichkeit gruppiert. Die dabei resultierenden Gruppierungen werden Cluster genannt. Diese Cluster sollen möglichst groß (ökonomischer Aspekt), möglichst homogen (typologischer Aspekt) sein und dabei die Gesamtheit der M Variablen (VCA) bzw. der N Personen (PCA) durch ein Minimum von Clustern möglichst vollständig repräsentieren (Repräsentativitäts-Aspekt). Diese Bedingungen determinieren zugleich auch eine markante, empirisch fundierte Typologie. Die resultierenden Cluster sind inhaltlich zu spezifizieren durch Cluster-Ladungen (VCA) bzw. mittlere, sog. »charakteristische« Merkmals-Profile (PCA).

Diese methodologische Zielsetzung kann in Abhängigkeit vom gewählten clusteranalytischen Algorithmus mehr oder weniger optimal realisiert werden. Die betreffende methodologische Problematik soll hier nicht weiter ausgebreitet werden (s. dazu die einschlägige Literatur). Der potentielle Anwender kann jedoch – insbesondere in Anlehnung an Milligan (1980, 1981) bzw. dessen grundlegende methodologische Studien – davon ausgehen, im Rahmen sozialwissenschaftlicher, typologischer Fragestellungen dieses zu erwartende Optimum vorzugsweise mit dem Algorithmus »Group Average« (Sokal & Mitchener 1958) mit hoher Wahrscheinlichkeit zu erreichen.

Bei diesem »agglomerativen« Verfahren (»allokative« und »divisive« Verfahren sollte man meiden!) werden Untergruppen von einander hochgradig ähnlichen Variablen (VCA) bzw. Personen (PCA) auf der Basis eines Abstandsmaßes nach Maßgabe der o.g. Kriterien gebildet. Dieser Vorgang wird auf verschiedenen Ähnlichkeits- bzw. Homogenitäts-Niveaus ausgeführt. Die auf den verschiedenen Ähnlichkeits-Niveaus resultierenden Cluster bilden jeweils eine Partition der clusteranalytisch zu unterteilenden Gesamtheit. Dem Analytiker fällt dabei die nicht immer leichte Aufgabe zu, aus dem Angebot der verschiedenen Partitionen, nach Möglichkeit unter Zuhilfenahme kritischer Zusatz-Informationen, die »optimale« Partition bzw. typologisch interessante und bedeutsame Cluster auszuwählen.

Dieses analytische Vorgehen soll jedoch nun nicht weiter in abstrakter Form behandelt werden, sondern am konkreten Beispiel des Video-Experiments die einzelnen Analyseschritte dargestellt und erläutert werden. Die 93 Versuchspersonen dieses Experiments (Musik-Studenten, Musik-Lehrer, Laien) sollten jeweils zwei Videopaare im Vergleich beurteilen. Im ersten Fall spielten *Birgit* und *Constantin* den *As-Dur-Abschiedswalzer* von *F. Chopin*, im zweiten Fall sah man *Claudia* und *Christian* bei der Interpretation des *Capriccio d-moll* (op. 116, Nr. 7) von *J. Brahms*. Tatsächlich handelte es sich in drei Fällen – nur *Christian* spielte original – um gedoubelte Aufnahmen, die Tonspuren der beiden zu beurteilenden Paare waren also jeweils identisch! Wenn jemand das Spiel von *Birgit* – im Vergleich – für *ausdrucksvoller* oder jenes von *Christian* für *präziser* hielt, so muß man dies als eine Auswirkung der visuellen Ebene betrachten. Neben den jeweils acht (komparativen) Skalen für die Chopin- bzw. Brahms-Interpretation wurde u.a. auch gefragt, ob man gewohnheitsmäßig (AVTYP) oder in der konkreten Versuchssituation (AVEINST) eher Auge- oder eher Ohr-orientiert gewesen sei.

Für die Analyse werden nun zunächst die Meßwerte der 16 Beurteilungs-Skalen (CHOPIN-sicherer bis BRAHMS-überzeugender) zu Standard-z-Werten normiert – wie im Rahmen multivariater Verfahren allgemein verbindlich. Im Gegensatz zu konventionellen korrelations-statistischen Methoden (z.B. Faktorenanalyse, Multiple Regression u.a.m.) werden nun nicht mittlere Produkte je zweier normierter Meßwertreihen (d.h. Variablen [VCA] bzw. Merkmals-Profile [PCA]) berechnet, sondern mittlere quadratische Differenzen, deren Quadratwurzel die bekannte *euklidische Distanz* ergibt. Solche Distanzen haben einen statistischen Erwartungswert (E) von 1.41 (d.i. der Mittelwert aller je zu bestimmenden euklidischen Distanzen). Mit diesem Erwartungswert können nun empirische Distanzen (D) nach der einfachen Beziehung

$$\ddot{A} = (E-D)/E$$

zu Ähnlichkeitswerten (Ä) transformiert werden, die wie Korrelations-koeffizienten in den Grenzen (−1, +1) variieren. Hohe Ähnlichkeitswerte entstehen zwischen Meßwertreihen mit relativ gering voneinander abwei-chenden Profilverläufen, unabhängig von deren Verlaufsform. Hierdurch ist zugleich auch der Begriff »Homogenität« zu definieren. Korrelations-koeffizienten sind unter dieser Bedingung noch weitgehend unbestimmt und daher für Gruppierungs-Verfahren unter Homogenitäts-Erwartungen untauglich. Im clusteranalytischen Agglomerations-Prozeß werden nun auf verschiedenen Ähnlichkeits-Niveaus (z.B. .80, .75, .70, ...) die jeweili-gen Partitionen ermittelt und, versehen mit mehr oder weniger umfangrei-chen Zusatzinformationen bzw. kritischen Kennwerten, zu Papier gebracht. Es dürfte unmittelbar einsichtig sein, daß mit fallendem Ähnlich-keits-Niveau die Cluster-Größe zunimmt und daher die Anzahl der Clu-ster pro Partition abnimmt. Auf einem sich ergebenden niedrigsten Ähn-lichkeits-Niveau bilden schließlich sämtliche Variablen (VCA) bzw. Perso-nen (PCA) ein einziges Cluster. Diese letzte Partition ist wie diejenige auf dem Ähnlichkeits-Niveau 1.00 trivial. Interessante Lösungen liegen dazwi-schen – wo genau, wird der Analytiker – oder dessen Kritiker – kraft fun-dierter und überzeugender Argumente entscheiden müssen. Die CA ist also kein Ergebnis produzierender *deus-ex machina* – wie von naiven Methoden-Anwendern immer wieder erwartet – sondern ein dialog-orien-tiertes, argumentativ unterstützendes Analyse-Verfahren in einem offenen empirischen Erkundungsprozeß.

Nun zu den Ergebnissen. Das wichtigste Resultat einer VCA ist das Dendrogramm der Variablen. Es gibt den gesamten clusteranalytischen Prozeß in einer einzigen überschaubar gegliederten und hinsichtlich der Beziehungs-Struktur der Variablen nachvollziehbaren Graphik wieder (s. Abb. 1). Die einzelnen (punktierten) Linienführungen dieser Graphik kennzeichnen in Verbindung mit den jeweiligen Ähnlichkeits-Niveaus die clusteranalytische Agglomeration (um nicht zu sagen Aggregation) als hier-archisches System von Variablen und Variablen-Clustern (es sind auch nicht-hierarchische Systeme verifizierbar und ggf. sinnvoll, worauf hier jedoch nicht näher eingegangen werden soll). Wie man deutlich erkennt, bilden die Beurteilungs-Skalen bei BRAHMS ein kompaktes Cluster auf

THEMA:    VIDEOEXPERIMENT HANNOVER * CHOPIN - BRAHMS *
ANSATZ:   VARIABLEN-CLUSTER-ANALYSE
METHODE: GROUP AVERAGE (SOKAL/MITCHENER 1958)

DENDROGRAMM DER CLUSTER-STRUKTUR-EBENEN BZW. PARTITIONEN 1 - 15
ZAHLENWERTE IM DENDROGRAMM: AEHNLICHKEITS-NIVEAU (OHNE +/-)

```
--------------------------------------------------------------
 17 MAENNER                17....................20
                                                 .
 20 LEHRER                 20...........................02
                                                         .
  9 BRAHMS SICHERER         9...........34                .
                                       .                  .
 11 BRAHMS PRAEZISER       11.............30               .
                                         .                .
 13 BRAHMS VIRTUOSER       13.............32 .            .
                                           . .            .
 12 BRAHMS DRAMATISCHER    12.......38     . .            .
                                   .       . .            .
 15 BRAHMS DYNAMISCHER     15......40 .    . .            .
                                   . .    . .            .
 10 BRAHMS KLANGVOLLER     10..48 . .     . .            .
                               . . .      . .            .
 14 BRAHMS AUSDRUCKSVOLLER 14   . . .     . .            .
 16 BRAHMS UEBERZEUGENDER  16....................18      .
                                                  .      .
  3 CHOPIN PRAEZISER        3.................28   .      .
                                               .  .      .
  1 CHOPIN SICHERER         1.............32   .  .      .
                                         .     .  .      .
  5 CHOPIN VIRTUOSER        5..........36 .     .  .      .
                                       . .     .  .      .
  7 CHOPIN DYNAMISCHER      7....44     . .     .  .      .
                               .       . .     .  .      .
  6 CHOPIN AUSDRUCKSVOLLER   6  .       . .     .  .      .
  8 CHOPIN UEBERZEUGENDER    8.............30 .  .  .      .
                                           . .  .  .      .
  4 CHOPIN DRAMATISCHER      4...........34 . .  .  .      .
                                         . . .  .  .      .
  2 CHOPIN KLANGVOLLER       2......40    . . .  .  .      .
                                   .      . . .  .  .      .
 21 LAIEN                   21...........................06 .
                                                        .  .
 22 AVTYP                   22.........................18 . .
                                                       . . .
 23 AVEINST                 23...........................00
```

  18 FRAUEN                 18.....................10
                                                  .
  19 STUDENTEN              19.........................00

Abb. 1: Dendogramm dier Variablenclusteranalyse

dem Ähnlichkeits-Niveau .30. Die CHOPIN-Skalen clustern gemeinsam
auf dem Ähnlichkeits-Niveau .28, jedoch nur unter Einschluß des Status-
Merkmals *Laie*. Das bedeutet inhaltlich, daß die Laien beim CHOPIN-
Urteil mehrheitlich dem einen Pol (positivere Beurteilung der Interpreta-

tion *Constantins*) zuneigten. Die übrigen Persönlichkeitsmerkmale clustern erst in der Nähe von .00 bzw. nicht mehr signifikant und sind daher als unabhängige Variablen zu erachten. Weiterhin läßt sich feststellen, daß CHOPIN etwas differenzierter beurteilt wird als BRAHMS. Insgesamt läßt dieses Dendrogramm die Schlußfolgerung zu, daß die CHOPIN-Interpretationen einerseits und die BRAHMS-Interpretationen andererseits relativ einheitlich, jedoch unabhängig voneinander und offenbar auch relativ unabhängig von den Persönlichkeitsmerkmalen *Geschlecht*, *Status*, *audiovisuelle Wahrnehmung* und *Einstellung* beurteilt wurden.

Ob und ggf. in welcher (nicht-linearen) Weise die Persönlichkeitsmerkmale die Beurteilung der musikalischen Darbietungen doch beeinflussen, läßt sich also nicht auf dem Wege einer VCA klären, jedoch mit den weitergreifenden Möglichkeiten der PCA, deren Resultate im folgenden wiedergegeben und eingehender dargestellt werden sollen.

Das wichtigste Ergebnis der PCA sind die sog. *charakteristischen Profile* der resultierenden Personen-Cluster. Diese sind nichts anderes als mittlere Merkmals-Profile der den jeweiligen Clustern angehörenden Personen. Die *charakteristischen Profile* der hier ausgewählten Cluster sind in Abb. 2 tabellarisch und in Abb. 3 graphisch repräsentiert. Bei den Variablen 17–21 sind Prozentwerte/100 mitgeteilt, alle übrigen Skalen sind fünfstufig. Die Profile lassen interessante Beziehungen zwischen Persönlichkeitsmerkmalen und Beurteilungsverhalten erkennen, die nun im einzelnen dargelegt und kommentiert werden sollen. Die hier nur knapp referierte Auswertung ist ausführlicher bei Behne (1990) dargestellt.

In den Abb. 3 a–g sind für jeden der sieben Cluster die normierten Daten der clusterbildenden Variablen (1 bis 16) sowie der unabhängigen Variablen 17 bis 23 veranschaulicht (Variablennamen in Abb. 2). Cluster 1 (Abb. 3a, n = 21) ist insofern »unauffällig«, als sich das Profil nur in der »Mitte« bewegt, d.h. hier überwiegen Personen, die sowohl beim CHOPIN- (1–8) wie auch beim BRAHMS-Urteil (9–16) keiner der Interpretationen den Vorzug gaben, also ein sehr zurückhaltendes Votum artikuliert haben. Dieses Votum war geschlechts- und gruppenunabhängig. Cluster 2 (3b, n = 21) tendiert in der Graphik durchweg nach unten, d.h. inhaltlich, daß die beiden *weiblichen* Interpretationen (*Birgit* und *Claudia*) durchweg positiver beurteilt wurden. Die Graphik gibt auch einen Hinweis auf die auffällige

| | 1 | 2 | 3 | 4 | 5 | 6 | 7 | CLUSTER-NR. |
| | 21 | 21 | 15 | 10 | 6 | 4 | 4 | CLUSTER-GR. |
|---|---|---|---|---|---|---|---|---|
| 1 | 3.10 | 2.38 | 4.00 | 4.20 | 2.83 | 2.75 | 3.25 * | 1 CHOPIN SICHERER |
| 2 | 3.05 | 2.38 | 3.93 | 4.70 | 2.83 | 2.00 | 1.75 * | 2 CHOPIN KLANGVOLLER |
| 3 | 3.14 | 2.81 | 3.80 | 4.10 | 3.17 | 2.50 | 3.50 * | 3 CHOPIN PRAEZISER |
| 4 | 3.10 | 2.14 | 3.87 | 4.10 | 2.50 | 2.00 | 2.00 * | 4 CHOPIN DRAMATISCHER |
| 5 | 2.95 | 2.57 | 4.07 | 4.00 | 3.67 | 2.75 | 1.75 * | 5 CHOPIN VIRTUOSER |
| 6 | 3.14 | 1.62 | 4.13 | 4.50 | 2.83 | 1.75 | 1.75 * | 6 CHOPIN AUSDRUCKSVOLLER |
| 7 | 3.29 | 1.95 | 3.67 | 4.30 | 3.00 | 2.75 | 2.00 * | 7 CHOPIN DYNAMISCHER |
| 8 | 2.95 | 1.90 | 4.40 | 4.30 | 3.33 | 1.75 | 2.25 * | 8 CHOPIN UEBERZEUGENDER |
| 9 | 3.10 | 2.19 | 2.47 | 3.50 | 4.33 | 3.25 | 2.00 * | 9 BRAHMS SICHERER |
| 10 | 3.00 | 1.90 | 2.13 | 4.60 | 4.83 | 3.25 | 1.75 * | 10 BRAHMS KLANGVOLLER |
| 11 | 3.10 | 2.86 | 2.80 | 4.10 | 4.83 | 3.25 | 3.75 * | 11 BRAHMS PRAEZISER |
| 12 | 2.90 | 1.62 | 2.00 | 3.00 | 4.83 | 2.75 | 1.75 * | 12 BRAHMS DRAMATISCHER |
| 13 | 2.86 | 2.29 | 2.40 | 4.10 | 4.17 | 3.00 | 2.00 * | 13 BRAHMS VIRTUOSER |
| 14 | 3.00 | 1.57 | 2.00 | 4.90 | 4.50 | 2.75 | 1.75 * | 14 BRAHMS AUSDRUCKSVOLLER |
| 15 | 2.90 | 1.57 | 2.13 | 4.00 | 4.83 | 3.75 | 3.50 * | 15 BRAHMS DYNAMISCHER |
| 16 | 2.95 | 1.43 | 2.33 | 4.00 | 5.00 | 3.75 | 2.00 * | 16 BRAHMS UEBERZEUGENDER |
| 17 | .43 | .43 | .53 | .10 | .67 | .50 | .25 | 17 MAENNER |
| 18 | .48 | .52 | .40 | .60 | .17 | .50 | .50 | 18 FRAUEN |
| 19 | .48 | .90 | .20 | .00 | .17 | .50 | 1.00 | 19 STUDENTEN |
| 20 | .38 | .05 | .40 | .00 | .83 | .50 | .00 | 20 LEHRER |
| 21 | .14 | .05 | .40 | 1.00 | .00 | .00 | .00 | 21 LAIEN |
| 22 | 2.83 | 3.19 | 3.08 | 3.57 | 3.20 | 2.50 | 2.75 | 22 AVTYP |
| 23 | 2.89 | 2.90 | 3.10 | 3.83 | 3.75 | 2.50 | 3.75 | 23 AVEINST |

Abb. 2: Mittelwerte für sieben ausgewählte charakteristische Profile

Zusammensetzung dieses Clusters (überwiegend Studenten, wenig Lehrer), die (in diesem Fall vorhandene) Signifikanz ist jedoch nicht unmittelbar den Abbildungen zu entnehmen, sondern muß separat (t-Test oder Chi-Quadrat-Test) ermittelt werden. Die durchgehende Bevorzugung weiblicher Interpreten erfolgte unabhängig vom Geschlecht der Beurteiler! Ein *gemischtes* Votum ergab sich für das dritte Cluster (3c, n = 15). Hier wurde bei CHOPIN der männliche, aber bei BRAHMS durchgehend die weibliche Interpretin positiver bewertet. Die Graphik zeigt auch, daß diese Urteilskonfiguration bei Studenten deutlich unterrepräsentiert ist. Besonders auffällig ist das Urteilsverhalten des vierten Clusters (3d, n = 10), in dem durchgängig die *männlichen* Interpretationen wesentlich positiver erlebt wurden. Ungewöhnlich ist dieser Cluster vor allem dadurch, daß er sich ausschließlich aus *einer* Untergruppe, den (musikinteressierten) Laien rekrutiert.

Diese vier Cluster dominierten in der untersuchten Stichprobe, wobei sich generell feststellen läßt:

– das zurückhaltende (»richtige«) Votum des Clusters 1 erfolgte unabhängig von musikalischer Vorbildung;

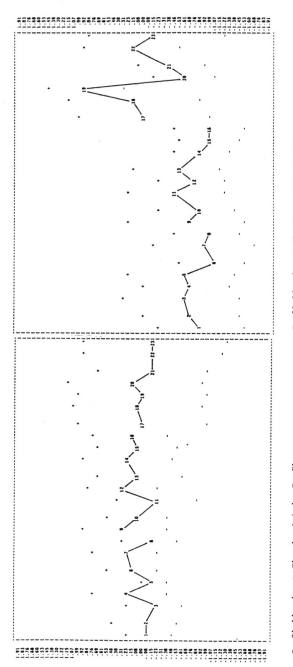

*»Profilschlauch«:* 1. Charakteristisches Profil
1–23 = Cluster-Mittelwerte (Aktive Variablen)
+ = Cluster-Mittelwerte + Stand.-Abw.
– = Cluster-Mittelwerte – Stand.-Abw.

*»Profilschlauch«:* 2. Charakteristisches Profil
1–23 = Cluster-Mittelwerte (Aktive Variablen)
+ = Cluster-Mittelwerte + Stand.-Abw.
– = Cluster-Mittelwerte – Stand.-Abw.

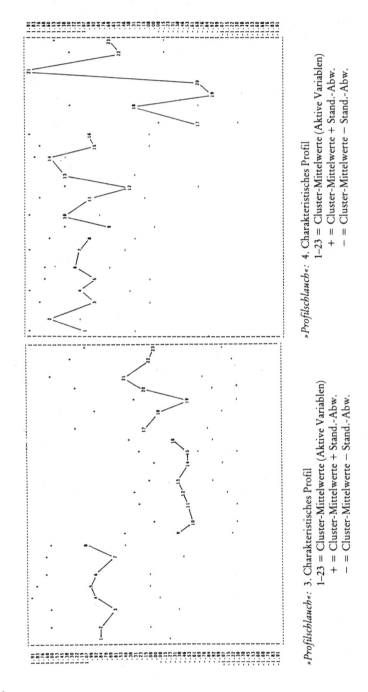

»Profilschlauch«: 3. Charakteristisches Profil
1–23 = Cluster-Mittelwerte (Aktive Variablen)
+ = Cluster-Mittelwerte + Stand.-Abw.
− = Cluster-Mittelwerte − Stand.-Abw.

»Profilschlauch«: 4. Charakteristisches Profil
1–23 = Cluster-Mittelwerte (Aktive Variablen)
+ = Cluster-Mittelwerte + Stand.-Abw.
− = Cluster-Mittelwerte − Stand.-Abw.

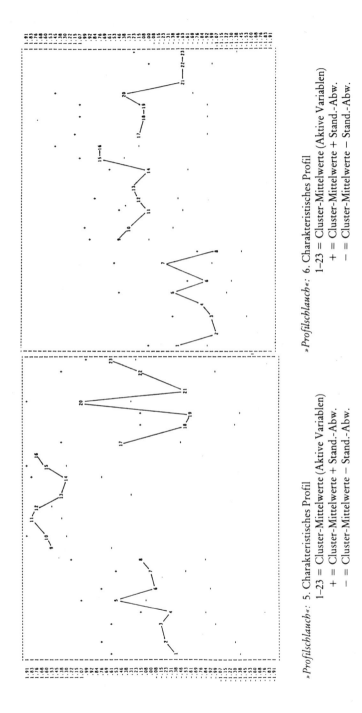

»*Profilschlauch*«: 5. Charakteristisches Profil
1–23 = Cluster-Mittelwerte (Aktive Variablen)
+ = Cluster-Mittelwerte + Stand.-Abw.
– = Cluster-Mittelwerte – Stand.-Abw.

»*Profilschlauch*«: 6. Charakteristisches Profil
1–23 = Cluster-Mittelwerte (Aktive Variablen)
+ = Cluster-Mittelwerte + Stand.-Abw.
– = Cluster-Mittelwerte – Stand.-Abw.

117

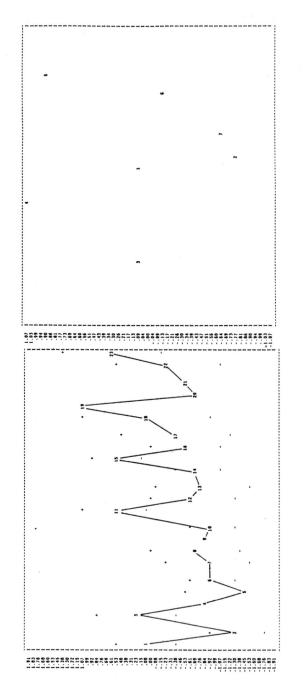

»Profilschlauch«: 7. Charakteristisches Profil
1–23 = Cluster-Mittelwerte (Aktive Variablen)
  + = Cluster-Mittelwerte + Stand.-Abw.
  – = Cluster-Mittelwerte – Stand.-Abw.

*Diagramm der Haupt-Achsen 1 (vertikal) und 2 (horizontal)*
Zahlen = Cluster-Nummern

Abb. 3: Graphische Veranschaulichung der charakteristischen Profile

118

– es besteht eine auffällige Tendenz, sich global für *eine* der beiden Interpretationen zu entscheiden und *sowohl-als-auch*-Urteile (z.B. »Birgit spielte ausdrucksvoller, Constantin aber präziser«) zu vermeiden;
– das Geschlecht der Interpreten spielte eine große Rolle, das der Urteiler aber nur eine untergeordnete Rolle.

Die Cluster 5 bis 7 (3e, f, g) setzen sich jeweils nur aus fünf bzw. vier Urteilern zusammen und sind deshalb weniger quantitativ als qualitativ bedeutsam. In ihnen manifestieren sich Minderheitsvoten, die bei normalen Auswertungsstrategien überhaupt nicht berücksichtigt würden. Die Konstellation aller sieben Cluster is in Abb. 3h – ähnlich wie bei einer Faktorenanalyse – räumlich dargestellt. Hier sieht man recht gut die »Mittenposition« des »enthaltsamen« Clusters 1 sowie in der Kreisanordnung der übrigen sechs Cluster interessante »Oppositionen« bzw. »Nachbarschaften«. Von Interesse ist schließlich auch die Gruppe derjenigen Urteiler, die keinem der sieben Cluster angehören: es sind überwiegend Lehrer mit ausgesprochen ideosynkratischem Urteilsverhalten, die deshalb singulär blieben.

Die Clusteranalyse ist von einer Reihe von Entscheidungsprozessen begleitet, die hier nicht im Detail ausgebreitet werden konnten. So ist jeweils neu festzulegen, welche Variablen clusterbildend sein sollen und welche nicht. In diesem konkreten Beispiel hätte man auch die CHOPIN- und BRAHMS-Daten getrennt analysieren können. Die Entscheidung darüber, an welchen Positionen bzw. Partitionen des hierarchischen Clusterungsprozesses man die zu interpretierenden Cluster auswählt, ist zwar teilweise durch Berechnung kritischer Kennwerte objektivierbar, erfordert aber stets ein abwägendes Urteil des Analysierenden, das um so sinnvoller ausfallen wird, je intensiver man sich mit dem »Innenleben« einer Datenstruktur auseinandersetzt.

## Literatur

K.-E. Behne, 1990 – »*Blicken Sie auf die Pianisten?!*« *Zur bildbeeinflußten Beurteilung von Klaviermusik im Fernsehen.* Medienpsychologie (i.D.).

T. Eckes & H. Roßbach, 1980 – *Clusteranalysen.* Stuttgart: Kohlhammer.

G.W. Milligan, 1980 – *An Examination of the Effect of six Types of Error Perturbation in fifteen Clustering Algorithms.* Psychometrika 45, 325–342.

G.W. Milligan, 1981 – *A Review of Monte Carlo Tests of Cluster Analysis.* Multiv. Behav. Res. 16, 379–407.

R.R. Sokal & C.D. Mitchener, 1958 – *A statistical Method for evaluating systematic Relationships.* Univ. of Kansas Science Bull. 38, 1409–1438.

D. Steinhausen & K. Langer, 1977 – *Clusteranalyse – Einführung in Mathematik und Verfahren der automatischen Klassifikation.* Berlin: de Gruyter.

Rudolf Wille

# Formale Begriffsanalyse diskutiert an einem Experiment zum Musikerleben im Fernsehen

Die »Formale Begriffsanalyse« ist eine neue Methode der Datenanalyse, die auf einem mengensprachlichen Modell für Begriffshierarchien aufbaut. Ihr liegt eine Begriffsdefinition zugrunde, die aus der philosophischen Begriffslehre übernommen ist (s. [7]). Ein Begriff ist danach eine Zweiheit bestehend aus Umfang (Extension) und Inhalt (Intension), wobei unter dem Umfang eines Begriffs die Gesamtheit aller Gegenstände verstanden wird, die unter den Begriff fallen, und unter dem Inhalt die Gesamtheit aller Merkmale, die auf alle Gegenstände des Begriffs zutreffen. Es hat sich in der Datenanalyse bewährt, Begriffshierarchien, die ein Datenkontext in sich birgt, sichtbar zu machen. Wie das im Bereich der Musikpsychologie aussehen kann, soll im folgenden an einem Experiment zum Musikerleben im Fernsehen aufgezeigt werden. Es würde den Umfang dieses einführenden Textes sprengen, sollten hier alle Methoden der Formalen Begriffsanalyse erläutert und angewandt werden; für Interessenten an weitergehenden Informationen kann deshalb nur auf die Literatur verwiesen werden (s. [3], [6], [8], [9]). Auch die Analyse der Ergebnisse des ausgewählten Experimentes kann nur exemplarisch durchgeführt werden.

Eine ausführliche Beschreibung des Experimentes findet sich in [1]. Hier soll nur erwähnt werden, daß bei dem Experiment 93 Versuchspersonen (43 Musikstudenten, 30 Musiklehrer, 20 Laien) nacheinander vier Videos sahen, in denen zunächst »Birgit« und »Constantin« den As-Dur Abschiedswalzer von F. Chopin und dann »Claudia« und »Christian« das d-moll Capriccio (Op. 116 Nr. 7) von J. Brahms spielten; dabei hatten jeweils die beiden Videos mit demselben Stück die gleiche Tonspur. Die vergleichenden Beurteilungen der Versuchspersonen über die Spieler des jeweils selben Stücks sind in Abb. 1 wiedergegeben; Abb. 1 enthält allerdings nur die Antworten auf die Fragen, welcher der beiden Spieler »eindeutig sicherer«, »eindeutig klangvoller« usw. erlebt wird, und nicht Antworten zu den Kategorien »ein wenig sicherer«, »ein wenig klangvoller« usw., die ebenfalls für die vorgegebenen acht Adjektive abgefragt wurden.

Die Tabelle in Abb. 1 stellt ein Beispiel eines Datenkontextes dar, wie ihn die Formale Begriffsanalyse behandelt. Allgemein besteht ein (*formaler*) *Kontext* aus einer Menge von »*Gegenständen*« und einer Menge von »*Merkmalen*«, für die eine Relation angibt, welcher Gegenstand welches Merkmal hat. In unserem Beispielkontext sind die »Gegenstände« die Versuchspersonen und die »Merkmale« die Eigenschaften »männlich«, »weiblich«, »der Versuchsgruppe n angehörend« (n = 1,2,...,8), »Musikstudent«, »Musiklehrer«, »Laie« sowie die Kategorien der Urteile über die Spieler. Die Kreuze in der Tabelle zeigen an, welche Versuchspersonen welche Merkmale haben. Ein (*formaler*) *Begriff* eines Kontextes ist ein Paar bestehend aus einer Menge von Gegenständen des Kontextes, die *Umfang* des Begriffs genannt wird, und einer Menge von Merkmalen des Kontextes, die *Inhalt* des Begriffs genannt wird; dabei enthält der Umfang genau die Gegenstände des Kontextes, auf die alle Merkmale des zugehörigen Inhalts zutreffen, und der Inhalt genau die Merkmale, die alle Gegenstände des zugehörigen Umfangs gemeinsam haben. In unserem Beispiel hat danach der Begriff »männliche Versuchsperson der Versuchsgruppe 2«

den Umfang {Versuchsperson 7, Versuchsperson 9} und

den Inhalt {männlich, Versuchsgruppe 2, Musikstudent, Claudia dramatischer, Claudia überzeugender}.

Die wichtigste Bezeichnung zwischen Begriffen ist die Relation »Unterbegriff-Oberbegriff«. In einem (formalen) Kontext ist ein Begriff *Unterbegriff* eines anderen, wenn sein Umfang im Umfang des anderen enthalten ist (gleichbedeutend damit ist, daß sein Inhalt den Inhalt des anderen umfaßt). In unserem Beispiel ist der Begriff »Versuchsperson, die Birgit als überzeugender beurteilt« ein Unterbegriff des Begriffs »Musikstudent«, denn der Umfang des ersten Begriffs besteht aus den Versuchspersonen 14, 15, 18, 19, 22, 24, 26, 27 und 34, die alle Musikstudenten sind. Die Menge aller Begriffe eines Kontextes bildet mit der Relation »Unterbegriff-Oberbegriff« eine Ordnungsstruktur, die der *Begriffsverband* des Kontextes heißt. Begriffsverbände sind das zentrale Untersuchungsobjekt der Formalen Begriffsanalyse. In der Regel werden sie graphisch veranschaulicht, womit

| | | | Versuchsgruppe | | | | | | | | | | | Chopin | | | | | | | | | | | | | | | | Brahms | | | | | | | | | | | | | | | |
|---|---|---|---|---|---|---|---|---|---|---|---|---|---|---|---|---|---|---|---|---|---|---|---|---|---|---|---|---|---|---|---|---|---|---|---|---|---|---|---|---|---|---|---|---|---|
| | | | | | | | | | | | | | | Birgit | | | | | | | | Constantin | | | | | | | | Christian | | | | | | | | Claudia | | | | | | | |
| | männlich | weiblich | 1 | 2 | 3 | 4 | 5 | 6 | 7 | 8 | Musikstudent | Musiklehrer | Laie | sicherer | klangvoller | präziser | dramatischer | virtuoser | ausdrucksvoller | dynamischer | überzeugender | sicherer | klangvoller | präziser | dramatischer | virtuoser | ausdrucksvoller | dynamischer | überzeugender | sicherer | klangvoller | präziser | dramatischer | virtuoser | ausdrucksvoller | dynamischer | überzeugender | sicherer | klangvoller | präziser | dramatischer | virtuoser | ausdrucksvoller | dynamischer | überzeugender |
| 1 |  | X | X |  |  |  |  |  |  |  |  | X |  |  |  |  |  |  |  |  |  |  | X |  | X |  | X |  |  |  |  |  |  |  |  |  |  |  |  |  |  |  |  |  |  |
| 2 | X |  | X |  |  |  |  |  |  |  |  | X |  |  |  |  |  |  |  |  |  | X |  | X |  |  |  |  | X |  |  |  |  |  |  |  |  |  | X |  |  |  |  |  |  |
| 3 | X |  | X |  |  |  |  |  |  |  |  | X |  |  |  |  | X |  |  | X |  |  |  |  |  |  |  |  | X |  |  |  |  |  |  |  |  |  |  |  |  |  |  |  |  |
| 4 | X |  | X |  |  |  |  |  |  |  |  | X |  |  |  |  |  |  |  |  |  |  |  |  |  |  |  |  |  |  |  |  |  |  |  |  |  |  |  |  |  |  |  |  |  |
| 5 |  | X | X |  |  |  |  |  |  |  |  | X |  |  |  |  |  |  |  |  |  |  |  |  |  |  |  |  |  |  |  |  |  |  | X |  |  |  |  |  |  |  |  |  |  |
| 6 |  | X | X |  |  |  |  |  |  |  |  | X |  |  |  |  |  |  |  |  |  |  |  |  |  |  |  |  |  |  |  |  |  |  | X |  |  |  |  |  |  |  |  |  |  |
| 7 | X |  |  | X |  |  |  |  |  |  | X |  |  |  |  |  | X |  |  | X |  |  |  |  |  |  |  |  |  |  |  |  |  |  |  |  |  |  | X |  | X |  |  |  | X |
| 8 |  | X |  | X |  |  |  |  |  |  | X |  |  |  |  |  |  |  |  |  |  |  |  |  |  |  |  |  |  |  |  |  |  |  |  |  |  |  |  |  |  |  |  |  |  |
| 9 | X |  |  | X |  |  |  |  |  |  | X |  |  |  |  |  |  |  | X |  |  |  |  |  |  |  |  |  |  |  |  |  |  |  |  |  |  |  |  |  | X | X | X |  | X |
| 10 |  | X |  | X |  |  |  |  |  |  | X |  |  |  |  |  |  |  |  |  |  |  |  |  |  |  |  |  |  |  |  |  |  |  |  |  |  |  |  |  |  |  |  |  |  |
| 11 |  | X |  | X |  |  |  |  |  |  | X |  |  |  |  |  |  |  |  |  |  |  |  |  |  |  |  |  |  |  |  |  |  |  |  |  |  |  | X |  | X |  | X | X | X |
| 12 |  |  |  |  | X |  |  |  |  |  | X |  |  |  |  |  |  |  |  |  |  |  |  |  |  |  | X | X | X |  |  |  |  |  |  |  |  |  |  |  | X |  |  | X | X |
| 13 |  |  |  |  | X |  |  |  |  |  | X |  |  |  |  |  |  |  |  |  |  |  |  |  |  |  |  |  |  |  |  |  |  |  |  |  |  |  |  |  |  |  |  |  |  |
| 14 |  |  |  |  | X |  |  |  |  |  | X |  |  |  |  |  | X |  | X | X | X |  |  |  |  |  |  |  |  |  |  |  |  |  |  |  |  |  |  |  |  |  | X | X | X |
| 15 |  |  |  |  | X |  |  |  |  |  | X |  |  |  |  |  |  |  |  |  | X |  |  |  |  |  |  |  |  |  |  | X | X |  | X | X | X |  |  |  |  |  |  |  |  |
| 16 |  |  |  |  | X |  |  |  |  |  | X |  |  |  |  |  |  |  |  |  |  |  |  |  |  |  |  |  |  |  |  |  |  |  |  |  |  |  |  |  |  |  |  |  |  |
| 17 |  |  |  |  | X |  |  |  |  |  | X |  |  |  |  |  |  |  |  |  |  |  |  |  |  |  |  |  |  |  |  |  |  |  |  |  |  |  |  |  |  | X |  |  | X |
| 18 |  | X |  |  |  | X |  |  |  |  | X |  |  |  |  |  |  |  | X | X | X |  |  |  |  |  |  |  |  |  |  |  |  |  |  |  |  |  |  |  | X |  |  |  |  |
| 19 |  | X |  |  |  | X |  |  |  |  | X |  |  |  |  |  |  |  | X | X | X |  |  |  |  |  |  |  |  |  |  |  |  |  |  |  |  |  |  |  |  |  |  |  |  |
| 20 | X |  |  |  |  | X |  |  |  |  | X |  |  |  |  |  |  | X |  |  |  |  |  |  |  |  |  |  |  |  |  |  |  |  |  |  |  |  |  |  | X | X |  |  |  |
| 21 |  | X |  |  |  | X |  |  |  |  | X |  |  | X | X |  | X |  | X |  |  |  |  |  |  |  |  |  |  |  |  |  |  |  |  |  |  |  |  |  |  |  |  |  |  |
| 22 | X |  |  |  |  | X |  |  |  |  | X |  |  |  |  |  |  |  | X | X | X |  |  |  |  |  |  |  |  |  |  |  |  |  |  |  |  |  |  |  |  |  | X | X |  |
| 23 | X |  |  |  |  | X |  |  |  |  | X |  |  |  |  |  |  |  |  |  |  |  |  |  |  |  |  |  |  |  |  |  |  |  |  |  |  |  |  |  |  |  |  | X | X |
| 24 |  | X |  |  |  | X |  |  |  |  | X |  |  |  | X |  |  | X | X | X | X |  |  |  |  |  |  |  |  |  |  |  |  |  |  |  |  |  | X |  | X |  | X |  | X |
| 25 | X |  |  |  |  | X |  |  |  |  | X |  |  |  |  |  |  |  |  |  |  |  |  |  |  |  |  |  |  |  |  |  |  |  |  |  |  | X |  |  | X |  |  | X | X |
| 26 |  | X |  |  |  | X |  |  |  |  | X |  |  |  |  |  |  |  | X | X | X |  |  |  |  |  |  |  |  |  |  |  |  |  |  |  |  |  | X |  | X |  | X | X | X |
| 27 | X |  |  |  |  | X |  |  |  |  | X |  |  |  |  | X |  | X | X |  | X |  |  |  |  |  |  |  |  |  |  |  |  |  |  |  |  |  | X |  | X |  | X |  | X |
| 28 | X |  |  |  |  | X |  |  |  |  | X |  |  |  |  |  |  |  |  |  |  |  |  |  |  |  |  |  | X |  |  |  |  |  |  |  |  |  | X |  | X |  | X | X |  |
| 29 |  | X |  |  |  | X |  |  |  |  | X |  |  |  |  |  |  |  |  |  |  |  |  |  |  |  |  |  |  |  |  |  |  |  |  |  |  | X | X |  | X |  | X | X | X |
| 30 |  | X |  |  |  | X |  |  |  |  | X |  |  |  |  |  |  |  |  |  |  |  |  |  |  |  |  |  |  |  |  |  |  |  |  |  |  |  |  |  |  |  |  |  |  |
| 31 |  | X |  |  |  | X |  |  |  |  | X |  |  |  |  |  |  |  | X |  |  |  |  |  |  |  |  |  |  |  |  |  |  |  |  |  |  | X | X |  | X |  | X |  | X |
| 32 | X |  |  |  |  | X |  |  |  |  | X |  |  |  |  |  |  |  |  |  |  |  |  |  |  |  |  |  |  |  |  |  |  |  |  |  |  |  | X |  | X | X | X | X | X |
| 33 | X |  |  |  |  | X |  |  |  |  | X |  |  |  |  |  |  |  |  |  |  |  |  |  |  |  |  |  |  |  |  |  |  |  |  |  |  | X |  | X |  |  | X |  | X |
| 34 |  | X |  |  |  | X |  |  |  |  | X |  |  |  |  |  |  |  | X |  | X |  |  |  |  |  |  |  |  |  |  |  |  |  |  |  |  |  |  |  |  |  |  |  |  |
| 35 |  | X |  |  |  | X |  |  |  |  | X |  |  |  |  |  |  |  |  |  |  |  |  |  |  |  |  |  |  |  |  |  |  |  |  |  |  |  |  |  |  |  |  |  |  |
| 36 |  | X |  |  |  | X |  |  |  |  | X |  |  |  |  |  |  |  |  |  |  |  |  |  |  |  |  |  |  |  |  |  |  |  |  |  |  |  |  |  |  |  |  |  |  |
| 37 |  | X |  |  |  | X |  |  |  |  | X |  |  |  |  |  |  |  | X |  |  |  |  |  |  |  |  |  |  |  |  |  |  |  |  |  |  |  |  |  |  |  | X | X | X |
| 38 | X |  |  |  |  | X |  |  |  |  | X |  |  |  |  |  | X |  |  |  |  |  |  | X |  |  |  |  | X |  |  |  |  |  |  |  |  |  |  |  | X |  | X |  |  |
| 39 |  | X |  |  |  | X |  |  |  |  | X |  |  |  |  |  |  |  |  |  |  |  |  |  |  |  |  |  |  |  |  |  |  |  |  |  |  | X |  |  | X |  |  | X |  |
| 40 |  | X |  |  |  | X |  |  |  |  | X |  |  |  |  |  |  | X | X |  |  |  |  |  |  |  |  |  |  |  |  |  |  |  |  |  |  |  |  |  |  |  |  | X |  |
| 41 |  | X |  |  |  | X |  |  |  |  | X |  |  |  |  |  |  |  |  |  |  |  |  |  |  |  |  |  |  |  |  |  |  |  |  |  |  | X | X |  |  |  |  | X | X |
| 42 |  | X |  |  |  |  | X |  |  |  |  | X |  |  |  |  |  |  |  |  |  |  |  |  |  |  | X |  | X | X | X | X | X | X | X | X | X |  |  |  |  |  |  |  |  |
| 43 |  | X |  |  |  |  | X |  |  |  |  | X |  |  |  |  | X | X |  |  |  |  |  |  |  |  |  |  |  |  |  |  | X |  |  |  |  |  |  |  |  |  |  |  |  |
| 44 |  | X |  |  |  |  | X |  |  |  |  | X |  |  |  |  |  |  |  |  |  |  |  |  |  |  |  |  |  |  |  |  |  |  |  |  |  |  |  |  |  |  |  |  |  |
| 45 | X |  |  |  |  |  | X |  |  |  |  | X |  |  |  |  |  |  |  |  |  |  |  |  |  |  |  |  |  |  |  |  |  |  |  |  | X |  |  |  |  |  |  |  |  |
| 46 | X |  |  |  |  |  | X |  |  |  |  | X |  |  |  |  |  |  |  |  |  | X |  | X |  | X | X |  |  |  |  |  |  |  |  |  |  |  |  |  |  |  |  |  |  |
| 47 | X |  |  |  |  |  | X |  |  |  |  | X |  |  |  |  |  |  |  |  |  | X |  | X |  |  |  |  | X |  |  |  |  |  |  |  |  |  |  |  |  |  |  |  |  |
| 48 | X |  |  |  |  |  | X |  |  |  |  | X |  |  |  |  |  |  |  |  |  |  |  |  |  |  |  |  |  |  |  |  |  |  |  |  |  |  |  |  |  |  |  |  |  |
| 49 | X |  |  |  |  |  | X |  |  |  |  | X |  |  |  |  |  |  |  |  |  |  |  |  |  |  |  |  |  |  |  |  |  |  |  |  |  |  |  |  |  |  |  |  |  |
| 50 | X |  |  |  |  |  | X |  |  |  |  | X |  |  |  |  |  |  |  |  |  |  |  | X |  |  |  |  |  | X | X | X |  |  |  |  |  |  |  |  |  |  |  | X |  |
| 51 | X |  |  |  |  |  | X |  |  |  |  | X |  |  |  |  | X | X |  | X |  |  |  |  |  |  |  |  |  |  |  |  |  |  |  |  |  |  |  |  | X |  |  |  | X |
| 52 | X |  |  |  |  |  | X |  |  |  |  | X |  |  |  |  |  |  |  |  |  |  |  |  |  |  |  |  |  |  | X |  | X |  |  | X |  |  |  |  |  |  |  |  |  |
| 53 | X |  |  |  |  |  | X |  |  |  |  | X |  |  |  |  |  |  |  |  |  | X |  |  |  |  | X |  | X |  |  |  | X |  | X |  |  |  |  |  |  |  |  |  |  |
| 54 | X |  |  |  |  |  |  | X |  |  |  | X |  |  |  |  |  |  |  |  |  |  |  |  |  |  |  |  |  |  |  |  |  |  |  |  |  |  |  |  |  |  |  |  |  |
| 55 | X |  |  |  |  |  |  | X |  |  |  | X |  |  |  |  |  |  |  |  |  |  |  |  |  |  |  |  |  | X | X | X | X | X | X | X | X |  |  |  |  |  |  |  |  |
| 56 | X |  |  |  |  |  |  | X |  |  |  | X |  |  |  |  |  |  |  |  |  |  |  |  |  |  |  |  |  |  |  |  |  |  |  |  |  |  |  |  |  |  |  |  |  |
| 57 | X |  |  |  |  |  |  | X |  |  |  | X |  |  |  |  |  |  |  |  |  |  |  |  |  |  |  |  |  |  |  |  |  |  |  |  |  |  |  |  |  | X |  |  |  |
| 58 | X |  |  |  |  |  |  | X |  |  |  | X |  |  |  |  |  |  |  |  |  |  |  |  |  |  |  |  |  | X | X |  | X |  | X | X | X |  |  |  |  |  |  |  |  |
| 59 |  | X |  |  |  |  |  | X |  |  |  | X |  |  |  |  |  |  |  |  |  |  |  |  |  |  |  |  |  |  |  |  | X |  | X | X |  |  |  |  |  |  |  |  |  |
| 60 |  | X |  |  |  |  |  | X |  |  |  | X |  |  |  |  |  |  |  | X |  |  |  |  |  |  |  |  |  |  |  |  |  |  |  |  |  |  |  |  | X |  |  |  |  |
| 61 |  | X |  |  |  |  |  | X |  |  |  | X |  |  |  |  |  |  |  |  |  |  |  |  |  |  |  |  |  |  |  |  |  |  |  |  |  |  |  |  |  |  |  |  |  |
| 62 | X |  |  |  |  |  |  | X |  |  |  | X |  |  |  |  |  |  |  |  |  |  |  |  |  |  |  |  |  |  |  |  |  |  |  |  |  |  |  |  |  |  |  |  |  |
| 63 | X |  |  |  |  |  |  | X |  |  |  | X |  | X | X |  |  |  |  |  |  |  |  |  |  |  |  |  |  |  | X | X | X | X |  | X | X |  |  |  |  |  |  |  |  |
| 64 | X |  |  |  |  |  |  | X |  |  |  | X |  |  |  |  |  |  |  |  |  |  |  |  |  |  |  |  |  | X | X | X |  |  |  |  | X |  |  |  |  |  |  |  |  |
| 65 | X |  |  |  |  |  |  | X |  |  |  | X |  |  |  |  |  |  |  |  |  |  |  |  | X | X |  |  |  |  |  |  |  |  |  |  |  |  |  |  |  |  | X |  |  |
| 66 | X |  |  |  |  |  |  |  | X |  | X |  |  |  |  |  |  |  |  |  |  |  |  |  |  |  |  |  |  |  |  |  |  |  |  |  |  |  |  |  |  |  |  |  |  |
| 67 | X |  |  |  |  |  |  |  | X |  | X |  |  |  |  |  |  |  |  |  |  |  |  |  |  |  |  |  |  |  |  |  |  |  |  |  |  |  |  |  |  |  |  |  |  |
| 68 | X |  |  |  |  |  |  |  | X |  | X |  |  |  |  |  |  |  |  |  |  |  |  |  |  |  |  |  |  |  |  |  |  |  |  |  |  |  |  |  |  |  |  |  |  |
| 69 |  | X |  |  |  |  |  |  | X |  | X |  |  |  |  |  |  |  |  |  |  |  |  |  |  |  |  |  |  |  |  |  |  |  |  |  |  |  |  |  |  |  |  |  |  |
| 70 |  | X |  |  |  |  |  |  | X |  | X |  |  |  |  |  |  |  |  |  |  |  |  |  |  |  |  |  |  |  |  |  |  |  |  |  |  |  |  |  |  |  |  |  |  |
| 71 |  | X |  |  |  |  |  |  | X |  | X |  |  |  |  |  |  |  |  |  |  |  |  |  |  |  |  |  |  |  |  |  |  |  |  |  |  |  |  |  |  |  |  |  |  |
| 72 |  | X |  |  |  |  |  |  | X |  | X |  |  |  |  |  |  |  |  |  |  |  |  |  |  |  |  |  |  |  |  |  |  |  |  |  |  | X |  |  |  |  |  |  | X |
| 73 |  | X |  |  |  |  |  |  | X |  | X |  |  |  |  |  |  |  |  |  |  |  |  |  |  |  |  |  |  |  |  |  |  |  |  |  |  |  |  |  |  |  |  |  |  |
| 74 | X |  |  |  |  |  |  |  |  | X |  |  | X |  |  |  |  |  |  |  |  |  |  |  |  | X |  |  | X |  |  |  |  |  |  |  |  |  |  |  |  |  |  |  |  |
| 75 |  | X |  |  |  |  |  |  |  | X |  |  | X |  |  |  |  |  |  |  |  |  |  |  |  |  |  |  |  |  | X |  |  | X | X |  | X |  |  |  |  |  |  |  |  |
| 76 | X |  |  |  |  |  |  |  |  | X |  |  | X |  |  |  |  |  |  |  |  |  |  |  | X |  | X |  |  |  |  |  |  |  |  |  |  | X |  |  | X |  |  | X |  |
| 77 |  | X |  |  |  |  |  |  |  | X |  |  | X |  |  |  |  |  |  |  |  | X | X | X | X | X | X | X | X |  |  |  |  |  |  |  |  |  |  |  |  |  |  |  |  |
| 78 | X |  |  |  |  |  |  |  |  | X |  |  | X |  |  |  |  |  |  |  |  |  |  |  |  |  |  |  |  |  |  |  |  |  |  |  |  |  |  |  |  |  |  |  |  |
| 79 |  | X |  |  |  |  |  |  |  | X |  |  | X |  |  |  |  |  |  |  |  | X |  |  |  |  | X | X | X |  |  |  |  |  |  |  |  |  |  |  |  |  |  |  |  |
| 80 | X |  |  |  |  |  |  |  |  | X |  |  | X |  |  |  |  |  |  |  |  | X |  |  | X | X | X | X | X |  |  |  |  |  |  |  |  |  |  |  |  |  |  |  |  |
| 81 |  | X |  |  |  |  |  |  |  | X |  |  | X |  |  |  |  |  |  |  |  | X | X |  | X | X | X | X | X |  | X | X | X | X | X | X | X |  |  |  |  |  |  |  |  |
| 82 |  | X |  |  |  |  |  |  |  | X |  |  | X |  |  |  |  |  |  |  |  | X | X |  |  | X | X |  |  |  |  |  |  |  |  |  |  |  |  |  |  |  |  |  |  |
| 83 |  | X |  |  |  |  |  |  |  | X |  |  | X |  |  |  |  |  |  |  |  | X | X | X | X | X | X | X | X |  |  |  |  |  |  |  |  |  |  |  |  |  |  |  |  |
| 84 |  | X |  |  |  |  |  |  |  | X |  |  | X |  |  |  |  |  |  |  |  |  | X |  |  |  | X | X |  |  | X |  |  |  | X | X |  |  |  |  | X |  |  |  |  |
| 85 |  | X |  |  |  |  |  |  |  | X |  |  | X |  |  |  |  |  |  |  |  |  |  |  |  |  |  |  |  |  |  |  |  |  |  |  |  |  |  |  |  |  |  |  |  |
| 86 |  |  |  |  |  |  |  |  |  | X |  |  | X |  |  |  |  |  |  |  |  | X | X |  |  |  |  |  |  |  |  |  |  | X | X |  |  |  |  |  |  |  |  |  |  |
| 87 |  |  |  |  |  |  |  |  |  | X |  |  | X |  |  |  |  |  |  |  |  | X | X | X |  |  | X | X | X |  | X | X |  |  | X |  | X |  |  |  |  |  |  |  |  |
| 88 |  |  |  |  |  |  |  |  |  | X |  |  | X |  |  |  |  |  |  |  |  |  |  |  |  |  |  |  |  |  | X |  |  |  | X | X |  |  |  |  |  |  |  |  |  |
| 89 |  | X |  |  |  |  |  |  |  | X |  |  | X |  |  |  |  |  |  |  |  |  | X | X | X |  | X | X | X |  |  |  |  |  | X |  |  |  |  |  |  |  |  |  |  |
| 90 | X |  |  |  |  |  |  |  |  | X |  |  | X |  |  |  |  |  |  |  |  |  |  |  |  |  |  |  |  |  |  |  |  |  |  |  |  |  |  |  | X |  | X |  | X |
| 91 |  |  |  |  |  |  |  |  |  | X |  |  | X |  |  |  |  |  |  |  |  |  |  |  |  |  |  |  |  |  |  |  |  |  |  |  |  |  |  |  |  |  |  |  |  |
| 92 |  | X |  |  |  |  |  |  |  | X |  |  | X |  |  |  |  |  |  |  |  |  | X |  | X | X |  |  | X | X | X | X | X | X | X | X | X |  |  |  |  |  |  |  |  |
| 93 | X |  |  |  |  |  |  |  |  | X |  |  | X |  |  |  |  |  |  |  |  |  |  |  |  |  | X |  |  |  | X |  |  | X | X |  | X |  |  |  |  |  |  |  |  |

Abb. 1: Kontext eines musikpsychologischen Experiments

ein differenzierter Einblick in die Struktur des zugrunde liegenden Datenkontextes ermöglicht wird.

In Abb. 2 ist der Begriffsverband des Teilkontextes aus Abb. 1, der aus allen Versuchspersonen und den ersten 13 Merkmalen besteht, durch ein »*Liniendiagramm*« dargestellt. Die 28 Begriffe dieses Kontextes sind durch kleine Kreise wiedergegeben, die zum Teil durch Strecken miteinander verbunden sind. Die Bezeichnung eines Gegenstandes steht an dem Kreis des Begriffs kleinsten Umfangs, der den Gegenstand in seinem Umfang hat, und die Bezeichnung eines Merkmals steht an dem Kreis des Begriffs kleinsten Inhalts, der das Merkmal in seinem Inhalt hat. Die so eingetragenen Bezeichnungen erlauben es, jeweils Umfang und Inhalt eines jeden Begriffs am Liniendiagramm abzulesen: Der Umfang bzw. Inhalt eines Begriffs besteht aus den Gegenständen bzw. Merkmalen, deren Bezeichnungen an dem Kreis des Begriffs oder an Kreisen stehen, die von dem Kreis des Begriffs durch einen ab- bzw. aufsteigenden Streckenzug erreichbar sind. Am Liniendiagramm in Abb. 2 sieht man so z.b., daß der Kreis mit der Bezeichnung »Gruppe 2« den Begriff darstellt, dessen Umfang aus den Versuchspersonen 7, 8, 9, 10 und 11 besteht und dessen Inhalt die Merkmale »Versuchsgruppe 2« und »Musikstudent« umfaßt. Die Bezeichnungen ermöglichen auch den Kontext aus dem Liniendiagramm zurückzugewinnen, denn ein Gegenstand hat genau dann ein bestimmtes Merkmal, wenn ein aufsteigender Streckenzug von dem Kreis mit der Bezeichnung des Gegenstandes zu dem Kreis mit der Bezeichnung des Merkmals führt oder wenn die beiden Bezeichnungen an demselben Kreis stehen. Als Leseübung finde man an Abb. 2 heraus, daß die Versuchsperson 8 die Merkmale »weiblich«, »Versuchsgruppe 2« und »Musikstudent« hat.

Ein Liniendiagramm eines Begriffsverbandes ist so angelegt, daß die Relation »Unterbegriff-Oberbegriff« und die durch sie bewirkte Strukturierung der Kontextdaten sichtbar wird. Ein Begriff ist genau dann Unterbegriff eines anderen, wenn von dem ihn darstellenden Kreis ein aufsteigender Streckenzug zu dem Kreis des anderen führt. Am Liniendiagramm in Abb. 2 kann man so z.B. ablesen, daß der Begriff »Musiklehrer« die Begriffe »Versuchsgruppe 1«, »Versuchsgruppe 5« und »Versuchsgruppe 6« als Unterbegriffe hat, aber nicht den Begriff »Versuchsgruppe 7«. Durch geeignete Lage der Kreise, wobei in der Regel möglichst viel

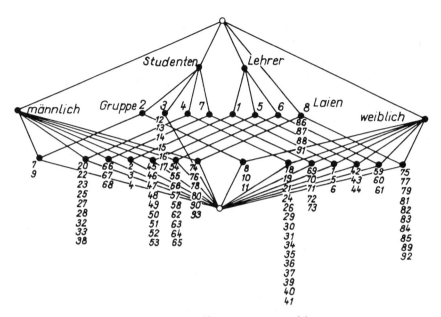

Abb. 2: Begriffsverband eines Teilkontextes aus Abb. 1

Parallelität zwischen den Strecken angestrebt wird, können in dem Liniendiagramm interpretierbare Begriffsmuster sichtbar werden. Als einfaches
Beispiel können dafür die beiden parallelen Streckenscharen in Abb. 2
genommen werden, die hervorheben, daß alle Versuchsgruppen außer Versuchsgruppe 3 durch die Merkmale »männlich« und »weiblich« in zwei
Begriffsumfänge unterteilt werden. Der Bruch der Regelmäßigkeit durch
die Versuchsgruppe 3 macht darauf aufmerksam, daß bei dieser Gruppe das
Geschlecht nicht erfaßt wurde. Insgesamt spiegelt das Liniendiagramm
wider, wie gleichmäßig bzw. ungleichmäßig die hierarchische Verteilung
der Versuchspersonen des Experiments ist.

Bei dem Übergang von einem Kontext zu einem Liniendiagramm seines
Begriffsverbandes findet keine Reduktion der Daten statt, da der Kontext
aus dem Liniendiagramm zurückgewonnen werden kann. Will man in Hinblick auf ein bestimmtes Untersuchungsziel doch eine Reduktion der
Daten haben, empfiehlt es sich, sie vor der Ausarbeitung des Begriffsverbandes schon am Kontext vorzunehmen. In unserem Beispiel ist sicherlich
eine interessante Frage, wie die verschiedenen Arten von Versuchsperso-

nen in Mehrheit über die Spieler urteilen. In der Tabelle von Abb. 3 geben die Kreuze an, welche Personenart sich jeweils für welchen Spieler mehrheitlich entscheidet (bei Gleichstand ist kein Kreuz eingetragen). Informativer wäre es natürlich, wenn jeweils die genaue Anzahl der Voten in der Tabelle aufgeführt wäre; dann müßte jedoch die Tabelle noch in die oben definierte Form eines (formalen) Kontextes umgewandelt werden, wofür die begriffsanalytische Meßtheorie die Methoden bereitstellt, was in diesem Text jedoch nicht näher erläutert werden kann (s. [4], [5]). Hier mag eine Analyse des abgeleiteten Kontextes in Abb. 3 genügen: Das Liniendiagramm seines Begriffsverbandes gibt Abb. 4 wieder.

| | | | Chopin | | | | | | | | | | | | | | Brahms | | | | | | | | | | | | | | | | |
| | | | Birgit | | | | | | | | Constantin | | | | | | | | Christian | | | | | | | | Claudia | | | | | | | |
| | | | sicherer | klangvoller | präziser | dramatischer | virtuoser | ausdrucksvoller | dynamischer | überzeugender | sicherer | klangvoller | präziser | dramatischer | virtuoser | ausdrucksvoller | dynamischer | überzeugender | sicherer | klangvoller | präziser | dramatischer | virtuoser | ausdrucksvoller | dynamischer | überzeugender | sicherer | klangvoller | präziser | dramatischer | virtuoser | ausdrucksvoller | dynamischer | überzeugender |
|---|---|---|---|---|---|---|---|---|---|---|---|---|---|---|---|---|---|---|---|---|---|---|---|---|---|---|---|---|---|---|---|---|---|
| Studenten | | insgesamt | X | X | | X | X | X | X | X | | | | | | | | | | | | | | | | | X | X | | X | | X | X | X |
| | | männlich | | | | X | X | X | X | | | | | | | | | | | | | | | | | | X | X | X | X | X | X | X | X |
| | | weiblich | X | X | | X | X | X | X | X | | | | | | | | | | | | | | | | | X | X | | X | | X | | X |
| Lehrer | | insgeamt | | | | X | | | | X | | | | X | X | | X | | X | X | X | X | X | X | X | X | X | X | | | | | | |
| | | männlich | | X | | X | | | X | | | | | X | X | | X | X | X | X | X | X | X | X | X | X | X | X | | | | | | |
| | | weiblich | | | X | | X | | | X | | | | X | | | X | | X | X | X | X | X | X | X | X | X | | | | | | | |
| Laien | | insgesamt | | | | | | | | | X | X | X | X | X | X | X | X | X | X | | X | X | X | X | | | | | X | | | | |
| | | männlich | | | | | | X | | | X | X | X | X | X | X | | X | | | X | | | X | | X | | | X | | | | | X |
| | | weiblich | | | | | | | | | X | X | X | X | X | X | X | X | X | X | X | X | X | X | X | X | X | X | | | | | | |

Abb. 3: Kontext der Mehrheitsvoten aus Abb. 1

Durch Schraffur ist in Abb. 4 hervorgehoben, daß Studenten, Lehrer und Laien disjunkte Begriffsumfänge bilden, deren zugehörige Begriffsinhalte jeweils folgende Merkmale enthalten:

*Studenten*
Birgit ausdrucksvoller, virtuoser, dramatischer, dynamischer;
Claudia überzeugender, ausdrucksvoller, klangvoller, sicherer, dynamischer, dramatischer;

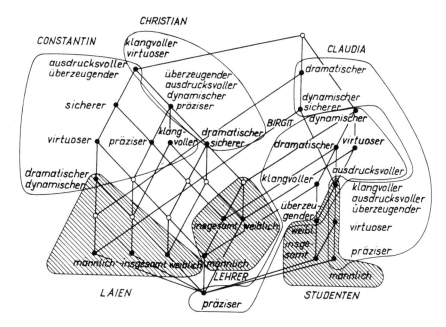

Abb. 4: Begriffsverband des Kontextes von Abb. 3

*Lehrer*
Constantin überzeugender, ausdrucksvoller;
Christian sicherer, dramatischer, präziser, dynamischer, ausdrucksvoller,
überzeugender, virtuoser, klangvoller;
Birgit dynamischer;

*Laien*
Constantin dynamischer, dramatischer, virtuoser, sicherer, überzeugender, ausdrucksvoller;
Christian virtuoser; klangvoller.

Interessant ist, daß sich die Musiklehrer bei allen Adjektiven mehrheitlich für Christian und die Laien bei fast allen Adjektiven mehrheitlich für Constantin entscheiden, während bei den Musikstudenten kein männlicher Spieler die Mehrheit bei einem Adjektiv erhält; umgekehrt bekommen die Spielerinnen Mehrheitsvoten fast nur von den Studenten. Eine derart klare Gruppenbildung tritt nicht bei den Geschlechtern auf; im Gegenteil: kein

127

Merkmal trifft auf alle männlichen bzw. alle weiblichen Personenarten zu. Eine geringfügige Unterscheidung mag man darin sehen, daß die männlichen Lehrer und Laien mehr Constantin zuneigen, während die weiblichen Lehrer und Laien sich eindeutig für Christian aussprechen. Insgesamt zeigt das Liniendiagramm in Abb. 4 ein differenziertes, doch klar gegliedertes Bild von den Mehrheitsvoten der verschiedenen Personenarten des Experimentes.

Für eine erschöpfende Analyse eines Datenkontextes ist es empfehlenswert, den Kontext möglichst unreduziert zu lassen und am besten sogar unterschiedliche Liniendiagramme des Begriffsverbandes zur Interpretation bereitzustellen. Man kann die Liniendiagramme mit Landkarten vergleichen, die einen differenzierten Einblick in unterschiedliche Zusammenhänge der Daten gestatten. Ein entscheidender Vorteil der Liniendiagramme ist, daß die gewonnenen Interpretationen an den immer noch ablesbaren Kontextdaten überprüft werden können. Mit den bisher entwickelten Methoden der Formalen Begriffsanalyse lassen sich unter Mithilfe von Computern (s. etwa [2], [10]) so große Begriffsverbände bestimmen und darstellen wie etwa der Verband der 6028 Begriffe aller Urteile, die die 93 Versuchspersonen insgesamt in dem Experiment gefällt haben. Auch wenn der Kontext der eindeutigen Urteile, die in Abb. 1 aufgeführt sind, nur 246 Begriffe hat, sollen hier aus Platzgründen nur die eindeutigen Urteile über die Chopin-Spieler weiter analysiert werden.

Abb. 5 zeigt zunächst den Begriffsverband des Teilkontextes von Abb.1, der aus den ersten 65 Versuchspersonen und den 16 Chopin-Merkmalen besteht. Überraschend ist, daß nur zwei Versuchspersonen (Nummer 3 und 38) »gemischt« urteilen, d.h. mal Birgit und mal Constantin vorziehen; deshalb bietet sich an, die Begriffsverbände der beiden Teilkontexte mit den Birgit-Merkmalen und den Constantin-Merkmalen links und rechts getrennt darzustellen und dazwischen die »Mischbegriffe« einzufügen (die Extrembegriffe der beiden Verbände stimmen jeweils überein, was durch die beiden Doppelpfeile angezeigt wird). Die Bezeichnungen der Versuchspersonen machen die Personenart kenntlich: Kreise stehen für Musikstudenten, Quadrate für Musiklehrer, Pfeile für Männer und Kreuze für Frauen. Wie man sieht, haben für Birgit überwiegend Studenten votiert, allerdings in sehr unterschiedlichen Kombinationen von Adjektiven, so

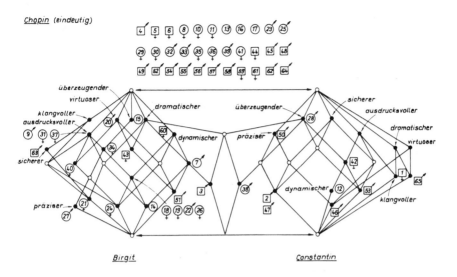

Abb. 5: Begriffsverband des Teilkontextes aus Abb. 1

daß keine weitere Unterteilung nahegelegt wird. Für Constantin entscheiden sich überwiegend Musiklehrer, die sich ebenfalls nicht mehr sinnvoll untergliedern lassen. Die 33 Versuchspersonen, die über dem oberen Doppelpfeil aufgeführt sind, haben kein eindeutiges Urteil für einen der beiden Spieler abgegeben.

Um den Begriffsverband für die eindeutigen Chopin-Urteile aller Versuchspersonen zu erhalten, muß man den Verband von Constantin in Abb. 5 durch den Verband von Constantin in Abb. 6 ersetzen (man lege Abb. 6 so auf Abb. 5, daß die Kreise von 3 bzw. 38 aufeinander fallen); da keine der Versuchspersonen von 66 bis 93 für Birgit votiert, ändert sich durch die Zunahme der restlichen Versuchspersonen der Verband von Birgit nicht, und es kommt auch kein »Mischbegriff« mehr hinzu. In Abb. 6 sind die Laien mit Kreissegmenten bezeichnet. Am stärksten fällt an Abb. 6 ins Auge, daß die weiblichen Versuchspersonen überwiegend rechts, die männlichen überwiegend links stehen. Nun haben Eigenschaften wie »rechts«, »links«, »nah« und »fern« im Liniendiagramm für sich genommen keine Bedeutung, wenn sie nicht etwas von der Ordnungsstruktur widerspiegeln, die durch die Kreise und Strecken gegeben ist. Die

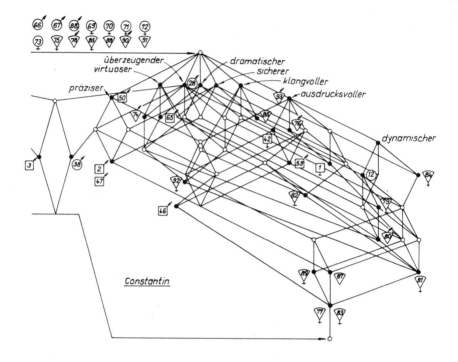

Abb. 6: Erweiterung des Begriffsverbandes von Abb. 5

Rechts-Links-Aufteilung in Abb. 6 läßt sich deuten: sie macht sichtbar, daß die (nicht-studentischen) Frauen im Gegensatz zu den Männern Constantin überwiegend als dynamischer und ausdrucksvoller beurteilen; die Männer halten ihn eher für präziser und überzeugender.

So differenziert und umfangreich der Begriffsverband der Urteile über die Chopin-Spieler mit seinen 73 Begriffen erscheinen mag, ist er doch noch verhältnismäßig klein gegenüber möglichen Begriffsverbänden, die bei acht Paaren dichotomer Merkmale bis zu 6562 Begriffe enthalten können. Die relative Kleinheit des Begriffsverbandes ist Ausdruck dafür, daß es im Datenkontext eine große Anzahl von Implikationen zwischen den Merkmalen gibt. Diese Implikationen kann man alle am Liniendiagramm ablesen. Daß z.B. jede Versuchsperson, die Birgit für »ausdrucksvoller« und »dynamischer« hält, sie auch als »überzeugender« beurteilt, daß also »ausdrucksvoller« und »dynamischer« bei Birgit »überzeugender« impliziert, sieht man in Abb. 5 folgendermaßen: man verfolgt ausgehend von den beiden Kreisen, an denen »ausdrucksvoller« und »dynamischer« steht, absteigende Streckenzüge bis zu dem Kreis, in dem sie sich zum ersten Mal treffen; von diesem Kreis, dessen zugehöriger Begriffsumfang aus den Versuchspersonen 14, 18, 19, 22, 24 und 26 besteht, ist der Kreis mit der Bezeichnung »überzeugender« durch einen aufsteigenden Streckenzug erreichbar, was die behauptete Implikation bestätigt.

An dieser Stelle sollen die einführenden Erläuterungen zur Formalen Begriffsanalyse abgebrochen werden. Bedeutungsmuster von Begriffsverbänden, die bei Datenanalysen relevant werden können, werden ausführlich in [9] diskutiert. Umfassend wird die Formale Begriffsanalyse in [6] dargestellt. Hier sei noch einmal zusammenfassend hervorgehoben, daß die Formale Begriffsanalyse Datenkontexte in ihren Begriffsstrukturen derart entfaltet, daß hierarchische Klassifikationen und logische Zusammenhänge erkennbar werden. Daß dabei die zugrunde liegenden Daten rekonstruierbar bleiben, erlaubt stets eine Überprüfung der gewonnenen Interpretationen am Ausgangsmaterial; dadurch werden unangemessene Vereinfachungen und ungesicherte Schlußfolgerungen verhindert.

## Literatur

[1] K.–E. Behne, 1990 – »Blicken Sie auf die Pianisten?!« Zur bildbeeinflußten Beurteilung von Klaviermusik im Fernsehen. Medienpsychologie (i.D.).

[2] P. Burmeister, 1987 – Programm zur Formalen Begriffsanalyse einwertiger Kontexte (unter Mitwirkung von A. Rust und P. Scheich). TH Darmstadt.

[3] B. Ganter, 1987 – Algorithmen zur Formalen Begriffsanalyse. In: B. Ganter, R. Wille, K.E. Wolff (Hrsg.): Beiträge zur Begriffsanalyse. B.I.-Wissenschaftsverlag, Mannheim/Wien/Zürich, 241–254.

[4] B. Ganter, J. Stahl & R. Wille, 1986 – Conceptual measurement and many-valued contexts. In: W. Gaul, M. Schader (Eds.): Classification as a tool of research. North-Holland, Amsterdam, 169-176

[5] B. Ganter & R. Wille: Conceptual scaling. In: F.S. Roberts (ed.): Applications of combinatorics and graph theory to the biological and social sciences. Berlin-Heidelberg-New York: Springer-Verlag (to appear).

[6] B. Ganter & R. Wille: Formale Begriffsanalyse. B.I.-Wissenschaftsverlag, Mannheim/Wien/Zürich (in Vorbereitung).

[7] H. Wagner, 1973 – Begriff. In: H. Krings, H.M. Baumgartner, C. Wild (Hrsg.): Handbuch philosophischer Grundbegriffe. Kösel Verlag, München, 191-209.

[8] R. Wille, 1984 – *Liniendiagramme hierarchischer Begriffssysteme*. In: H.H. Bock (Hrsg.): *Anwendungen der Klassifikation: Datenanalyse und numerische Klassifikation*. INDEKS Verlag, Frankfurt, 32–51.

[9] R. Wille, 1987 – *Bedeutungen von Begriffsverbänden*. In: B. Ganter, R. Wille, K.E. Wolff (Hrsg.): *Beiträge zur Begriffsanalyse*. B.I.-Wissenschaftsverlag, Mannheim/Wien/Zürich, 161–211.

[10] R. Wille: *Lattice in data analysis: how to draw them with a computer*. In: I. Rival (ed.): *Algorithmus and order*. Reidel Publ. Comp., Dordrecht-Boston (to appear)

# Nahaufnahme

## Spielleute, einer von ihnen: Günter Christmann

Etwa ab Ende der 60er Jahre hat sich vor allem in Europa eine freie Musik-Szene entwickelt, überwiegend aus Musikern des *Free Jazz*, die aber stilistisch einordnende Etiketten bewußt vermieden. Die Musiker dieser Szene sind, unter dem Aspekt der sozialen Wertschätzung und der wirtschaftlichen Absicherung, am ehesten mit mittelalterlichen Spielleuten vergleichbar. Mit selten gewordener Konsequenz haben sie sich entschieden, konzessionslos nur noch das zu spielen, was sie für wichtig oder wahr halten, wohl wissend, daß dies zu einer zugleich spartanischen und vagabundierenden Lebensweise zwingt. In einer Zeit, in der Komponisten und Wissenschaftler häufig eine ähnlich gesicherte Altersversorgung erwarten wie Postbeamte, haben diese Musiker eine Lebensform gewählt, die, aus der Distanz betrachtet, vielleicht ein Hauch Romantik und Bohème umweht, tatsächlich aber eher durch Zwang zur Disziplin, Furcht vor nicht versicherter Krankheit, unfreiwilligem Konsumverzicht in einer durch einmalige Hemmungslosigkeit des Konsums geprägten Gesellschaft gekennzeichnet ist. Da volle Bäuche selten kreativ sind, kann man auch dies – mit einer Prise Sarkasmus – begründen: *Support the musician – let him be hungry!*

Günter Christmann (geb. 1942) ist einer von diesen Spielleuten, wenngleich seit seiner Kindheit mit festem Wohnsitz in Langenhagen bei Hannover. Nach einer Dixieland-beeinflußten Schulzeit wandte sich Christmann, der als Posaunist und Kontrabassist Autodidakt war, Ende der 60er Jahre dem *Free Jazz* zu, entwickelte aber zugleich ein neugieriges Ohr für die zeitgenössische Kunstmusik. Weil er zunächst Jazzer war, sich aber stilistisch an herrschende Strömungen nie ganz binden wollte, gründete er um 1970 das Improvisationsduo mit dem Percussionisten Detlef Schönenberg, das in dieser ungewöhnlichen Besetzung mehr als 10 Jahre existierte, die Jazzer verunsicherte (weil es nicht swingte und pulste), die Kenner der Neuen Musik aufmerksam machte (weil die Ähnlichkeiten zu komponierter Musik von Kagel, Berio u.a. unüberhörbar waren). Eine der solistischen Einspielungen Christmanns (*Solomusiken für Posaune und Kontrabaß,*

1976) enthält überwiegend sehr kurze Titel, unmittelbarer Ausdruck für die »Radikalität, nur das Notwendige zu spielen« und ist im Zusammenhang mit der Tatsache zu sehen, daß Anton Webern für Christmann zeitweilig von großem Einfluß war. Das Nebeneinander von Auftritten mit Free-Jazz-Gruppen (Globe Unity Orchestra), gelegentliches Mitwirken in Ensembles für Neue Musik, aber vor allem der gut zehnjährige materialsuchende Dialog mit D. Schönenberg waren auch Lehrjahre und Findungsprozeß, haben den *Spielmann* Christmann künstlerisch autonom gemacht. Schon relativ früh zeigte sich die Tendenz, die visuelle Ebene mit einzubeziehen, am bekanntesten wurde die etwa dreijährige Zusammenarbeit mit der Tänzerin Pina Bausch. Auch in den mehr als 20 verschiedenen VARIO-Formationen, die Christmann seit 1979 initiierte, trafen sich improvisierende Musiker mit Tänzern, Schauspielern, Akrobaten und Pantomimen. Die Klangdokumente dieser projektorientierten Arbeit sind ein Beleg, daß konzertantes Improvisieren auf sehr komplexe Weise möglich ist, daß Improvisation über die Funktion der bloßen Materialsuche weit hinausgehen und etwas schaffen kann, das sich vielleicht am treffendsten mit dem Titel einer Christmann-Produktion für den Süddeutschen Rundfunk bezeichnen läßt: *Zartgenössische Musik.* Eine so zarte Musik ist nicht zwangsläufig an kammermusikalische Besetzungen gebunden: das fast nur in eingeweihten Kreisen bekannte *King Übü Orchestrü*, eine Gruppierung von jeweils etwa einem Dutzend improvisierender Solisten, hat mehrfach demonstriert, daß die vollkommen absprachenfreie konzertante Improvisation auch bei so großen Formationen sehr durchsichtige, zerbrechliche Strukturen ermöglicht, die in ihrer Poetik und Intimität an Bilder von Paul Klee und Joan Miro erinnern.

Zu den radikalsten Produktionen Christmanns im letzten Jahrzehnt zählt *Déja-Vu,* eine Folge von Szenen, bei denen ein oder mehrere Musiker (aber auch Tänzer) im Projektionslicht zu von ihm selbst produzierten Filmen instrumental und gestisch agieren. Man sieht beispielsweise (*Cello-Phan*) den Cellisten im Film agieren, während er zugleich, sich selbst »im Wege«, real vor der Leinwand im flimmernden Licht spielt. Die Eigengesetzlichkeit der beiden Ebenen, die zu einem permanenten Wechsel von synchronen und asynchronen Momenten führt, bewirkt eine ungewöhnliche Aufbrechung der Zeit. Dort, wo abstrakte oder reduziert gegenständliche Filme (*Explico, Trombath II*) den Hintergrund bilden, wird deutlich, daß der alte Traum vom Gesamtkunstwerk, hier reduziert als instrumentales Musiktheater im wahrsten Sinne, nach wie vor zu faszinierenden Ergebnissen führen kann. In diesen Zusammenhang gehört auch das Musikdrama *Ansprache*, 1983 für das Sprengelmuseum Hannover geschaffen, in dem, wie die abgedruckte Fotosequenz zeigt, der Musiker sich verhüllt, um sich umso nachdrücklicher zu offenbaren.

Die Improvisation steht für Christmann nicht in Konkurrenz zur Komposition, er will nicht so improvisieren,daß es »wie komponiert« klingt. Improvisation ist für ihn eine eigenständige und fragile Ausdrucksform, die sich, will sie konzertant überzeugen, vom modischen Therapiedunst distanzieren muß, die durch Konserven (Platte, Video) den Hörer/Seher nur bedingt erreichen kann: sie muß erlebt werden.

Klaus-Ernst Behne

Die zu diesem Text gehörende vierteilige Fotosequenz, die Günter Christmann in seinem Musikdrama *Ansprache* zeigt, ist versehentlich bereits in Band 5 abgedruckt. Wir bitten dies zu entschuldigen.

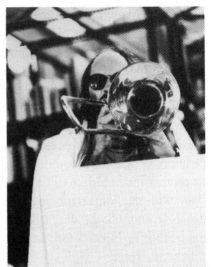

# Spots

## »Zurückbleiben!
## Stimmen aus dem Untergrund«

### Klanginstallationen von Christina Kubisch

Christina Kubisch hat den Konzertsaal verlassen, um neue Räume für ihre Konzerte zu suchen. Als Ort ihrer Klanginstallation im Rahmen des Berliner Projektes Stadtmusik '88, bei dem Aufträge an 14 Klangkünstler vergeben wurden, akustisch-klanglich mit der Architektur der Stadt umzugehen, wählte sie einen Kellerraum. Ihre Arbeit für 1 km Kabel und magnetische Kopfhörer stellte sie unter den Titel »Zurückbleiben! Stimmen aus dem Untergrund«.

Ist draußen noch starke Hitze zu ertragen, wird es, nachdem man die Kellertreppe hinuntergegangen ist, merklich kühler und dunkler; Keller-Atmosphäre breitet sich aus, während man den Weg zu dem Raum der Klanginstallation sucht.

Vor dem Eingang erhält jeder Besucher zwei Dinge: einen kabellosen Kopfhörer und eine kleine Taschenlampe. Mit Hilfe der Taschenlampen können sich die Besucher in dem dunklen Raum allmählich orientieren. Der Raum ist leer, nur an den Wänden sind Kabel verspannt, die geometrische Strukturen bilden. Diese Kabel senden Klänge aus, die die Besucher mit den Kopfhörern aufgrund magnetischer Induktion empfangen können. Je nach Bewegung im Raum ändern sich die Klänge. In dieser Installation gibt Christina Kubisch die klangliche Atmosphäre eines U-Bahnhofes wieder und verfremdet sie. Durchsagen ertönen und wechseln ab mit anderen Stimmen, unterschiedlichsten Tönen und Geräuschen.

In einer weiteren Klanginstallation (in der Kongreßhalle im Rahmen der Audiowerkstatt Berlin '88) setzt Christina Kubisch Licht in einer besonderen Weise ein: von Schwarzlichtlampen angestrahlt, leuchten phosphoreszierende Kabel, die so auf dem Boden angelegt sind, daß sie ein Labyrinth bilden. Diese Kabelstruktur sendet wie bei der eingangs beschriebenen Installation Töne und Klänge aus, die die Besucher mit Hilfe des Kopfhörers empfangen können.

Jeder kann sich auf individuelle Klangsuche begeben und seinem Klang-weg durch das Labyrinth folgen. Zu hören ist eine Klangcollage aus Natur-geräuschen bzw. -klängen und synthetisch hergestellten Tönen.

Da sich die Besucher in diesen Klang-Räumen aufgrund der Dunkelheit unbeobachtet fühlen, können sie sich freier bewegen. Im Gegensatz zu tra-ditionellen Konzerten, bei denen bereits ein Räuspern als störend empfun-den wird, ganz abgesehen vom Umherlaufen im Raum, brauchen die Besu-cher hier kaum Rücksicht aufeinander zu nehmen. Im Licht-Klang-Raum kann sich jeder frei bewegen, konzentriert den Klängen nachspüren – den Klangfarben, die langsam variieren, sich entwickeln. Die zeitliche Abfolge kann jeder selbst bestimmen. Kaum etwas lenkt ab von den Tönen einer-seits und der geometrischen minimalistischen Form bzw. Linie andererseits (die komplizierte elektronische Technik ist für die Besucher nicht zu sehen). Die visuelle, auf das Wesentliche reduzierte Form unterstützt das Hören, fördert die Konzentration. Während der Besucher sich entlang der leuchtenden Linien bewegt, nimmt er die übrigen Anwesenden kaum wahr. Die phosphoreszierende Kabelstruktur ist hier sowohl musikalisches Material als auch visuelle Hilfe zur Aufnahme der Musik.

In ihren Klanginstallationen versucht Christina Kubisch, die Trennung zwischen Schall, Geräusch und Klang aufzuheben. Natürliche und elektronisch erzeugte Klänge werden kaum mehr als Gegensatz, sondern als Einheit empfunden.

Hier herrscht kein Zuviel an visuellen und akustischen Reizen, wie sonst so häufig in multimedialen Zusammenhängen anzutreffen, die die Sinne überstrapazieren und bei denen man von Eindrücken dermaßen vollgepowert wird, daß einem glatt Hören und Sehen vergehen. Lauschen und Zuhören werden in den Arbeiten von Christina Kubisch neu erfahrbar.

Als ich den dunklen Raum verlasse, blendet mich die grelle Sonne, und die Geräusche der fahrenden Autos verbinden sich mit denen des Windes und des Wassers der Springbrunnen zu einer phantastischen Klanginstallation – wie ich sie in dieser Intensität vorher nicht wahrgenommen habe.

Imke Wedemeyer

# Visuelle Musik

meine »visuelle musik« ist primär zeichnung und vertraut damit auf die spezifischen ausdrucksqualitäten des strichs beziehungsweise punkts und deren musikalischer assoziierbarkeit – also auf die emotionale allgemeinverbindlichkeit und damit nacherlebbarkeit der geste. das phänomen der immer noch überwiegend benutzten traditionellen notenschrift als umsteigeplatz vom komponisten zum interpreten, zwischen komposition und klingendem werk, wird in ihrer merkwürdigkeit deutlicher, wenn wir uns einen maler ungegenständlicher bilder in der rolle des komponisten vorstellen. er entwirft ein bild, führt es aber nicht selbst aus, sondern verfasst möglichst genaue fertigungsangaben für einen »interpreten«, der dann feinere nuancen, die kaum noch beschreibbar sind, selbst bestimmt. für die meisten maler wohl eine höchst frustrierende vorstellung. das faszinierende an der improvisation besteht für den musiker sicher zum grossteil in der unmittelbaren wechselwirkung von impuls und klang. in meiner »visuellen musik« ist das problem aufgehoben durch den fortfall der dritten instanz. das instrument ist hier sozusagen die notation selbst: der bleistift (griffel) auf dem papier. ohne erhebliche verzögerung registriert er wie ein seismograph jede kleinste regung.

ähnlich also wie »visuelle poesie« ausschliesslich zum sehen bestimmt ist, soll auch »visuelle musik« mit den augen wahrgenommen werden und nur im »inneren ohr«, synoptisch, vage akustische vorstellungen wecken. die vorgegebenen notenlinien suggerieren dabei, dem zeichenvorgang konform, einen zeitlichen verlauf, eine »lese«-richtung (was nicht ausschliessen soll, das blatt auch als ganzes auf sich wirken zu lassen) und lenken die assoziationen beim betrachten der zeichnung von vornherein in musikalische bereiche. an eine, wenn auch noch so freie instrumentale interpretation, wie etwa bei arbeiten der »grafischen musik«, ist hier jedenfalls nicht mehr gedacht. übrigens fällt schon beim ersten blick ein wesentlicher unterschied auf: hat »grafische musik« vielfach den charakter eines technischen, oft akribisch ausgeführten aktionsplanes, so ist meine »visuelle musik« ganz vom emotionalen impuls diktierte zeichnung.

die *leselieder* markieren eine für meine gesamtkünstlerische arbeit schlüssige konstellation: zeichnung, poesie und musik (wenn hier auch nur als musikalische notation) durchdringen einander aufs engste und bilden eine »höhere« einheit. ursprünglich habe ich die worte allein so notiert, dass sie im auf und ab der grapheme, in der expressivität der niederschrift auf den notenlinien musikalische vorstellungen (mit-)provozieren (*lieder ohne töne* nannte ich die ersten blätter). bald darauf traten jedoch, sozusagen begleitend, zeichen- und strichformen der »reinen« visuellen musik wieder hinzu; schliesslich durchdrangen sich duktuell handschrift und musikalische notation im gemeinsamen medium zeichnung. hatte ich anfangs vereinzelt auf ältere eigene verszeilen zurückgegriffen, so entstanden wenig später die texte ausnahmslos spontan während des zeichnens – mit allen überraschungen und gelegentlichen schwächen, wie sie der vergleichbaren musikalischen improvisation eignen.

gerhard rühm

# Bücher

**Peter Bargstedt und Ingrid Klenk: Musik zwischen Wirtschaft, Medien und Kultur.** Projekt Medienplatz Hamburg (hrg. v. W. Hoffmann-Riem), Bd. 6, Baden-Baden/Hamburg: Nomos Verlagsgesellschaft 1987. 203 S.

Die von den Soziologen P. Bargstedt und I. Klenk vorgelegte Studie aus dem Hans-Bredow-Institut Hamburg ist einer von sechs Beiträgen des »Projektes Medienplatz Hamburg«. Auftraggeberin dieses interdisziplinären Projektes ist die Wirtschaftsbehörde der Hansestadt, die ein naheliegendes Interesse hat, den »Medienplatz Hamburg« auszubauen. Der Titel »Musik zwischen Wirtschaft, Medien und Kultur« verrät die Konzeption der Arbeit, daß nämlich die Freiheits- und Entfaltungsräume des Musikers sowohl durch wirtschaftliche Faktoren, mediale Strukturen wie »kulturelle Erwartungen« begrenzt werden. Untersucht wird jedoch nicht der gesamte Musikbereich sondern lediglich die sogenannte »U-Musik« und hier auch nur die Live-Szene (Konzerte, Clubauftritte). Die Autoren stützen sich im wesentlichen auf 24 nichtanonyme (!) »leitfadengestützte Tiefeninterviews« mit 27 Experten aus den Musikmedien, der Musikwirtschaft sowie den kulturellen Institutionen.

Dieser Ansatz hat mich durchaus überzeugt, weil zum einen das Live-Erlebnis in seinen Auswirkungen im allgemeinen unterschätzt und aufgrund methodischer Erwägungen zu selten untersucht wird und weil zum anderen so ein weitgehend vollständiges Bild der entscheidungsrelevanten Strukturen für das Musikleben einer deutschen Großstadt vermittelt wird, wie es bisher wohl noch nirgends versucht worden ist. Man ist gezwungen, sich in den Alltag und die »Niederungen« der Szene zu bewegen, sich also auch mit den Auswirkungen der Getränkesteuer auseinanderzusetzen, um festzustellen, von wie vielen nichtmusikalischen Faktoren das Musikleben geprägt ist. Das Buch schließt resumierend mit sieben Perspektiven für die Hamburger Musikszene und sehr konkreten Vorschlägen – an die Adresse der Politiker und jener, die interviewt wurden. Insgesamt fehlte mir bei dieser Studie jedoch der theoretische Unterbau bzw. der Versuch, die gesammelten Ergebnisse beispielsweise in einen systemtheoretischen Entwurf zu integrieren.

Klaus-Ernst Behne

**Bernhard Brugger: Die Psychologie vor dem Schönen.** Frankfurt a.M.: Lang 1987. 116 S.

Natürlich stolpert man zunächst über den Titel, denn vieles würde man erwarten – etwa eine »Psychologie *des* Schönen« –, aber eine Psychologie *vor dem* Schönen macht stutzig. Sicher ist dieser Effekt angestrebt (und auch erreicht), die Neugier ist geweckt. Hält der Stolperstein was er verspricht?

Sehen wir uns zunächst an, wie Brugger seine Studie einleitet. Nach einem dreiseitigen Literaturüberblick über die in letzter Zeit erschienenen Veröffentlichungen setzt seine Kritik am gegenwärtigen Zustand der Psychologie der Ästhetik ein. Zuerst und vor allem fehlt ihm eine Thematisierung des Begriffs des Schönen in fast allen von ihm aufgeführten Titeln, als zweiten Kritikpunkt führt er an, daß die auf diesem Gebiet arbeitenden Psychologen sich zu wenig auf die lange Tradition der Ästhetik besinnen. Und schließlich drittens: In den Büchern zur psychologischen Ästhetik würden nur selten praxisrelevante Fragestellungen berücksichtigt. Aus dieser Kritik heraus entwickelt Brugger nun eine ganze Reihe von Zielsetzungen, die meiner Ansicht nach viel zu hoch angesetzt sind, als daß er sie einlösen könnte. Es seien deshalb zwei Beispiele genannt: Er möchte (1) ein »neues, sinnvolles Konzept für die psychologische Ästhetik erstellen« und von der psychologischen Ästhetik »eine Objektivierung bzw. Rechtfertigung des Schönen« verlangen, »ausgehend von der subjektiven Erfahrung und über statistische Durchschnittsberechnungen hinaus« (S. 8), (2) nicht eine »Psychologisierung der Ästhetik«bewirken, sondern »die der Psychologie verlorengegangene ontologische Bedeutung des Schönen« neu gewinnen (S. 9). Diese beiden Ziele sind beeindruckend (und es ist – wie gesagt nur ein Ausschnitt!); wir wollen sehen, ob Brugger die angestrebten Ziele auch erreicht.

Gehen wir also der Reihe nach vor und betrachten »Die Frage nach dem Schönen«. Brugger eröffnet mit einer sehr subjektiven Impression (»Wenn ich morgens aufstehe und die Sonne scheint, mir das Frühstück schmeckt und ich vom Tag mir Gutes erhoffe: hat nicht ein schöner Tag begonnen?«, S. 12, – wer möchte da widersprechen?), um die Frage zu klären »Was ist schön?« (S. 12). Dazu sieht er zwei Möglichkeiten, einen theoretischen und einen empirischen Klärungsversuch.

Der theoretische besteht im Befragen von Lexika – Brugger zählt einige Definitionen von »schön« und »dem Schönen« auf – sieht aber die Gefahr, daß dabei nur eine lose Zusammenstellung herauskäme. Dies möchte er vermeiden und deshalb »diese Denk-Anstöße zu einer in sich schlüssigen Theorie verknüpfen« (S. 14).

Der empirische Zugang wäre eine Befragung, die Brugger mit sich selber, aber auch mit anderen durchführen würde, *wenn* es einen »sinnvollen Begriff des ›Schönen‹« gäbe, aber eben den vermißt er. Nun bliebe ja sinnvollerweise nur noch der theoretische Zugang offen, nur dadurch, so könnte man vermuten, ließe sich ein tragfähiger Begriff entwickeln – aber weit gefehlt, Brugger überrascht uns auf Seite 16 mit der nächsten Fragestellung, nämlich: »Was kümmert uns das Schöne?«.

Nun zu seinem praxisrelevanten Schönheitsbegriff. Es ist ihm klar, daß die Ansichten über das, was »die praktische Relevanz des Schönen« ist, auseinandergehen; und er teilt diese in drei Kategorien:

a) »gleichgültige Haltung«,
b) »negativ-ablehnend« und
c) »positiv«.

Hier hätte es tatsächlich psychologisch zugehen können, etwa dadurch, daß Brugger nun Einstellungen thematisiert, die man als Rezipient einem ästhetischen Objekt entgegenbringt; aber wir gehen leer aus, erfahren nichts Neues. (Oder würde es jemanden beeindrucken zu lesen, daß man in »gleichgültiger Haltung« das Schöne als »überflüssiges Beiwerk« [S. 16] empfindet? Und den anderen Haltungen ergeht's nicht besser.)

Nachdem er sich mit der »Vielfalt ästhetischer Theorien« (S. 28) beschäftigt hat – ein Abschnitt, der mir in keiner Weise neue Einsichten in eine mögliche Ordnung dieser Vielfalt vermittelte – folgt einige Seiten weiter eine Besprechung der Ästhetiken von Baumgarten, Kant und Schiller – für meine Begriffe ein lesenswerter Teil des Buches (etwa 10 Seiten). Auch mit dem Ziel bin ich einverstanden, nämlich diese Systeme auf ihren Anregungswert für eine Psychologie der Ästhetik zu untersuchen. Ich habe also gehofft, am Ende dieses Abschnittes eine Antwort zu finden, dergestalt, daß nun die Anregungswerte klar genannt werden. Brugger stellt auch abschließend noch einmal die Frage, was diese Ansätze für die »Konzeption einer psychologischen Ästhetik bringen« (S. 44), gibt aber keine Antwort, sondern faßt die drei Systeme jeweils in ein oder zwei Sätzen zusammen und endet abrupt.

Kommen wir zum Kapitel »Psychologische Antworten auf die Frage nach dem Schönen«. Brugger gibt einen recht guten Überblick über das Verhältnis von Psychologie und Ästhetik (S. 47–52), beklagt aber noch einmal die »Nichtbeachtung der philosophischen Ästhetik«, deren »fruchtbare Anregungen ungenutzt bleiben« (S. 51). Dem würde ich ja durchaus zustimmen, aber wiederum beschreibt er nicht, worin denn die fruchtbaren Anregungen bestehen. Er erwähnt nur, daß es der »neuen‹ experimentellen Ästhetik sogar entgangen zu sein (scheint), daß die philosophische Ästhetik sich längst nicht mehr auf eine spekulative reduzieren läßt« (S. 51). Anstatt nun einen Abriß dieser nicht-mehr-spekulativen Philosophie zu geben, empfiehlt er jedoch unmittelbar anschließend Borgeests soziologischen Ansatz und entläßt uns verwirrt in den nächsten Abschnitt, in dem die »verschiedenen Ansätze zur psychologischen Ästhetik« (S. 52) referiert werden.

Seine Ausführungen sind historisch-berichtend, man erfährt wenig über die Leistungen der einzelnen Ansätze, schon mehr über das, was alles übersehen wird. Endlich folgt einmal eine Begrenzung des Themas auf drei Spielarten psychologischer Ästhetik, nämlich auf die »experimentell-psychologische Richtung« (S. 56), die »Gestaltpsychologie« (S. 60) und schließlich die »Psychoanalyse« (S. 66). Brugger charakterisiert den (Fechnerschen) experimentellen Ansatz so: »Ausgehend von subjektiven Eindrücken bzw. Urteilen gelangt die experimentell-psychologische Ästhetik erst in einem zweiten Schritt zu Aufschlüssen über die Eigenart schöner Gegenstände (also über objektive Merkmale des Schönen). Da nun aber die formalen »direkten« (bzw. objektiven) Faktoren des ästhetischen Erlebens den Anforderungen einer empirischen, experimentellen Methodik eher entsprachen als die assoziierten (subjektiven) Bedeutungen, beschränkte sich bereits Fechner in seinen experimentellen Arbeiten auf eine Untersuchung der objektiven Merkmale« (S. 57). Das scheint mir so nicht zuzutreffen. Brugger sagt richtig, daß Fechner »Ästhetik« als »Lehre vom Gefallen« definiert. Über dieses Gefallen können aber – schon rein logisch gesehen –

die objektiven Merkmale keine Auskunft geben. Es bleibt also keine andere Wahl, als Menschen zu befragen. Dies ist ein Teil der – ja nicht unwidersprochen gebliebenen – Vorgehensweise »von unten«: man leitet Schönheit nicht mehr aus einem System von Begriffen ab, sondern schaut nach, ob der/die Rezipient/in tatsächlich ein ästhetisches Erleben hat. Exakt auf diese Weise wollte Fechner prüfen, ob dem goldenen Schnitt tatsächlich eine ästhetische Bedeutsamkeit zukommt oder nicht – ein Experiment, das zu Recht bis heute berühmt ist. So steht's aber nicht bei Brugger, bei ihm hat man den Eindruck, als gehe bei Fechner Subjektives und Objektives flott durcheinander.

Danach bespricht Brugger den Berlyneschen Ansatz. Neu daran ist, daß Berlyne biologische Voraussetzungen für das ästhetische Erleben spezifiziert (auch das steht leider nicht bei Brugger), arousal-Prozesse werden mit Qualitäten des Reizes in Verbindung gebracht – also auch hier wieder der Versuch, aus objektiven Merkmalen subjektives Erleben zu bestimmen oder gar vorherzusagen. Ich bin zwar auch der Meinung, daß dieser Ansatz nicht den Erfolg gehabt hat, den Berlyne erhoffte, aber ihm nichts anderes »positiv anzurechnen«, als daß er »ästhetische Bedürfnisse als Grundbedürfnisse sieht, die sich nicht allein auf das beschränken, was als Kunst bezeichnet wird« (S. 60), ist meiner Meinung nach sehr ungerecht.

Nun zur Gestaltpsychologie. Brugger bezieht sich im wesentlichen auf Arnheim und Metzger, arbeitet das spezifisch Gestaltpsychologische so heraus: Das Hauptthema ist in den Organisationsprozessen zu suchen, die die Gestaltpsychologie annimmt; deren wichtige Polarität besteht zwischen »innen« und »außen«: »Die interne Organisation der Wahrnehmungsreize findet ihre Entsprechung in deren externer Organisation; dabei wird von einer ›Gestaltgleichheit‹ (›Isomorphie‹) ausgegangen« (S. 62). Man sieht – wie Brugger richtig schreibt –, daß das zentrale Thema der Gestaltpsychologie nicht in einer Analyse ästhetischen Erlebens liegt, sondern daß es sich um eine Theorie der Sinneswahrnehmung handelt, in der »Ästhetik« nur ein Nebenthema ist (für Arnheim ist das sicher anders zu gewichten, bei ihm ist das Ästhetische im Vordergrund).

Brugger erwähnt noch die Ganzheitspsychologie, Gibsons ökologischen Ansatz, kognitionstheoretische Vorstellungen, die Vertreter der geisteswissenschaftlichen Psychologie, schließlich die vergleichende Verhaltensforschung und resümiert dann: »Gemeinsam ist den genannten Ansätzen, daß unsere Wahrnehmung auf einer allgemein-subjektiven Ebene automatisch bzw. unbewußt uns Bedeutungen übermittelt, die sich zu einem großen Teil biologisch erklären lassen« (S. 65). Ob es wirklich eine Gemeinsamkeit von geisteswissenschaftlicher Psychologie und vergleichender Verhaltensforschung gibt, dergestalt, daß sich die »übermittelten Bedeutungen« zum großen Teil »biologisch erklären lassen«?

Die Besprechung der Psychoanalyse wird von Brugger meines Erachtens reichlich oberflächlich geführt. Warum gibt Brugger nicht ein Beispiel, einen Abriß über die psychoanalytische Vorgehensweise? Wieso steht nicht deutlich im Text, daß es sich bei Freud um den Versuch handelt, die individuellen Produktionsbedingungen eines Künstlers, seine psychischen Ressourcen deutlich zu machen? Wieso findet man keinen Hinweis, daß Freud die Persönlichkeit des Künstlers mehr interessiert als das Werk und vor allem: warum das so ist? Wenn man unter der Überschrift »Überblick über verschiedene Ansätze zur psychologischen Ästhetik« angetreten ist, dann muß man sie auch vorstellen und zwar so, daß ihr jeweils spezifischer Beitrag klar zutage tritt.

Nun kommt ein spannender neuer Abschnitt – »das Schöne im Kontext der gesamten Psychologie« –, in dem unser Autor das Ziel verfolgt, »die Relevanz des Schönen für die gesamte Psychologie an einigen wenigen Beispielen« zu erläutern. Beispiele, »in denen das Schöne (ausgesprochen oder unausgesprochen bzw. mehr oder weniger reflektiert) selber als Erklärungsgrundlage für andere Phänomene dient« (S. 71). Für diesen wahrhaft atemberaubenden Reduktionismus braucht er zwei Seiten – für die gesamte Psychologie wohlgemerkt. Völlig legitim weist er auf Untersuchungen zur physical attractiveness hin. Wer nun aber erwartet, daß diese Studien näher beschrieben werden, oder daß die Art und Weise erläutert wird, wie die Variable »physische Schönheit« als »Erklärungsgrundlage« zum Einsatz kommt, sieht sich schon nach acht Zeilen enttäuscht. Unmittelbar anschließend geht es dann so weiter: »Wichtige Ausgangsfragen sind in Dialogen von Xenophon und Platon vorweggenommen« (S. 72) – nun bin ich fast schon versucht, die beiden für Psychologen zu halten.

Nun zum letzten großen Thema: »Das fehlende Konzept: Die Psychologie vor dem Schönen«. Die Rede ist von den Kriterien für das Ästhetische oder das Schöne: »Allein mit Meinungsumfragen sollte sich der Psychologe nicht begnügen. D.h.: Er muß sich um normative bzw. ›objektive‹ Kriterien bemühen. Steht es ihm aber zu, im Sinne des ökologischen oder des formalästhetischen Modells solche Kriterien zu formulieren? Läßt sich eine empirische Vorgehensweise mit normativen Kriterien vereinbaren?« (S. 82–83). Fünf Seiten weiter faßt er seine Ausführungen abschließend zusammen: »Die Bedeutung des Schönen und der ästhetischen Erfahrung resultiert für mich *nicht* aus der Möglichkeit, es ein für allemal ›objektiv‹ festzumachen. Sie resultiert für mich vielmehr daraus, daß wir in unserem Denken an sinnliche wie geistige Anschauung gebunden sind, daß wir das, was sich unserer Anschauung zeigt, in verschiedener Hinsicht beurteilen und reflektieren – und so auch als mehr oder weniger schön beurteilen« (S. 88). Mit anderen Worten: was Brugger uns klar machen möchte, scheint darin zu liegen, daß das Schöne keine eindimensionale Größe ist, sondern sich unter ganz verschiedenen Bedingungen zeigen kann. Wenn dies die Quintessenz seiner Arbeit ist, dann hat er seine Forderung, daß die »psychologische Ästhetik zu einer ›Objektivierung‹ bzw. Rechtfertigung des Schönen beitragen« (S. 8) solle, nicht eingelöst. Aber dann war diese Forderung auch nicht sinnvoll, es sei denn, er hätte neue Methoden für die Psychologie vorgeschlagen, die die Erfassung der verschiedenen Bedingungen des Schönen gestatten. Das hat er aber nicht.

Holger Höge

**Carl Dahlhaus, Sigalia Dostrovsky, John T. Cannon, Mark Lindley und Daniel P. Walker: Hören, Messen und Rechnen der frühen Neuzeit** (= Geschichte der Musiktheorie, hrsg. im Auftrag des Staatlichen Instituts für Musikforschung Preußischer Kulturbesitz Berlin von Frieder Zaminer, Band 6), Darmstadt: Wissenschaftliche Buchgesellschaft, 1987.

Als Hugo Riemann 1898 seine *Geschichte der Musiktheorie* herausbrachte, hatte er sich aus »buchhändlerischen« Rücksichten noch auf den Raum eines einzigen Bandes beschränken müssen. Heute, fast ein Jahrhundert später, in der Zeit der Gesamtausgaben und -aufnahmen, ist der Markt günstiger. Seit 1984 erscheint eine *Geschichte der Musiktheorie*, die 15

Bände umfassen soll (bis heute sind fünf Bände erschienen). Und natürlich schreibt daran nicht mehr nur ein Autor, sondern eine Vielzahl in- und ausländischer Forscher. Seit Riemanns Pioniertat haben sich Quellenlage, Forschungsziele und -methoden sowie schlicht unser Sachwissen derart umfassend geändert und erweitert, daß eine neue Darstellung tatsächlich erforderlich ist. Ob es aber trotz aller Anstrengungen und beträchtlicher Ausmaße wirklich eine »Gesamtdarstellung« werden wird, wie es der Werbetext im Katalog verspricht, das steht dahin. Imponierend ist das Unternehmen allemal.

Insgesamt vier Bände (Bd. 6–9) sind der Musiktheorie seit der frühen Neuzeit bis zur beginnenden Aufklärung gewidmet, wobei der Schwerpunkt auf den umwälzenden Neuerungen des 17. Jahrhunderts liegt. Der vorliegende Band ist der erste dieser Gruppe. Seine fünf jeweils hervorragend ausgewiesenen Autoren behandeln darin »vier in der frühen Neuzeit aktuell gewordene Themen im Grenzbereich von Musik und Mathematik – Themen, die jeweils einer gesonderten Darstellung bedürfen und geeignet sind, den Wandel vom mittelalterlichen zum neuzeitlichen Denken partiell schärfer zu beleuchten« (Vorwort des Herausgebers, S. VII).

Die Einleitung des Herausgebers (S. 1–6) sucht vorab »Umrisse zu skizzieren und Anhaltspunkte zu nennen, die den Zusammenhang kenntlich machen, in dem die Beiträge zu sehen sind« (S. 1). Daß dies überhaupt erforderlich ist, liegt an der Heterogenität der Beiträge. Das Buch ist keine geschlossene Abhandlung (was zu fordern unbillig wäre), sondern eine Sammlung von Einzelbeiträgen (von denen man sich freilich ein größeres Maß an Ausgewogenheit gewünscht hätte).

Sigalia Dostrovsky und John T. Cannon widmen sich der *Entstehung der musikalischen Akustik (1600–1750)* (S. 7–79). Es ist in der Tat »die erste dokumentarische Darstellung« (S. VII) dieses Gebietes und eine nicht nur physikgeschichtliche, sondern auch durchaus musikhistorische dazu. Denn wesentlich bestimmt wird die Darstellung durch die Frage nach den geistesgeschichtlichen Ursachen. Die Entstehung der musikalischen Akustik und ihr Einfluß auf die Geschichte der Physik und Mathematik im 17. Jahrhundert gründet auf der Erkenntnis, daß sich Tonhöhe und Frequenz, die man erst zu messen lernte, identifizieren lassen. Dies wiederum fand seine Anregungen, vereinfacht gesagt, in der »seconda pratica«, d.h. in der neuen Dissonanzbehandlung, sowie in der Entwicklung der Instrumentalmusik, die ihrerseits von den experimentellen Erkenntnissen der Akustik beeinflußt wurde. Mit einer reichen Auswahl an Quellenzitaten (stets im Original sowie gegebenenfalls in deutscher Übersetzung) wird der entwicklungsgeschichtliche Zusammenhang beider Disziplinen anschaulich gemacht. Und wer sich ein Bild von dem vielfach chaotisch anmutenden Sprachbabylon der zeitgenössischen Schriften zu diesem Thema gemacht hat, der gewinnt alle Hochachtung vor der klaren und übersichtlichen Darstellung. Freilich – ohne mathematische Kenntnisse kommt man kaum mit.

In *Keplers Himmelsmusik* führt der schon 1967 im Englischen publizierte Aufsatz des kürzlich verstorbenen Daniel P. Walker ein (S. 81–107). Keplers Versuch einer (neuen) Begründung der (alten) Idee von der Einheit der musica freilich ist – zumal im Rahmen einer Geschichte der Musiktheorie – kaum mehr als ein Dokument einer Zeit des Übergangs. Das bemerkenswerteste daran ist vielleicht, daß ausgerechnet ein Naturforscher wie Kepler die Theorie von der Ordnung insbesondere der Planetenbahnen als Entsprechung polyphoner Ordnung in der Musik auf einer gewissermaßen ästhetischen Maxime gründet, der Feststellung nämlich, daß Terzen und Sexten konsonant sind, weil sie schön klingen. Die von ihm erdachte Methode aber, die Konsonanz auch von Terz und Sext am Modell des Kreises zu beweisen, hat, wie Walker nachweist, den Mangel, »daß sie nicht sehr gut funktioniert« (S. 94). Daß sich darüber hinaus im Dreiklang die Geschlechter Dur und Moll in Gestalt ihrer Terzen vereinigen, ist eine Vorstellung, die Kepler mit dem »Goldenen Schnitt« als dem »Urbild der Zeugung« (S. 98) nur lückenhaft zu begründen vermag. Daß Keplers »Erklärungen« von den »ursächlich begründeten Analogien zwischen menschlicher Musik und Planetenbewegung sowie zwischen Musik und sexueller Begierde ... heute vielleicht nicht mehr überzeugen«, will auch Walker nicht leugnen. Freilich bleibt für ihn »die Frage, ob wir seitdem bessere gefunden haben« (S. 107).

Von Mark Lindley stammt die Abhandlung über *Stimmung und Temperatur* (S. 109–331). Es ist ein Beitrag zur »Geschichte der Stimmtheorie« seit dem 15. Jahrhundert mit Bezug auf die jeweils zeitgenössischen »Stimmpraktiken« (S. 111) auf ihrem verwickelten Wege zur gleichschwebenden Temperatur. Kaum ein anderes Gebiet der Musiktheorie ist so unüberschaubar und undurchdringlich wie dieses. Und kein anderes macht mangels schriftlicher Fixierbarkeit der klingenden Praxis derart gravierende historiographische Probleme. Eine Arbeit, die Licht ins Dunkel bringt, ist – zumal mit Blick auf die jüngeren Bemühungen um die Aufführungspraxis älterer Musik – in der Tat ein Desideratum. Und wer, wie der Autor, ein so umfassendes Detailwissen besitzt und seinen übervollen Zettelkasten vor dem Leser auch auszuschütten gewillt ist, der braucht viel Platz. Über 220 Seiten mit rund 450 Anmerkungen aber müssen den Leser trotz der äußerst reichen Bebilderung (mehr als 100 Abbildungen) schlicht überfordern. Weniger wäre tatsächlich mehr gewesen, zumal die Stringenz der Darstellung selbst labyrinthisch anmutet. Auch hätte ein engerer Bezug zur kompositorischen Praxis die musikgeschichtliche Bedeutung des Themas evidenter gemacht. Im übrigen wird die Geschichte der Stimmungen im Grunde ahistorisch behandelt, indem sie als schrittweise Vervollkommnung bis zur gleichschwebenden Temperierung dargestellt wird: Die langwierigen Irrwege, auf denen sich so mancher Theoretiker von Butler bis Kirnberger »in seltsame Formen intellektueller Götzendienerei« verrannt habe, hätten im Grunde nicht sein müssen; denn »die Theorie der Temperierung« sei »als wissenschaftliches Problem eigentlich eine recht einfache Sache« (S. 330).

Carl Dahlhaus schließlich gibt eine bündige Zusammenfassung seiner zahlreichen Arbeiten zur *Tactus- und Proportionslehre des 15. bis 17. Jahrhunderts* (S. 333–361). Im Unterschied zu Lindley kommt Dahlhaus mit weniger als 30 Seiten aus, verzichtet auf jegliche Anmerkung und direkte Literaturangabe und bricht abrupt ab (bei Lindley gibt es gleich zwei Zusammenfassungen). Die Diktion ist nicht apodiktisch, aber überzeugt. Es geht um das System mensuraler Zeitwerte und um die Frage nach ihrem Verhältnis untereinander und in bezug auf einen übergeordneten Schlagwert, den Tactus, sowie um die Entstehung der modernen Taktzeichen. So einfach die Frage aber gestellt ist, so schwierig ist ihre Beantwortung angesichts der »Schwierigkeiten und Widersprüche«, »in die sich sowohl die Komponisten und die Theoretiker der Renaissancezeit als auch die Historiker des 19. und 20. Jahrhunderts ... verwickelten« (S. 335). Bekanntlich gibt es bei den zeitgenössischen Autoren im allgemeinen (und übrigens nicht nur für das angesprochene Gebiet) die Tendenz, zum Zwecke der Lehr-

und Lernbarkeit zu vereinfachen, zu »standardisieren« und »das eigentlich nicht Fixierte aus Unbehagen am Mehrdeutigen dennoch zu fixieren ...« (S. 339). Von daher ist Dahlhaus' Forderung einleuchtend, den von den Theoretikern »beklagten Zustand der Ungewißheit als die eigentliche geschichtliche Realität zu betrachten« (S. 343). Dieser Ansatz aber gerät in das (allerdings nicht unauflösliche) Dilemma, wonach nicht das, was eine Theorie faßt, sondern gerade das, was sie nicht faßt, zur Quelle der Einsichten wird. Unauflöslich ist das Dilemma insofern nicht, als diese Art des Theorieverständnisses zwangsläufig auch die Untersuchung dessen fordert, was jene Ungewissheiten evozierte: der konkreten Musik und ihrer Aufführungspraxis. Im gesteckten Rahmen läßt sich das kaum machen, die Einbeziehung einiger exemplarischer Fälle wäre aber sicher eine willkommene Bereicherung gewesen.

Abgeschlossen wird der Band durch eine ausführliche Bibliographie der gedruckten Quellen und der Sekundärliteratur sowie durch ein Personen- und ein ausführliches, tiefgestaffeltes Sachregister.

Wolfram Steinbeck

**Klaus Ebbecke und Pit Lüschper: Rockmusiker-Szene intern. Fakten und Anmerkungen zum Musikleben einer industriellen Großstadt.** Befragung Dortmunder Musiker. Musik im Ruhrgebiet Band 4, hrsg. v. Martin Geck. Stuttgart: Bertold Marohl Musikverlag 1987, 280 S. mit 133 Abb.

Wer bislang noch Zweifel gehabt haben sollte, hat es jetzt schwarz auf weiß: *Die* Rockmusik gibt es genauso wenig wie *den* Rockmusiker. Dennoch versagen es sich die beiden Autoren des Buches »Rockmusiker-Szene intern« nicht, eingangs für den eiligen Leser das Bild des Rockmusikers aus den häufigsten Antworten ihrer großangelegten Umfrage herauszufiltern. Allerdings nicht, um es damit genug sein zu lassen, sondern ganz im Gegenteil, um diese Etikettierungen dann nach allen Regeln demographischer Analyse und Interpretation zu differenzieren. Was da als Ergebnis intensiver Kopf-, aber auch Hand- und Fußarbeit zutage gefördert wurde, um die gesellschaftliche Herkunft und musikalische Sozialisation, die Gruppenstrukturen und Arbeitsbedingungen, die politischen und soziokulturellen

Orientierungen, motivationale Aspekte des Musikmachens und den Prozeß des Musikmachens in einer frei organisierten urbanen Musikszene zu durchleuchten, das kann sich wirklich sehen lassen.

Die Grundlage für dieses ehrgeizige Projekt bildete ein Fragebogen mit nicht weniger als 64 zum Teil sehr umfangreichen Fragekomplexen, dazu ein Gruppenfragebogen mit 52 Items. Die Bögen wurden in den Jahren 1983 und 1984 von 307 Musikern und 77 Bands der Dortmunder Rockszene ausgefüllt. Der erste Teil des Buches, für den Klaus Ebbecke verantwortlich zeichnet, bringt die Auswertungen des Einzelfragebogens, der zweite, wesentlich kürzere, von Pit Lüschper geschriebene, die des Gruppenfragebogens. Diese Aufteilung allerdings ist inhaltlich nicht gerechtfertigt: Teil 2 wirkt als Appendix zu Teil 1, mit dem Nachteil für den Leser, daß er die Beziehung zwischen den Teilen selbst herstellen muß.

Alles in allem sieht sich der Leser konfrontiert mit einer Fülle von Daten, denen er eigentlich nur wenig entgegensetzen kann: eigene Beobachtungen oder Trends aus anderen Untersuchungen, die aber immer andere Zielgruppen betreffen und darum nur bedingt zum Vergleich taugen. Die Autoren selbst beziehen sich, wenn es um Vergleiche geht, auf die umfangreiche Shell-Studie »Jugend '85«.

Um die Spannbreite dessen, was hier alles abgehandelt wird, deutlich zu machen, möchte ich kommentarlos die Autoren mit einigen ausgewählten »Kernsätzen« selber zu Wort kommen lassen:
– Musikmachen als frei organisierte Freizeitbeschäftigung kann fast als ein Privileg höherer formaler Bildungsabschlüsse gelten (S. 26).
– Rockmusikmachen erscheint ökonomisch betrachtet als ein Hobby, das finanzielle Belastung, aber kaum Gewinne bringt (S. 31).
– Rockmusik wird in zunehmendem Maße zu einem generationsübergreifenden kulturellen Medium, das zu aktiver wie passiver Teilhabe reizt (S. 36).
– Rockmusikmachen – das öffentliche Rockkonzert – zwingt Spieler wie Zuhörer zur Auseinandersetzung (Partizipation oder Ablehnung) mit soziokulturellen Symbolen (S. 42).
– Rockmusik wird weitgehend ohne formalisierte Hilfsmittel erlernt. Es ist ein learning by doing. Fehlende Notenkenntnisse werden hierbei wohl kaum als ein Mangel empfunden (S. 46/47).

– Die Zeit der Pubertät besitzt offensichtlich eine überragende Bedeutung für die Entwicklung musikalischer Biographien (S. 55).
– Das Musikmachen steht unter dem Motivationsmotto: »Spaß haben statt protestieren« (S. 83), allerdings wohl nach der Devise: »Widerstand macht Spaß« (S. 95).
– Rockmusiker haben große Sympathien für alle Stile des engagierten Protests, die gegen die Auswüchse der industriell geprägten Erwachsenenwelt zu Felde ziehen (S. 167).

Wer jetzt nicht gerne etwas über die Begründungszusammenhänge erfahren möchte, der sollte das Buch gar nicht erst zur Hand nehmen. Den anderen aber sei verraten, daß schließlich sogar der Versuch der Typologisierung der einzelnen Bandmitglieder vorgenommen wird, zugleich Grundlage für das Benennen von möglichen Konfliktpotentialen innerhalb der Gruppe. Allerdings werden gerade hier die Grenzen einer quantitativen Befragung deutlich. Da gebe ich letztlich einer qualitativen Analye, wie sie am Beispiel der »Petards« 1979 von Florian Tennstedt vorgelegt wurde, den Vorzug. Der Abdruck einiger Interviews mit Musikern der Szene zu speziellen Fragen, über die das Datenmaterial Auskunft verweigert, ist Indiz dafür, daß auch die Autoren um die Grenzen statistisch-quantitativer Erhebungsmethoden wissen. Ihr Verdienst liegt darin, sich beharrlich bis an diese Grenzen vorgewagt zu haben.

Helmut Rösing

**Alf Gabrielsson (Ed.): Action and Perception in Rhythm and Music.** Stockholm: Royal Swedish Academy of Music 1987, 237 S., mit Schallplatte.

Im Juni 1985 trafen in Uppsala Psychologen und Musikforscher aus Schweden, Australien, England, Frankreich, den Niederlanden und den USA zusammen. Veranstalter war die International Society for Ecological Psychology. Das Konferenzthema lautete: Event Perception and Action. Mit Ingmar Bengtsson, Uppsala, und Paul Fraisse, Paris, leisteten zwei »große alte Männer« ihre Beiträge, anerkannte Spezialisten zu Fragen des

Timings und der musikalischen Interpretation wie Eric Clarke aus London und L.H. Schaffer aus Exeter oder Alf Gabrielsson aus Uppsala, um nur die wichtigsten zu nennen, trugen vor; weitere Beiträge stammten u.a. von Gerald Balzano aus San Diego, Californien, und von Mari Riess Jones aus Columbus, Ohio; eingeladen war auch der wegen seiner provokanten Thesen bekannte Australier Manfred Clynes.

Bei aller persönlichen Eigenheit der Referenten war allen gemeinsam der von Gibson formulierte Ansatz einer ökologischen Psychologie sowie ein experimentelles Vorgehen oder wenigstens der Bezug auf entsprechende Wahrnehmungsexperimente.

Die ökologische Perspektive als theoretischer Rahmen für Experimente zur kategorialen Rhythmuswahrnehmung ist bei Clarke expliziert. Danach lassen sich die Ereignisfolgen in einem dreidimensionalen Raum ansiedeln (Metrum, Schlagunterteilung, Übersetzung in expressive Qualitäten). Musikalische Zeit, zu der Fraisse die signifikanten Trends in Forschungsarbeiten der letzten Jahrzehnte schildert, läßt sich nach Mari Jones hinsichtlich einer vertikalen und einer horizontalen Komponente untersuchen. Die vertikale Betrachtungsweise führt zu den metrischen und rhythmischen Invarianten der erzeugten Schallmuster. In ihnen sind klare zahlenmäßige Proportionen ausgebildet. Musikausübende, die in der Regel mit einem dominanten Zeitniveau operieren, benutzen dieses als zeitliche Perspektive, die in einer Interpretation dominiert und dabei als Bezugsniveau dient. Als horizontale Komponente wird die Bewegung eines Interpreten innerhalb einer melodischen Phrase auf ein tonliches Ziel hin oder von diesem weg definiert. Diese Bewegung ist von Tempo und Tempoänderungen abhängig.

Gerald Balzano faßt Wahrnehmung mit Bezug auf R. Rosen als eine Art Messung auf. Diese Betrachtungsweise führt ihn zu den bekannten Tonhöhenverwandtschaften, zu den Isomorphien der Halbton-, Terzen- und Quintenräume. Bei der Zeit geschieht die Messung durch die Aufgliederung des Gesamtablaufs in besondere Ordnungen, von denen freilich in der Interpretation mehr oder weniger stark abgewichen werden kann. Tonhöhe und Zeit seien dynamische Qualitäten, die zu solchen erst durch den wahrnehmenden Mensch werden.

Wie sich im Wahrnehmungsvorgang durch Abweichungen von der chronometrisch exakten Zeit musikalisch sinnvolle Perioden oder Gruppen bilden, kann auf zwei Wegen untersucht werden. Der eine führt über die Analyse unterschiedlicher Interpretationen. Das Timing in Mozarts A-Dur-Sonate (K.V. 331), von Gabrielsson akribisch unter die Lupe genommen, deckt so auf, was eine musikalische Interpretation ausmacht. Die musikalische Notation läßt hinreichend Spielraum sowohl für zeitliche Verschiebungen als auch für dynamische Abweichungen. Der zweite Weg besteht in der Simulierung des Vorgangs musikalischer Interpretation. Dies ist der Ansatz von Manfred Clynes. Er nutzt die Möglichkeiten der MIDI-Technik, bei der Länge und Dynamik von Tonfolgen in kleinsten physikalischen Einheiten beliebig veränderbar sind. Clynes meint nun, und hierdurch löst sein Vorgehen vehemente Widersprüche aus, es sei möglich, den spezifischen »Impuls« herauszufinden, aus dem heraus Komponisten wie Bach, Haydn, Mozart, Beethoven, Schubert usw. zu interpretieren sind. Kompositionsstile unterscheiden sich sowohl hinsichtlich des zeitlichen Einsatzes auf den Taktzählzeiten als auch hinsichtlich der differenzierten dynamischen Gestaltung der Zählzeiten. Endsprechend müsse bei der Interpretation verfahren werden. Clynes simuliert dies mit Hilfe der MIDI-Technik. Beispielsweise läßt er eine Haydn-Klaviersonate im Stil der oben genannten Komponisten interpretieren. Das Ergebnis ist teilweise einleuchtend, provoziert aber zugleich den Vorwurf der Willkür und allzu gewagter Subjektivität.

Der schwedische Musikwissenschaftler Ingmar Bengtsson aus Uppsala hielt bei dieser Gelegenheit das Abschlußreferat seiner 25jährigen beruflichen Tätigkeit, die im Kern mit empirischer Rhythmusforschung befaßt war. Bengtsson hält Rhythmus für einen zentralen Gesichtspunkt motorischer oder vorgestellter Bewegung. In allen Stilen der westlichen Musik kann eine regelmäßige Gruppierung von Impulsen nachgewiesen werden. Für Kunstmusik, Folklore und Populäre Musik existieren stilistische »Dialekte« in der Ausführung der Rhythmen. Unsere Notation erlaube musikalisch wichtige Toleranzen. Die »Perfektion« einer musikalischen Interpretation sei nicht identisch mit mechanischer Exaktheit, vielmehr repräsentiere sie eine andere Art von Genauigkeit.

Wie man schon dieser nur kursorischen Skizze ausgewählter Tagungsbeiträge entnehmen kann, werden überall inhaltliche Bezugslinien zwischen den Autoren sichtbar – Kennzeichen einer inspirierten Tagung, die Impulse zu weiteren Arbeiten setzt.

Verdienstvoll ist die Beifügung einer Schallplatte, auf der wichtige Klangbeispiele, auch die von Gabrielsson und Clynes, zugänglich gemacht werden.

Günter Kleinen

**Boris Luban-Plozzi, Mario Delli Ponti & Hans H. Dickhaut: Musik und Psyche. Hören mit der Seele.** Basel: Birkhäuser Ratgeber 1988. 266 S. 29,80 DM.

Die Autoren, zwei Ärzte und ein Pianist und Musikwissenschaftler, laden den Theater- und Konzertbesucher ein, »sich mit den verschiedenartigen musikalischen Phänomenen in einer mehr experimentellen Art auseinanderzusetzen« (15). Weniger die Ausbreitung vorliegender Ergebnisse wissenschaftlicher Untersuchungen auf dem Gebiet der Musikpsychologie steht im Mittelpunkt, als die lockere, eher assoziative Erzählung von Zusammenhängen zwischen Psyche und Musik. Der Untertitel »Hören mit der Seele« wird dahingehend präzisiert, daß der Begriff Friedrich Nietzsches vom »Dritten Ohr« zum Programm gemacht wird. Mit dem Dritten Ohr ist das Zwischen-den-Zeilen-lesen-können gemeint, die »Fähigkeit, das Klangerlebnis in einer besonderen Weise atmosphärisch zu empfinden und sich durch starke persönliche Anteilnahme neu beseelen zu lassen« (16).

Den vier Kapiteln des Buches ist ein Geleitwort des Medizin-Nobelpreisträgers Sir John C. Eccles vorangestellt. Ein unmittelbarer Bezug zum Inhalt des Buches läßt sich jedoch kaum erkennen. Den Gedanken zum »Klangsprachlichen der Musik« (Kap. 1), dem »Hören mit dem inneren Ohr« (Kap. 2) und einigen »Einblicken und Perspektiven« (Kap. 3) ist ein viertes Kapitel zu »Musikpsychologischen Anwendungsfeldern« angehängt. Hierbei handelt es sich um den Abdruck eines Vortrages, den der Arzt Wolfgang Wagner auf dem Kongreß der Gesellschaft für Psychopathologie des Ausdrucks gehalten hat. Christian Seibt, Komponist, ist für die zusätzlich zu erwerbende Audiokassette verantwortlich.

Der Band enthält für den Wissenschaftler kaum Neues. Wenig ersichtlich ist auch, wozu dieser Ratgeber eigentlich rät. Nach der anfänglichen Erwartung, die durch das Geleitwort Eccles bestimmt war, hinterläßt das Buch einen enttäuschenden Eindruck einer eher chaotischen, in vielen Dingen sehr verallgemeinernden Aneinanderreihung von Meinungen, Gedanken und Zitaten.

Marie-Luise Schulten

**Clifford K. Madson & Carol A. Prickett: Applications of Research in Music Behavior.** Tuscaloosa and London (The University of Alabama Press) 1987.

Während sich hierzulande die empirische musikpädagogische Forschung zunehmend an methodischen Fragen orientiert, scheint dieser Forschungsbereich in den USA nach wie vor sehr pragmatisch bestimmt. Davon zeugt die von Clifford K. Madson und Carol A. Prickett herausgegebene Sammlung von rund 25 kurzen Forschungsberichten aus immerhin 18 der 160 Universitäten der USA, ein Beleg dafür, wie sehr empirische Forschung in der dortigen Musiklehrerausbildung verankert ist. Die Vielfalt der behandelten Themen läßt diesen Band zu einem wahren »Füllhorn« von Anregungen für die an empirischer Musikforschung Interessierten werden.

Der weitgehend gleiche Aufbau der Forschungsberichte, eine gute amerikanische Tradition, erleichtert das vergleichende Lesen sehr: Nach einem schlagwortartigen Überblick über die gesamte Studie (Problematik, methodisches Design) werden frühere oder verwandte Studien zum angegangenen Thema referiert. Als Konsequenzen ergeben sich daraus Untersuchungsinhalt und -methode. Es folgen Ergebnisse und deren Diskussion. In einer Nachbesinnung wird über mögliche Schwachpunkte der durchgeführten Untersuchung reflektiert, und dies hebt sich wohltuend ab von den immer noch sehr verbreiteten Konventionalisierungs-Bestrebungen heutiger Forschung. So vermitteln die Beiträge »Lust am Forschen«, weil es weniger darum geht, erwartete Annahmen zu bestätigen, als vielmehr Widersprüche zwischen Annahmen und Beobachtungen zu entdecken und Vorschläge für ihre Auflösung zu liefern. Die Berichte schließen zumeist mit einem Ausblick auf sich daraus ergebende Forschungsstrategien.

Die Untersuchungen beziehen sich im wesentlichen auf vier Gebiete: Musikunterricht mit Kindern, Ausbildung von Musiklehrern, musikalische Präferenzen und Wahrnehmung, neue und zukünftige Fragen der Musikerziehung. Damit wird die große Bandbreite musikpädagogischer Intentionen umrissen: ausgehend von der Einsicht, daß im Kindesalter möglicherweise die wichtigsten Impulse für die musikalische Entwicklung erfolgen, bis hin zur Erkenntnis, daß erfolgreiches Handeln zielgerichteten Pragmatismus vorraussetzt.

Was sind die Bedingungen für den Musikunterricht mit Kindern? Dieses Hauptthema des ersten Teils, ein sehr komplexer Zusammenhang, wird mittels spezieller Fragestellungen gleichsam repräsentativ zu erfassen versucht: Einerseits die Wechselwirkungen von Präferenzen, Motivationen und Gedächtnis untereinander in bezug auf das Musiklernen und andererseits deren Beziehung zu musikkohärenten, personalen und soziokulturellen Faktoren. Freilich ein gewagter Versuch, die komplexe Wirklichkeit in dieser Weise aufzufächern, allerdings weitgehend überzeugend, weil sich die Forschungsansätze aus konkreten und typischen Unterrichtsproblemen ergeben.

Unter entwicklungspsychologischem Aspekt ist das Projekt von Wendy L. Sims (Missouri) zu verstehen, die anhand eines Querschnittvergleichs nachweist, daß die Korrelation zwischen Tempo und Präferenz in bezug auf Musik bis zum 10. Lebensjahr zunehmend fixierter auftritt (»Schnelle Musik ist schöner«). Die pädagogische Konsequenz, frühzeitig diesem Stereotyp entgegenzuwirken, ist offensichtlich. – Eine eher soziokulturelle Sichtweise kommt in der Arbeit von Randall S. Moore (Oregon) zum tragen: Inwieweit kann die Aufmerksamkeit der Schüler im Musikunterricht aus den Faktoren Geschlecht, Alter und Unterrichtsinhalt interpretiert werden? Die unterschiedlich intensive Zuwendung von Mädchen und Jungen gegenüber den verschiedenen Unterrichtsinhalten deutet darauf hin, daß Geschlechtsstereotype womöglich das Schülerverhalten stärker bestimmen als individuelle Fähigkeiten. – Patricia J. Flowers (Ohio) untersucht einen zentralen kognitiven Aspekt des Musikunterrichts: den Einfluß der Verbalisierung musikalischer Eindrücke auf das Musikgedächtnis. Wie etwa in Untersuchungen zum Farbenerkennen zeigt sich auch hier der Vorteil »verbalisierter« Gedächtnisspeicherung. Die außermusikalischen

Assoziationen erleichtern das Wiedererkennen von Musik, wobei ein soge-
nanntes »ausschließendes Erinnerungsvermögen« vorzuherrschen scheint:
Für die meisten Versuchsteilnehmer war es leichter zu äußern, ob ihnen ein
Musikbeispiel unbekannt ist, als zu äußern, ob es bekannt sei. – David E.
Wolfe (Utah) weist auf ein pragmatisches Problem der Instrumentaldidak-
tik hin: die Relevanz von Verhaltensverträgen für das instrumentale Üben.
Die didaktische Umsetzung von Wolfes Ergebnissen könnte dazu beitragen, etwaige Konflikte zwischen Lehrer und Schüler in bezug auf Übe-
erwartung und Lernfortschritt klären zu helfen.

Bereits in diesen herausgegriffenen Beispielen zeigt sich die Vielfalt theo-
retischer Bezugnahmen, die sich in den folgenden Teilen unter veränderter
Thematik fortsetzt. Diese theorieübergreifende Eigenart macht dieses
Buch überaus anregend und für pädagogische Zwecke kostbar.

Ein wichtiges Ziel musikpädagogischer Arbeit ist die Verbesserung der
Musiklehrerausbildung. Berichtet wird von immerhin sechs ausgefeilten
Forschungen, in denen diesbezügliche Ausbildungsmodelle empirisch
überprüft werden. Die Beiträge vermitteln einen Eindruck davon, wie
intensiv und methodisch differenziert diese Forschung in den Staaten
betrieben wird: eine Tatsache, die für die hiesige Hochschul-Musikdidak-
tik zumindest bedenkenswert ist, sind es doch die Musiklehrer, die eine
handfeste Chance bieten, möglichen Gefahren der Zukunft für eine sinnvolle musikalische Entwicklung der Heranwachsenden zu begegnen. Die
Kernfragen sind hier: Wie kann der Musiklehrer in die Lage versetzt werden, möglichst erfolgreich zu unterrichten? Wie können Unterrichtskom-
petenzen wirksam vermittelt werden? Als erster Schritt zur Klärung dieser
Frage wird vorgeschlagen, daß sich der künftige Musiklehrer über sein
Selbstkonzept in bezug auf seine musikalischen und musikdidaktischen
Fähigkeiten im klaren wird. Wie aber kann der Ausbilder dem Studenten
bei dessen Selbstbeobachtung und -einschätzung behilflich sein? – Am Beispiel der Singeleitung mit Gitarrenbegleitung untersucht Charles E. Furmann (Minnesota) die Auswirkungen verschiedener Feedback-Verfahren
(Checkliste, Videokontrolle, Checkliste kombiniert mit Video, herkömmliche Beratung durch den Tutor) auf die Optimierung dieser Unterrichts-
kompetenz. Überraschend ist das Ergebnis, daß sich der Einsatz des Video-
mitschnitts für die Entwicklung der Lehrerkompetenz nicht unbedingt

lohnt, vielmehr ist es die Überprüfung durch die Checkliste, die allein genau so effizient ist wie der Einsatz von Checkliste und Video zusammen. Furmann deutet dieses Ergebnis aber auch als Aufgabe, die Videokontrolle sorgfältiger auszuarbeiten bzw. die Kriterien motivationaler Gitarrenbegleitung zu untersuchen.

In weiteren Studien werden die Abhängigkeiten und Wirkungen verschiedener Verfahren der Unterrichtsbeobachtung analysiert. Amy Brown (Florida) und Alice-Ann Darrow (Kansas) schlagen schließlich Beratungsmodelle für die Studenten vor. Deren Ziel ist es, dem Studenten zu einer realistischen und optimistischen Attribuierung zu verhelfen.

Der folgende Buchteil ist dem zentralen musikpsychologischen Forschungsfeld »Präferenz und Wahrnehmung in bezug auf Musik« gewidmet, hier vor allem auf die Bedingungen von Tempowahrnehmung und -akzeptanz bezogen. – Terry L. Kuhn (Ohio) versucht, das Tempoerlebnis durch musikalische Varianten zu bestimmen: »ausgeschmückte« Melodien werden als schneller eingeschätzt gegenüber »blanken« Melodien. Die Tempowahrnehmung wäre demnach wesentlich eine Frage des Melodierhythmus und hängt nur bedingt vom Metrum ab. Hinzu kommen physiologische Bedingungen, wenn beispielsweise Instrumentalspieler bei komplexeren Rhythmen den Grundschlag verändern. Insgesamt stellt sich dieses Phänomen als ein Problem des Ineinandergreifens verschiedener Wahrnehmungsebenen dar, wobei Kuhn zurecht schlußfolgert, daß Tempotests auch körperliche Reaktionen einbeziehen müssen.

Tempowahrnehmung ist aber auch bestimmt durch musikalische Kompetenzen, hier von Cornelia Yarbrough (Louisiana) am Vergleich von Musikern und Nicht-Musikern beobachtet. Musiker scheinen jedoch nur zum Teil in ihrem Differenzierungsvermögen den Nicht-Musikern überlegen zu sein. Das Problem, inwieweit sich Tempoerwartung bzw. Bekanntheitsgrad auf das Tempourteil auswirken, wird in dieser Studie allerdings nicht beantwortet. – Wie illusionär die Vorstellung vom »richtigen Tempo« ist, zeigt Joel Wapnick (Montreal) durch einen Vergleich von professionellen Interpretationen der gleichen Stücke: die Tempi unterschieden sich im Extrem um mehr als das dreifache.

Der Optimismus in bezug auf die Machbarkeit der Zukunft, kurz gesagt: der Pioniergeist in den Staaten, gebietet es, kommende Entwicklungen frühzeitig zu erkennen. Daraus resultiert eine immerwährende Offenheit für neue Ideen: »New Horizons« – musikalische Kreativitätserziehung, neue musikalische Lernverfahren oder Einsatzmöglichkeiten von Musik zur Unterstützung von nichtmusikalischen Lernprozessen. – Was bedeutet kreatives Denken in der Musik? Kann man es wissenschaftlich erfassen, messen? Wie kommt musikalische Intuition zustande? Wie kann musikalischer Erfindungsreichtum bei Kindern erkannt und gefördert werden? Inwiefern sind hierfür neue Technologien nützlich? – Zu diesen Fragen erhält der Leser eine Fülle von Anregungen.

Auf einen wie mir scheint zukünftig wichtigen Forschungsaspekt sei noch hingewiesen, das Erlernen einer Zweitsprache mit musikalischer Unterstützung. Während die Muttersprache in Handlungszusammenhängen und das heißt stimmlich und emotional geprägt erlernt wird, dominieren beim Zweitsprachenerwerb oft rationale Prozesse. Die Folge sind u.a. Probleme mit der richtigen Stimmodulation beim Sprechen, die zur unmißverständlichen Kommunikation erforderlich ist. Naheliegend ist die Anwendung des Singens als Modulationshilfe. Myra J. Staum (Oregon) konnte die unterstützende Hilfe speziell komponierter Melodien im Zusammenhang mit Übungssätzen nachweisen. Schwierigkeiten bereitete allerdings die Übertragung der richtigen Modulation auf strukturgleiche Sätze.

Das Buch von Madson & Prickett vermittelt einen höchst informativen Einblick in die musikpädagogische Forschungsszene der USA. Als Schwäche der Datenanalyse könte die fast durchgängig angewandte Korrelationsstatistik bezeichnet werden, mit jeweils nur wenigen Erklärungsvariablen. Zusammenhänge, die der Forscher nicht im voraus ahnt, können auf diese Weise nicht erkannt werden. Der Forschungsprozeß wäre sicherlich durch die Verwendung multivariater Analysemodelle zu optimieren. Der Nutzen musikpädagogischer Forschung wird aber in diesem Band vorbildlich demonstriert. Musikpädagogen sind gut beraten, die Ergebnisse amerikanischer Musikforschung zu verfolgen und in der eigenen Forschung und Lehre zu berücksichtigen. Dies gilt umso mehr, wenn man sich die Größenordnungen und die zunehmende internationale Musik- und Medienverflechtung vergegenwärtigt, mit originär amerikanischen Trends und wahrscheinlich nicht unerheblichem Einfluß auf die musikalische Sozialisation kommender Generationen.

Walter Scheuer

**Psychologische Grundlagen des Musiklernens, hrsg. von Helga de la Motte-Haber, Band 4 des Handbuchs der Musikpädagogik, hrsg. von Hans Christian Schmidt.** Kassel: Bärenreiter 1987, 496 S.

Unter den projektierten fünf Bänden des Handbuchs für Musikpädagogik ist einer mit der Geschichte der Musikpädagogik, einer mit dem Musikunterricht in der Schule, ein weiterer mit Instrumental- und Vokalpädagogik, einer mit Jugendkulturen und ihrer Musik befaßt. Der vorliegende vierte Band enthält die psychologischen Grundlagen des Musiklernens, die ja auf allen Anwendungsfeldern der Musikpädagogik wirksam sind. Er artikuliert den Anspruch einer wissenschaftlich fundierten Musikpädagogik. Obgleich im Vorwort davon die Rede ist, er sei am wenigsten direkt für die Praxis verwertbar: Das hier angesammelte Wissen kann auf vielfältige Weise zur Qualifizierung pädagogischen Handelns dienen, es kann Verhaltensweisen der Pädagogen differenzieren, absichern und kreativ anreichern helfen. Eingespielte Handlungsweisen werden, wenn sie richtig liegen, bestätigt. Festgefahrenes, zu wenig reflektiertes, von Vorurteilsstrukturen behindertes Pädagogenhandeln wird als solches kritisiert; Wege zur Handlungskorrektur werden aufgezeigt.

Im Vergleich zu Band 10 des Neuen Handbuchs der Musikwissenschaft über Systematische Musikwissenschaft von 1982 ist die Darstellung wesentlich stärker auf Anwendungen in der pädagogischen Praxis bezogen. Freilich ist sie immer noch und notwendigerweise davon abgehoben, weil sie so etwas wie Grundlagenforschung bietet. Dennoch ist sie, soweit überhaupt möglich, fokussiert, und zwar auf musikalisches Lernen, dessen Aspekte wie aus einem Guß entfaltet werden. Dies konnte unter anderem durch die Auswahl des Autorenteams erreicht werden: hier hat sich eine »Schule« unter Federführung und Koordination der Herausgeberin zusammengetan.

Die Beschränkungen der einseitig auf Werke der Kunstmusiktradition gewandten Musikpsychologien früherer Jahrzehnte sind überwunden. Statt dessen ist der Blick auf die volle Breite an Musikstilen gerichtet, mit denen wir heute konfrontiert sind. Musik von Bach, Bruckner und Schubert, Ennio Morricone und Simon & Garfunkel, Penderecki und Steve Reich stellen mit gleicher Berechtigung die Untersuchungsobjekte. Zudem wird berücksichtigt, daß musikalisches Lernen auf vielen Ebenen stattfindet: beim eigenen Singen, beim Üben am Instrument, in pädagogischen Situationen des Unterrichtens, natürlich auch bei der Musikrezeption über Cassettenspieler oder Fernsehen. Die Musik in Alltagssituationen bestimmt wesentliche Voraussetzungen pädagogischen Handelns.

Die Konzentration auf Aspekte des musikalischen Lernens unterscheidet dieses Handbuch auch von den beiden Handbüchern der Musikpsychologie, die zwei Jahre zuvor auf den Markt gekommen sind.

Die Gesichtspunkte, die im einzelnen aufgearbeitet werden, lauten: Wahrnehmung und Gedächtnis (Christa Nauck-Börner), musikalische Fähigkeiten und ihre Entwicklung (Heiner Gembris), soziale Determinanten des Musikgeschmacks Jugendlicher (Josef Kloppenburg), Urteile und Vorurteile: Die Alltagsmusiktheorien (Klaus-Ernst Behne), die Motivation zu Leistung und Erfolg (Helga de la Motte-Haber), die soziale Situation in der Klasse (Günther Rötter), Lerntheorien und ihr Einfluß auf die Musikpädagogik (Ursula Ditzig-Engelhardt) und Informelle Tests: Die Bewertung der Schülerleistung (Roland Meißner). Glossar der wichtigsten Fachtermini und Register runden den opulent aufgemachten und durch zahlreiche (kommentierte) Abbildungen angenehm aufgelockerten Band ab.

Die wissenschaftstheoretische Grundlage der Beiträge ist durch das konsequente Bemühen aller Autoren gekennzeichnet, was an empirischen Untersuchungen vorliegt, aufzuarbeiten und in eine kritische (zum Teil auch, was frühere Publikationen betrifft, selbstkritische) Abhandlung einzubeziehen. Da der Schwerpunkt empirischer Forschung, wenn man von den in Deutschland beheimateten Anfängen der Musikpsychologie um die Jahrhundertwende absieht, in den angelsächsischen Ländern liegt, war es unvermeidlich, den dortigen Diskussionsstand zum Ausgangspunkt zu machen und die jüngeren Arbeiten an bundesdeutschen Universitäten entsprechend einzubinden. Dennoch wird jeder vordergründige Positivismus vermieden. Empirische Sachverhalte werden wenigstens teilweise in eine didaktische Perspektive gebracht, beispielsweise, wenn von einem »Lernziel: Umstrukturierung von Erfahrungskondensaten« die Rede ist, durch das Stereotypien und Vorurteile überwindbar würden (S. 262). Insgesamt liegt eine Fülle an Informationen und anregenden, auf didaktisches Handeln gerichteten Reflexionen vor. Dort wo spezifisch musikpsychologische Untersuchungen nicht vorliegen, wurde der Versuch unternommen, die in der allgemeinen pädagogischen und diagnostischen Psychologie getätigte Grundlagenforschung auf musikalische Gegenstände und auf musikbezogene Verhaltensweisen zu transferieren und so die in anderen Disziplinen erzielten Erkenntnisse für die Musikpädagogik nutzbar zu machen. Zum Teil werden sogar die Voraussetzungen für neue, bisher brachliegende musikpädagogische Arbeitsfelder angegangen, wie für eine Musikpädagogik des Erwachsenenalters und der Zeit nach dem Erwerbsleben.

Bewertet man die Einzelbeiträge nach der Nutzbarkeit allgemein pädagogischer und spezifisch musikpsychologischer Erkenntnisse für die Qualifizierung pädagogischen Handelns auf den verschiedenen Handlungsfeldern, so gewinnen die Beiträge in der Reihenfolge ihrer Anordnung an Gewicht. Am höchsten scheint mir der praktische Nutzen in den Kapiteln über musikalische Fähigkeiten und ihre Entwicklung, über die Alltagsmusiktheorien jugendlicher Hörer, über Motivationsfragen, über die Sozialbeziehungen in der Klasse und über informelle Tests zur Bewertung der Schülerleistungen. Aber das Grundlagenwissen über Eigenart und Bedingungen der Wahrnehmung und des Lernens hat inzwischen einen solchen Grad an Spezialisierung und Genauigkeit erreicht, daß unser Alltagswissen hierzu längst nicht mehr ausreicht.

Im einleitenden Kapitel über Wahrnehmung und Gedächtnis ist der Anteil an angelsächsischen Forschungsarbeiten besonders hoch. Konsequent wird der Ansatz der kognitiven Psychologie expliziert. Er hilft die neueren Theorien des Gedächtnisses und der Aufmerksamkeit zu erklären. Auch was wir über die Wahrnehmung von Tonhöhen und Intervallen, von Lautstärke und Klangfarbe wissen, beruht auf Untersuchungen, die dem Grundansatz der kognitiven Psychologie folgen. Shephards fünfdimensionales Modell der Repräsentation von Tonhöhen faßt alle bisherigen Modelle der Tonalität und der Tonhöhenwahrnehmung zu einer Synthese zusammen. Nicht immer führen neue Begriffe zu neuen Erkenntnissen. Etwas überzogen scheint mir, daß das Gesamt an Wissen und Erfahrungen in der Summe aus Bartletts Theorie abgeleiteten »Schemata« enthalten sein soll (S. 22). Auch bleibt die spezifisch musikalische Bedeutung der Chunks, also der Zusammenfassung von Einzeltönen bzw. Intervallen zu Gruppen, unklar (S. 19, S. 62). Ist Chunking dasselbe wie die spontane Herausbildung von Gestalten, die sich musikalisch leicht in Thema und Motiv übersetzen läßt, oder ist mit dem neuen Begriff wirklich ein Gewinn zu verbuchen? Eine Fülle neuerer Forschungen liegt sowohl zur Wahrnehmung von Melodien (zur Rolle von Kontur, Helligkeit und Tonigkeit für die Melodieerkennung usw.) als auch zur musikalischen Zeitwahrnehmung vor. Hier hinein spielen sowohl Fragen der Gestaltwahrnehmung als auch des Timings, also der musikalischen Interpretation.

Musikalische Fähigkeiten entwickeln sich im Verlauf des Lebens unterschiedlich schnell und weit, je nachdem, wie das innere System der Dispositionen mit dem äußeren System der lernfördernden oder -hemmenden Faktoren zusammenwirkt. Entwicklungspsychologie hat sich bislang fast ausschließlich mit Kindheit und Jugendalter befaßt. Neu in den Blick rückt eine Entwicklungspsychologie der gesamten Lebensspanne, für die musikspezifische Ergebnisse eher spärlich sind, weshalb es notwendig war, die Betrachtungsweisen und Untersuchungsresultate anderer Bereiche auf musikbezogenes Verhalten zu übertragen. Zur musikalischen Entwicklung gehört der Komplex der musikalischen Begabung, der auf wissenschaftlichem Terrain zu den problematischen Konstrukten gehört, während er in den Alltagstheorien weiterhin beliebt und zur völlig unhaltbaren Erklärung pädagogischen Erfolgs bzw. Mißerfolgs herhalten muß. An der Zweideutigkeit haben leider auch »objektive« Tests nichts ändern können. Dennoch helfen sie als Forschungsinstrumente mit, die Determinanten musikalischer Entwicklung zu erfassen. Umwelt und soziale Schicht vermögen mehr, als populäre Alltagstheorien den angeborenen Dispositionen beimessen. Der bisher vernachlässigte Bereich der musikalischen Entwicklung bei Erwachsenen und im höheren Alter bedarf dringend der Aufarbeitung, um die Weichen für zukünftige pädagogische Arbeit richtig zu stellen.

Soziale Determinanten bestimmen die Lernprozesse im täglichen Leben, aber auch innerhalb der Schulklasse. Die Erkenntnisse hierzu sind in mehreren perspektivenreichen und auf pädagogische Anwendungen bedachten Darstellungen zusammengetragen.

Die musikalischen Präferenzen Jugendlicher haben insofern eine Schlüsselfunktion, als sie über die gesamte Lebensspanne wirksam bleiben. Im empirischen Befund deuten sie auf eine stereotype, also vorurteilsbehaftete Verarbeitung der musikalischen Umwelt hin. Die Einflußfaktoren sind inzwischen nachgewiesen – an erster Stelle rangieren die demographischen Variablen und der Medienkonsum. Freilich wird der Einfluß eigener Musikaktivitäten nicht angemessen veranschlagt – der Grund hierfür mag in der Tatsache liegen, daß das vorliegende empirische Material diese Variable bisher unzureichend untersucht hat. Nachgewiesen ist, daß Attitüden änderbar sind, und das rechnet zu den pädagogisch interessanten Prozessen, auf die Pädagogen Einfluß nehmen können.

Hier greifen Motivationen und Lerntheorien. Daher ist es verdienstvoll, wenn das Handbuch diesen Themen zwei ausführliche Darstellungen einräumt. Motivation liegt im Spannungsfeld von Erfolg und Mißerfolg. Lust an der Leistung spielt ebenso eine wesentliche Rolle wie die Angst vor Versagen. Mit der Angst kann man sensitiv, aber auch repressiv umgehen. Es gibt Strategien der Konfliktbewältigung. Am wichtigsten ist die Ausbildung eines stabilen Selbstwertgefühls, das Resignation und Bildungsunwilligkeit bewältigen kann. Interesse an der Sache, Neugierverhalten und Kreativität fördern positive Entwicklungen eines Individuums. – Während die Darstellung der Lerntheorien lediglich Bekanntes zusammenträgt und auch der Abschnitt über programmiertes Musiklernen eher wie eine akademische Pflichtübung anmutet, können die für die Musikpädagogik relevanten Lerngesetze einen guten Anwendungsbezug verbuchen. Das betrifft insbesondere die Ausführungen über Lernen durch Bekräftigung, die Verläufe von Lernvorgängen, die Differenzierung zwischen verteilter und massierter Übung, das Vergessen sowie über positiven und negativen Transfer. Gut auf den Punkt gebracht sind die emotionalen, sozialen und technischen Bedingungen des Musiklernens. Ein historischer Seitenblick auf die Rezeption des Lernbegriffs in der Musikdidaktik der letzten beiden Jahrzehnte kann ebenfalls als hilfreich betrachtet werden, zumal sie in die heutigen Konzeptionen des Musikunterrichts und in die heute gültige Struktur der Lehrpläne eingegangen ist.

Der abschließende Beitrag über informelle Tests unternimmt den Versuch, in die fast durchgängig als unbefriedigend bis bedrückend erfahrene Problematik der Zensurengebung das Licht objektivierender Verfahren zu bringen. Ob die hier vorgeschlagene und in den technischen Details erklärte kriteriumsorientierte Auswertung von Tests im Unterrichtsalltag praktikabel ist, sollte ausprobiert werden. Sie ist der Mühen wert.

Günter Kleinen

**Wilfried Neumaier:** »**Was ist ein Tonsystem?**« Frankfurt am Main – Bern – New York: Lang 1985.

Wilfried Neumaiers Dissertation will in einer »historisch-systematischen Theorie« die abendländischen Tonsysteme seit ihren Anfängen bei Aristoxenos, Eukleides und Ptolemaios mit den Mitteln der »modernen Algebra« darstellen. Neumaiers Unternehmen ist anspruchsvoll: Es soll eine »exakte musikalische Theorie (der Tonsysteme) ohne physikalische oder mathematische Vorherrschaft« aufgebaut werden, in welcher die historischen Tonsystemtheorien dialektisch, nämlich als Momente einer umfassenden Synthese, i.e. dem vorliegenden Werk, aufgehoben sind.

Die durchgehend sorgfältige Darstellung hat offenbar das Ziel, Nichtmathematiker anzusprechen und präsentiert sich zweigespalten: die mathematisch-formale Exaktheit bleibt unter dem Strich des Lauftextes, in ausführliche Fußnoten gebannt, um die »Gefahr einer mathematischen Überfremdung« (sic!) abzuwenden.

Wer einen lesbaren und präzisen Text zur Frühgeschichte und Darstellung der abendländischen Tonsysteme sucht, wird mit diesem Werk über eine ausgezeichnete Referenz verfügen. Wer aber die Einlösung der genannten Ansprüche erwartet, erfährt einen zwiespältigen Eindruck, da, wie im folgenden dargelegt, sowohl die axiomatische Fundierung als auch die Adäquatheit des mathematischen Apparats historisch und sachlich nicht greifen können.

Methodologisch gesehen ist Neumaiers Ansatz der mathematischen Axiomatik nach Euklid verpflichtet. Es wird eine Reihe von Axiomen zu einem kleineren Repertoire von Grundbegriffen gefügt. Um ein unmittel-

169

bar einsichtiges Fundament zu legen, das die Gefahr einer mathematisch-physikalischen Überfremdung abwendet, geht der Autor von der musikalischen Hörerfahrung aus und setzt an mit den Grundbegriffen: Ton, Tonparameter wie Tonhöhe usw., und Intervall (vom ersten Ton zum zweiten).

Dabei ist ein Ton als »vollparametrisiertes Tonereignis«, wie wir es eben realiter hören, aufgefaßt und hat neben Tonhöhe auch Einsatzzeit, Dauer, Lautstärke und Klangfarbe als Bestimmungsstücke. Dieser Ansatz ist musikpsychologisch unhaltbar und in Wirklichkeit der vom Autor zu vermeidende physikalische. Denn Tonhöhe existiert in der Hörerfahrung nur als keineswegs harmlose Relation zwischen Tönen (und nicht als Merkmal). Insbesondere ist sie keine Äquivalenzrelation, denn Tonhöhenunterschiede zwischen den Tönen A und B, resp. B und C implizieren keineswegs, daß A und C notwendig als gleich hoch gehört werden, das Stichwort »Metamerie« aus der Informationstheorie Meyer-Epplers möge genügen. Und falls die Einsatzzeiten zweier Töne um eine Stunde differieren, ist die Frage nach einer Tonhöhenrelation durch Hörerfahrung und ohne physikalische Hilfsgeräte nicht entscheidbar.

Im »Tonhöhenaxiom« wird nun gefordert, daß eine binäre Relation »höher als« zwischen den Tönen existiert, derart, daß von zwei Tönen verschiedener Tonhöhen stets genau einer höher ist als der andere. Aus den eben genannten Gründen ist auch dieses Axiom musikpsychologisch unhaltbar (und physikalisch trivial). Töne können in der Hörerfahrung höchstens dann bezüglich ihrer Höhenrelation verglichen werden, wenn die anderen Parameter nicht zu sehr differieren.

Der Intervallbegriff geht dann dahin, jedem geordneten Paar (A, B) von Tönen das mit $A-B$ bezeichnete Intervall zuzuordnen. Der Zweck dieser axiomatischen Konstruktion ist offenbar, mathematisch vom Boden abzuheben durch die Möglichkeit, Intervalle $A-B$ und $B-C$ durch die Regel $(A-B)+(B-C) = A-C$ addieren und damit Arithmetik treiben zu können. Die Prim ist hier das Intervall $A-B$, sobald A und B die gleiche Tonhöhe haben. Sie spielt die Rolle einer Null für die Addition. Auch dem widerspricht die Hörerfahrung, denn die Summe $A-C$ zweier Primen $A-B$ und $B-C$ braucht nach obiger Bemerkung keine Prim zu sein. Abgesehen davon scheint der Intervallbegriff nicht unabhängig von den Parametern der Zeit zu sein. Erklingt etwa A vor B, dann ist das Intervall wohl

B−A; oder aber A−B? Und wenn A und B gleichzeitig erklingen, und wir keinen kontrapunktischen Kontext vorlegen, der einen cantus firmus zu einem Diskant hin als Intervallvektor definiert, dann läßt sich weder für A−B noch für B−A entscheiden.

In dieser Hinsicht weniger schief, wenn auch hörpsychologisch nicht evident, erscheint ein im Anhang präsentiertes alternatives und eleganteres Axiomensystem nach Joachim Mohr. Dieses verzichtet auf den Intervallbegriff als Grundbegriff und fordert stattdessen eine Gruppe von Permutationen der Tonmenge, die darauf modulo Tonhöhenäquivalenz einfach transitiv und ordnungserhaltend operiert. Eine solche Permutation spielt die Rolle einer Transposition von Tönen um ein festes Intervall. Es wird gezeigt, daß jede Bahnenabbildung dieser Gruppe auf die Menge der Tonhöhen (= Menge der Tonhöhenäquivalenzklassen) ein Isomorphismus linear geordneter Mengen ist, so daß (die archimedisch geordnete) Gruppe von Transpositionen nach einem bekannten Satz von Hölder in die additive Gruppe der reellen Zahlen eingebettet werden kann.

Das als hörpsychologisch ausgegebene Axiomensystem von Neumaier ist auf einer Abstraktionsstufe realisiert, die einen Idealtypus von Hörer voraussetzt, der nur als beliebig präzise, physikalische Mess- und Aufzeichnungsapparatur bezeichnet werden kann. Die mathematischen Strukturen, auf denen das vorgelegte System baut, sind auf der symbolischen Ebene der Musik durchaus diskutabel, als Reflexion musikpsychologischer und hörpsychologischer Wirklichkeit aber eine petitio principii.

Die vorliegende mathematische Analyse wird als einzig mögliches formales Korrelat zur »Wirklichkeit des Hörens« empfohlen, welchem somit ein ontologischer Anspruch anhaftet: so und nicht anders muß über Töne exakt gesprochen werden. Diese Haltung reflektiert präzise die dogmatische Perspektive sub specie aeternitatis des Mittelalters, wo das Musikwerk als accidens im unverrückbaren göttlichen Tonsystem erschien. Die Renaissance hat nicht nur die Relativität visueller und weltanschaulicher Perspektiven entdeckt, sondern analog den Werkbegriff als Relativierung musikalischer Perspektive in den Mittelpunkt gerückt. Neumaiers Arbeit ist so gesehen ein Versuch zur Rehabilitation einer historischen Position, worin sich alles Musikdenken in einem festen formalen System abzuspielen hätte.

Das wird am deutlichsten sichtbar im verwendeten mathematischen Apparat, der weniger in der modernen Algebra als in der elementaren Mengenlehre der Jahrhundertwende angesiedelt ist. So wird die Arbeit über Gruppen in der Klassifikationstheorie musikalischer Strukturen von Halsey und Hewitt (1978) abgelehnt, weil die dort betrachteten abelschen Gruppen für Neumaier zu speziell oder zu umständlich und jedenfalls musikalisch bedeutungslos sind. Keiner der drei Kritikpunkte greift indes: Erstens führen Klassifikationsfragen musikalischer Strukturen auf relativ allgemeine (endlich erzeugte) abelsche Gruppen, sobald Periodizitäten in den Parametern zur Diskussion stehen. Dies betrifft insbesondere Akkorde, Skalen, Rhythmen, Motive usw. Zweitens kann eine Theorie, die zutrifft, nur für den zu umständlich sein, der ihr nicht gewachsen ist. Und drittens steht die Gesamtheit musikalisch bedeutungsfähiger mathematischer Strukturen nicht fest. Beispielsweise wurden vom Rezensenten schon seit 1980 Modelle zur Tonartenmodulation, zum klassischen Kontrapunkt und zur Streichquartett-Theorie betrachtet, denen das mathematische Gerüst des Neumaierschen Systems nicht genügt.

Aber auch hinsichtlich des historisch belegten musikwissenschaftlichen Denkens ist es nicht angebracht, Tonsysteme nur durch eine Tonhöhengerade, auf der man gerade noch transponieren darf, zu beschreiben. Zum einen sind andere Symmetrien wie Spiegelungen (Umkehr) oder Drehungen (Krebsumkehr in der Ebene von Tonhöhe und Einsatzzeit) historisch bedeutsam; die Einschränkung auf die Transpositionsgruppe ist selbst schon eine historisch überholte Fixierung. Und zum anderen wird die Darstellung der Intervalle in einer Zahlengeraden als eindimensionalem reellen Vektorraum nicht jenem Denken gerecht, das mit Euler die Oktav-Terz-Quint-Stimmung als ein dreidimensionales Gitter über der Oktav, der großen Terz und der Quint als linear unabhängige Vektoren auffaßt. Diese Gitarrendarstellung ist nur gerechtfertigt, wenn man zu Moduln über den ganzen Zahlen übergeht, worüber log (2), log (3) und log (5) linear unabhängig sind. Und dann ist die lineare Anordnung von Tonhöhen auch nicht die adäquate mathematische Sprache.

Zusammenfassend kann diese Arbeit als mathematisch sorgfältig und historiographisch wertvoll beurteilt werden, während weder die hörpsychologische Begründung der Axiomatik noch der Anspruch auf umfassende oder zeitgenössische mathematische Sprache zur Beschreibung von Tönen und ihrer Systeme eingelöst werden. Der Versuch, die symbolischen, psychologischen und physikalischen Ebenen musikalischer Realität zu versöhnen, kann nicht darin bestehen, die physikalische mit Hilfe der symbolischen in die psychologische Ebene hineinzuschmuggeln.

Guerino Mazzola

**J. Craig Peery, Irene Weiss Peery und Thomas W. Draper (Ed.): Music and Child Development.** Berlin – Heidelberg – New York: Springer 1987. 267 S.

Dieses umfangreiche Werk, das von Peery/Weiss Peery und Draper herausgegeben wurde, ist ein Reader zum Thema »Musikalische Entwicklung des Kindes«. Schon die Aufteilung der Kapitel verdeutlicht die verschiedenen Schwerpunkte, die sich hinter dem recht allgemein gehaltenen Titel des Buches verbergen: I) Introduction, II) Development of Musical Abilities und III) Music and Education. Insgesamt beinhaltet das Buch 14 Aufsätze verschiedener Autoren zu den großen Themenbereichen, darunter eine lange Einleitung (Teil I) von Peery/Weiss Peery.

Auffallend bei allen Aufsätzen sind die umfassenden Literaturberichte und Bibliographien, die aber leider fast ausschließlich englischsprachige Literatur berücksichtigen. Der größte Teil der zitierten Literatur stammt aus der Zeit zwischen 1970 und 1987. Außerdem gibt es innerhalb des Buches sehr viele Hinweise auf im Druck befindliche Monographien oder geplante Veröffentlichungen der einzelnen Autoren.

Allen Artikeln gemeinsam ist auch die Forderung nach weiterführender Forschung, wobei in den Punkten »Conclusions and Implications« jeweils konkrete Hinweise auf mögliche Forschungsansätze gegeben werden. Die Veröffentlichung wendet sich an alle, die in irgendeiner Weise mit Kindern oder Musik zu tun haben: engagierte Eltern, Lehrer, Musiker und Wissenschaftler.

In der Einleitung von Peery & Weiss Peery (»The Role of Music in Child Development«) machen die Autoren einen »tour d'horizon« und stellen die möglichen Themenbereiche einer kindorientierten Musikforschung vor. Zwei zentrale Aspekte der Betrachtung ergeben sich aus der Definition von Musik: a) »Music as an inherent Sociocultural Good« und b) »Music as a Means of Promoting and Fostering Personal and Social Competence«. Eine sorgfältige Analyse der Rolle der Musik in der kindlichen Entwicklung, die in der übersichtlichen Form eines Literaturberichts gehalten ist, schließt sich an. Dieses erste Kapitel gibt quasi eine Einführung in die weiteren und dokumentiert den Anspruch des Buches, unterschiedliche Forschungsbereiche (Kognition, Sprache, Lesen, Sozialisation und Kreativität) mit vielfältigem Methodenrepertoire zu berücksichtigen.

Drei Fallstudien von Kindern (Alter 0–2 Jahre) unterschiedlicher musikalischer Familienhintergründe, durchgeführt von L. Kelley/B. Sutton-Smith (S. 35–53), lassen die Wichtigkeit der häuslichen Stimulation als Einflußfaktor für die Entwicklung des Kindes erkennen. Diese Studie bildet den Auftakt des Teils II.

Der Aufsatz von R. Upitis (S. 54–79) ist einer von mehreren, die stark von der generativen Theorie von Lerdahl/Jackendoff beeinflußt sind. In diesem Fall geht es um die Konzeption eines Modells der Entwicklung rhythmischer Fähigkeiten beim Kind: Lesen und Notieren von rhythmischen Figuren. Leider ist die Darstellung der Ergebnisse einer Clusteranalyse (S. 71/72) nicht sehr ergiebig.

C. Hildebrandt (S. 80–95) gehört zu den Autoren, die sich mit strukturalistischer Entwicklungsforschung nach Piaget befassen. Größtenteils ist es das Problem der Erhaltung (conservation), das die Wissenschaftler beschäftigt. Aufgrund des theoretischen Hintergrundes sind deshalb »Conservation« und »Representation« die Schlagwörter des Berichts, der als Ergebnis eine Einteilung des musikalischen Denkens in »grammatikalisch« und »logisch« vornimmt.

»Toward a Theory of Music Syntax: Some Observations of Music Babble in Young Children« heißt der Artikel von J.M. Holahan (S. 96–106). Es geht dabei um die Suche nach analogen Verarbeitungsprozessen in Musik und Sprache. Holahan differenziert drei Stadien musikalischer Äußerung bei kleinen Kindern und kommt zu dem Ergebnis, daß »because children can create music, it seems reasonable to suggest that music syntax, like language syntax, is a generative capacity« (S. 105).

Noch einmal dreht es sich bei L. Davidson/B. Colley (S. 107–136) um die rhythmische Entwicklung. Diesmal ist die Altersgruppe zwischen 5 und 7 Jahren Gegenstand der Untersuchung. Dieser ausführliche Artikel stellt neben einem Literaturbericht eine eigene Studie zu »Performance, Notation, and Reading of Rhythmic Patterns« vor. Der Einfluß von Text und Länge der einzelnen Items wird u.a. überzeugend dargelegt. Die Ausführungen sind klar gegliedert und beinhalten einige aufschlußreiche Tabellen und Graphiken. M.E. ist dieser Abschnitt, neben dem nächsten, als der gelungenste im zweiten Teil (II) zu betrachten.

Hier schildert Albert LeBlanc (S. 137–157) die Entwicklung der Präferenzen beim Kind. Das Kind spielt jedoch nicht die zentrale Rolle. Der Artikel befaßt sich mehr allgemein mit »musical taste« und besonders mit der vom Autor 1982 entworfenen *Interactive Theory of Music Preference*. Anhand einer Graphik werden die einzelnen Teile der Theorie erläutert. Am Schluß folgt eine sehr interessante Liste von 22 Vorschlägen zur aktiven Intervention bei der kindlichen Entwicklung von Präferenzen. Bedauerlicherweise hat keine Rezeption deutschsprachiger Literatur (Behne, Kötter, Niketta, Motte-Haber) zu diesem Thema stattgefunden.

Ein Konzept von Kreativität und einen eigenen Test (*Measures of Creative Thinking in Music*) zur Festellung derselben stellt P.R. Webster vor (S. 158–174). Er übt berechtigte Kritik daran, daß divergentes Denken in herkömmlichen Musikalitätstests kaum Beachtung findet. Auf fast vier Seiten (S. 168–172) entwirft der Autor das Bild einer möglichen zukünftigen Forschung, die sich der verschiedensten Methoden bedienen könnte: Einsatz von Computern, »Ethnography« (am ehesten zu verstehen als beschreibende und vergleichende Beobachtung) und der von ihm selbst entwickelte »MCTM«, der noch nicht vollständig auf Validität und Reliabilität hin erforscht worden ist (S. 170/171). Ob Webster aber mit der Behauptung recht hat, daß zwischen kognitiver Intelligenz, Geschlecht, »academic achievement« auf der einen Seite und »divergent production skills« auf der anderen keine Zusammenhänge bestehen, sei dahingestellt.

Der Teil III beginnt mit einem Artikel von C.R. Graham (S. 177–183) über »Music and the Learning of Language in Early Childhood«. Demnach verarbeiten Erwachsene die Sprache »relational«, während Kinder dies »holistisch« tun. Gemäß dem Motto des dritten Teils endet der Artikel mit dem Aufruf, im Unterricht Text und Musik in eine bedeutungsvolle Interaktion treten zu lassen.

Danach stellt A. Brown verschiedene musikpädagogische Ansätze vor (S. 184–193); Orff, Kodaly und Dalcroze werden angeführt. Interessant ist der Ansatz der »Comprehensive Musicianship«, ein Ansatz aus den 60er Jahren, der heute noch in den USA Gültigkeit besitzt. Einzelbereiche dieses egalitär ganzheitlichen Ansatzes sind: Komponieren, Hören, Intellektualisieren, Spielen/Aufführen. Leider ist der Ansatz nicht sehr differenziert beschrieben, so daß einige Fragen offen bleiben müssen. Erst am Schluß merkt man, daß es der Autorin nur auf die Promotion einer eklektischen Musikpädagogik ankam. Informativ ist der Artikel für jeden deutschen Musiklehrer, der die aktuelle musikpädagogische Diskussion in den USA nicht kennt.

Mit »Musikpädagogische Literatur in Amerika zwischen 1887 und 1982« wäre die nächste Studie (S. 194–205) von T. Draper/C. Gayle zu titulieren. Die Autoren haben 114 Bücher für Musikpädagogen auf die Gründe hin untersucht, warum man Kinder Musik lehrt. Wen wundert es, wenn man mit 70% das Argument der Selbstverwirklichung des Kindes und Förderung seines kreativen Vergnügens an der Spitze liegt? Der Leser fragt sich jedoch, ob so viel Statistik, wie sie die Autoren benutzen, angemessen ist. Hier wird mit »exakten« Methoden eine Wissenschaftlichkeit gezeigt, die ohnehin außer Frage steht, und dem Sujet in dieser Form nicht unbedingt gut tut. Sehr interessant ist die versteckte Bibliographie (S. 201–205), in der die Bücher kompiliert sind, die Eingang in die Studie gefunden haben.

Wie man Kinder in ihrer natürlichen Umgebung beobachten kann und Kriterien für musikalische Verhaltensweisen aufstellt, beschreibt L. Bryant Miller (S. 206–224) in ihrem Aufsatz: »Children's Musical Behaviors in the Natural Environment«. Die mit Hilfe eines Videorekorders aufgezeichneten Verhaltensweisen der 3–5jährigen Kinder einer sehr heterogenen und kleinen Stichprobe (N=95) bilden die Auswertungsgrundlage der deskriptiven Studie. Die Schwierigkeit, allgemeingültige Befunde aufgrund des so gewonnenen Datenmaterials zu postulieren, liegt auf der Hand. So sind dann auch u.a. einige bekannte Tatsachen, wie z.B. Alterseffekte, das Resultat der Studie. Die von der Autorin angesprochene Möglichkeit, eine

Längsschnittstudie bei gleicher Beobachtungsmethode über einen längeren Zeitraum durchzuführen, erscheint vernünftig.

Der vorletzte Absatz stammt von Weiss Peery/Nyboer/Peery (S. 225–236) und berichtet über Wettbewerbe, bei denen schon recht junge Kinder teilnehmen. Die Autoren wägen in verantwortlicher Weise die Vor- und Nachteile solcher Veranstaltungen für die kleinen Teilnehmer und ihre Eltern ab. Von »national recognition and pride« hätte in diesem Zusammenhang wohl kein deutscher Autor gesprochen. Das Thema »Wettbewerb« scheint offensichtlich auf beiden Seiten des großen Teiches, unabhängig voneinander, an Interesse zu gewinnen.

Das Schlußlicht in dem vorliegenden Reader bildet der Artikel von J.M. Larsen (S. 237–248), der sich mit dem Einfluß von häuslichen und familiären musikalischen Möglichkeiten bei Kindern aus ökonomisch gutgestellten Familien mit zwei Elternteilen befaßt. Diese Studie ist mehr soziologisch orientiert und gleicht vielen ihrer Art, die auch in unserem Land in ähnlicher Weise durchgeführt wurden (Scheuer 1988).

Die Vielfalt der vorgestellten Beiträge mit ihren sehr unterschiedlichen Vorgehensweisen garantiert eine zum Teil schwierige, aber sehr aufschlußreiche Lektüre. Da die Einführung von J.C. Peery/Weiss Peery den Kontakt für die nachfolgenden Artikel schafft, wird der Leser wohl nicht umhin kommen, diese zu lesen. Am Schluß des Buches befindet sich ein ausführlicher Autoren- und ein Stichwortindex, die es ermöglichen, das Buch auch zum Nachschlagen zu benutzen.

Zusammenfassend kann »Music and Child Development« als Kompendium der aktuellen Forschungssituation und des Methodenrepertoires zum Thema »Kind und Musik unter entwicklungspsychologischen Gesichtspunkten« aus dem Blickwinkel amerikanischer Wissenschaftler angesehen werden. Das Buch ist gleichzeitig eine fast lückenlose Bestandsaufnahme der zu diesem Thema relevanten amerikanischen Literatur der letzten 18 Jahre. Der Aufforderung nach verstärkter Forschung im entwicklungspsychologischen Bereich der Musikwissenschaft Folge zu leisten, dürfte allerdings aufgrund der restriktiven Genehmigungspraxis in manchen Bundesländern schwierig werden.

Andreas Lehmann

**Roger P. Phelps: A Guide to Research in Music Education.** Metuchen, New Jersey/London: The Scarecrow Press 1986 (3).

Daß zusätzlich zur zahlreichen methodologischen Literatur in Soziologie, Psychologie und Erziehungswissenschaft ein spezieller Leitfaden für die musikpädagogische Forschung erscheint, und zwar bereits in der dritten Auflage, mag weniger im fachimmanenten Bedürfnis als vielmehr im amerikanischen universitären Bereich begründet sein, in dem verschiedene Studienabschlüsse, aufeinander aufbauend oder nebeneinander bestehend, ein unterschiedliches Ausmaß an musikalisch-künstlerischer bzw. wissenschaftlicher Schwerpunktbildung erlauben. Das Buch wendet sich laut Vorwort denn auch an Adressatengruppen aus Einführungskursen in Grundlagen musikpädagogischer Forschung und aus Doktorandenseminaren bis hin zu postdoc-Forschern.

Inhaltlich wird ein breites Spektrum berührt, wie ein Blick auf die Gliederung und auf die Kapitel-Überschriften zeigt: Teil I: Organisation des Forschungsproblems: 1. Entwicklung des Forschungsproblems; 2. Der Forschungsplan. Teil II: Verankerung eines Problems: Methodologien der Forschung (sic): 3. Philosophische Untersuchung: Die rationale Suche nach Wahrheit; 4. Ästhetische Untersuchung: Die Suche nach Bedeutung in den Künsten; 5. Historische Forschung: Eine Chronik der Vergangenheit; 6. Deskriptive Forschung: Die Erfassung der Gegenwart; 7. Experimentelle Forschung: Der Blick in die Zukunft. Teil III: Darstellung der Ergebnisse; 8. Stil und Techniken (mechanics); 9. Der Forschungsbericht. Teil IV: Postscriptum: 10. Musikpädagogische Forschung und die Zukunft. An dieser Gliederung wird deutlich, daß der Autor sowohl praktische Hinweise der einfachsten Art, angefangen beim Erstellen von Photokopien über die fehlerfreie Gestaltung eines Manuskripts mit Hilfe von im Handel befindlichen Korrekturmöglichkeiten bis hin zur Benutzung von Zeitschriften für bibliographische Arbeiten, geben als auch dem Studierenden einen groben Überblick über verschiedene Forschungsparadigmen und -methoden verschaffen will. Vielleicht muß letzteres grundsätzlich scheitern, wenn bei der Adressatengruppe offensichtlich keine oder wenig Erfahrung im wissenschaftlichen Arbeiten vorausgesetzt wird: So umfaßt die Darstellung deskriptiver Forschungstechniken – leider differenziert

Phelps nicht sauber zwischen Methoden und Erhebungstechniken – auf gut 12 Seiten u.a. Befragungstechniken, Inhaltsanalyse, Meinungsumfrage, Curriculumforschung, Fallstudien und Längsschnittuntersuchungen; ethnographische Forschung ist auf einer halben Seite beschrieben. Daran angeschlossen sind »Techniken« wie Fragebogen, Einstellungsskalen, Interview, Beobachtung und standardisierte Tests. Die Kürze und die mangelnde Systematik dürften gerade für den von Phelps genannten Adressaten weniger informativ sein als vielmehr Verwirrung stiften. Schwer wiegt jedoch, daß grundlegende konzeptionelle Mängel, Einseitigkeit trotz versuchten vorsichtigen Abwägens sowie inhaltliche Fehler die zentralen Kapitel des zweiten Teils beeinträchtigen. So sind beispielsweise die Trennung von historischer und deskriptiver Forschung, die Zuordnung von institutionalisierten Teilbereichen des Faches bzw. Methoden (beides auf einer Ebene angesiedelt) zu Vergangenheit, Gegenwart und Zukunft nicht nachzuvollziehen, ebensowenig wie inkonsistente Zuordnungen von Unterkapiteln (z.B. Stichproben und Statistik nur zum Experiment). Nicht unwidersprochen müssen die Ausführungen zum Kapitel über Ästhetik bleiben, und zwar gerade trotz der Berücksichtigung von Berlynes Neuer Experimenteller Ästhetik; tatsächlich jedoch nimmt Phelps einen Standpunkt ein, dem zufolge Schönheit eine objektive Eigenschaft ist, deren Vorhandensein nicht bewiesen zu werden braucht, vielmehr muß nur gezeigt werden, warum manche Objekte schön sind (S. 139). Der ästhetische Wert von Objekten liege darin, daß sie einem anerkannten Standard, einer Norm entsprechen (S. 136). Damit wird – obwohl insgesamt verschiedene ästhetische Positionen in Erwägung gezogen und teilweise vorsichtig beurteilt werden – ein sicher nicht intendierter ästhetischer Rigorismus und Konservatismus vertreten. – Unter den inhaltlichen Fehlern stören insbesondere die logischen Fehler in einem Abschnitt, der in die Anfangsgründe der Logik einführen soll. Das Buch zielt weniger auf die Vermittlung von Informationen ab als auf die Bewußtmachung von Forschung als ein geplanter, strukturierter Prozeß. Es ist, auch in den gewählten Beispielen für aktuelle musikpädagogische Forschungsprojekte, zu sehr auf amerikanische Verhältnisse zugeschnitten, als daß es für Studierende, insbesondere Doktoranden an hiesigen Hochschulen, von großem Nutzen wäre.

Christa Nauck-Börner

**Mary Louise Serafine: Music as Cognition – The Development of Thought in Sound.** New York: Columbia University Press 1988. 247 S.

Der zentrale Gedanke dieser Schrift wird recht gut durch die Widmung angedeutet: sie ist ein Dank an jene, die die Autorin gelehrt haben, daß »the keyboard is played first with the mind and then with the ear, only last with the hand«. M.L. Serafine, die in der Vergangenheit durch eine scharfsinnige Kritik der Piaget-beeinflußten Erforschung der musikalischen Entwicklung hervorgetreten ist, legt hier eine bemerkenswerte Fülle von eigenen empirischen Ergebnissen vor und versucht, hierfür einen sehr grundsätzlichen theoretischen Rahmen zu entwerfen. Die Autorin ist eine »strong«, um nicht zu sagen, radikale Kognitivistin. Ihre Kritik an vorhandenen Forschungsansätzen muß gerade in den USA von den meisten Autoren als ein Affront verstanden werden. Beherzigenswert und erfrischend erscheint mir ihre Auseinandersetzung mit »Music as Communication«, »... as Behavior«, »... as Nature« und »... as Sound«. Aber die Kritik an der Musikalitätsforschung unterstellt, diese sei bei Seashore stehengeblieben und gerade die Ignoranz der neueren Forschung seit den 60er Jahren erweist sich am Ende als ein Manko. Musik ist kein (notiertes oder erklingendes) Objekt, sondern eine Tätigkeit des Geistes, eine »human aural-cognitive activity« (S. 69), Musik »als Vorstellung«, als Gedachtes. Bei diesen kognitiven Aktivitäten des Geistes gibt es stilspezifische und stilübergreifende, universale Prozesse, und eben diese will die Autorin untersuchen. Sie entwirft ein fast an Taxonomien erinnerndes Raster, bei dem zwischen »temporal« und »nontemporal processes« unterschieden wird, erstere können sich auf sukzessive oder simultane Relationen beziehen, bei letzteren handelt es sich um »Closure« (Schlußwirkung), Transformation, Abstraktion sowie um den Aufbau hierarchischer Strukturen. Für diese als universal vermuteten Prozesse hat die Autorin 15 Aufgabentypen entworfen, die sowohl mit Fünf- bis Elfjährigen wie auch mit Erwachsenen im Einzelversuch (!) realisierbar sind. Der Hauptteil der Arbeit schildert die Ergebnisse dieser Experimente, die im wesentlichen mit 168 Personen durchgeführt worden sind, wobei allerdings im konkreten Einzelfall jeweils nur 15 Beobachtungen pro Altersstufe vorliegen. Es kann kein Zweifel bestehen, daß diese Experimente unter entwicklungspsychologischem Aspekt sehr geschickt konstruiert sind, Möglichkeiten einer flexiblen, individuell angemessenen Versuchsdurchführung bieten, methodisch korrekt (wenngleich etwas einfach) ausgewertet sind und eine Reihe von aufschlußreichen Ergebnissen erbringen. So kann die Autorin am Schluß zeigen, daß die postulierten Prozesse im wesentlichen bei allen Erwachsenen und den meisten Zehnjährigen zu beobachten sind und durch frühen und intensiven Instrumentalunterricht (Suzuki) in ihrer Entwicklung nur graduell beschleunigt werden. Überraschenderweise zeigte sich, daß die »nontemporal processes«, die eher als formal und abstrakt zu beschreiben sind, sich früher entwickeln als die leichter anmutenden »temporal processes«, bei denen z.B. häufig identisches oder ähnliches Material wiederzuerkennen ist.

Die Fülle der Ergebnisse wird die Diskussion über musikalische Entwicklung noch eine Weile beschäftigen und es ist sehr bedauerlich, daß von der Autorin nicht einmal im Ansatz der Versuch gemacht wird, diese Diskussion zu beginnen. Es wird verschwiegen, daß wichtige Aufgabentypen, die Serafine im Einzelversuch verwendet hat, von E. Gordon 20 Jahre früher bei großen Stichproben im Gruppentest verwendet wurden. Dort und vor allem bei A. Zenatti liegen Ergebnisse vor, auf die hätte Bezug genommen werden müssen. Auch ist mindestens in einem Punkt am Konzept Serafines Kritik zu üben: an den postulierten hierarchischen Prozessen. Diese werden mit vier Aufgaben geprüft, von denen die beiden letzten offenkundig zu schwierig waren bzw. bei denen auf bestimmten Altersstufen von der Mehrheit der Kinder systematisch die »falsche« Antwort gewählt wurde. Die zweite Aufgabe (S. 215) muß nicht zwingend aufgrund »hierarchischer« Prozesse beantwortet werden, sondern könnte, wenn die Kinder sich am identischen Anfangs- und Schlußton orientieren, ebenfalls zu einer »richtigen« Antwort führen. Keineswegs läßt sich aus diesen Ergebnissen ableiten, daß die musikalische Wahrnehmung bei einem Teil der Kinder vor dem 10. Lebensjahr hierarchisch strukturiert sei. Auch stellt sich die Frage, ob der Zusatztest für die Fünfjährigen (S. 203) etwas mit Abstraktion zu tun hat, wird doch lediglich das Wiedererkennen eines melodischen Fragments überprüft.

M.L. Serafines Buch ist anregend und herausfordernd und vielleicht deshalb stellenweise zu radikal und einseitig, weil die Übermacht der »information processing« orientierten und post-behavioristischen (mit »Elementen«, Akkorden usw. arbeitenden) Forscher in Amerika wesentlich größer ist. Es ist ein pointierter Widerspruch gegen die zweite Hälfte eines uns allen geläufigen Titels – »Die Lehre von den Tonempfindungen *als physiologische Grundlage für die Theorie der Musik*« –, der nach wie vor unausgesprochene Legitimation eines Großteils heutiger musikpsychologischer Forschung bildet.

Klaus-Ernst Behne

**Daniele Steiner-Hall: Musik in der Fernsehwerbung.** Frankfurt: R.G. Fischer 1987, 183 S.

Unsere Welt des Konsums ist eine Welt der Werbung – das eine könnte ohne das andere nicht funktionieren. Da unser Alltag von Konsum und Werbung durchtränkt ist, kann man kaum weit genug gehen in der Analyse der Rolle, die die Werbung für Leben, Denken, Wahrnehmen und Empfinden, ja für unsere Kultur überhaupt ausübt.

Natürlich befindet man sich da leicht und unversehens auf dem Glatteis nichtbewiesener und nicht beweisbarer Vermutungen. Daher tut Daniele Steiner-Hall in ihrer Studie über Musik in der Fernsehwerbung gut daran, sich zu beschränken. Zuerst einmal trägt sie zusammen, was in Betriebswirtschaftslehre, Jurisprudenz, Sprachwissenschaften, Werbepsychologie und Medienwissenschaften zur Werbung, insbesondere im Medium Fernsehen, gesagt worden ist.

Sodann knüpft sie an Untersuchungen und Diskussionen der Musikpsychologie an, um die Gesichtspunkte ihrer eigenen Musikanalysen zu entwickeln. Didaktisch einleuchtend werden Beispielspots im Hinblick auf Bild, Sprache, Klangteppich, Jingle usw. sowie auf deren Zusammenwirken analysiert. Die Erkenntnisse aus den Analysen lassen sich in einer Reihe von Sätzen kondensieren, die mögliche Funktionen der Musik umreißen. Danach fungiert sie als Aufmerksamkeitserreger und erhöht die Gedächtnisleistung, sie stellt einen positiv geladenen Stimmungshintergrund her, erhöht das Aktivationsniveau, wirkt als Spannungslöser, operiert mit Assoziationen, charakterisiert, illustriert, kommentiert und interpretiert, löst angeblich Konflikte, motiviert, reizt zur Rezeption des Spots und zum

Kauf der Ware. Das ist alles kenntnisreich und einfühlsam eruiert, in einer nüchternen und klaren Sprache geschildert.

Besonders neuartig sind die Erkenntnisse nicht. Die Analysen, so aufschlußreich sie sind (als besonders geglückte Fälle: die beiden Spotreihen), sie bleiben relativ vordergründig. Beispielsweise könnte die Autorin sonst nicht ausführen, ästhetische Kategorien, die bei der Betrachtung von Kunstmusik zählten, seien hier bedeutungslos (S. 9 und S. 56), ohne die neue, aus der Funktionalität der Musik erwachsende Hierarchie der ästhetischen Komponenten zu beschreiben. Unter dem Stichwort der Gebrauchs- und Warenästhetik liegt hierzu ja eine längere Diskussion vor. Die zentrale Bedeutung des Sounds bleibt unerwähnt. Zudem berücksichtigt die Autorin zu wenig, daß die intendierte Wirkung der Werbespots, Kaufanreize auszulösen, empirisch schlecht verifiziert ist. Werbung hat sich zum Teil verselbständigt, Werbesendungen haben sich zumindest teilweise zu einem beliebten Typus von Hörfunk- und Fernsehsendungen entwickelt, der die Bekanntheit eines Produkts erhöht – das ist die einzige überprüfbare intendierte Wirkung –, der zugleich aber seiner ästhetischen Qualitäten wegen (!) mit Vergnügen rezipiert wird. In letzter Konsequenz stehen da die Musik-Videos, die für sich selber werben sollen und im Hinblick auf diesen Zweck optimiert werden.

Soweit freilich reicht der Fragehorizont dieser insgesamt gesehen soliden und informativen Studie nicht.

Günter Kleinen

# Berichte

Structure and Perception of Electroacoustic Sound and Music.
Symposion vom 21. bis 28.8.1988 in Lund/Schweden.

Eine verdienstvolle Initiative der Organisatoren Sören Nielzén und Olle Olsson wurde Wirklichkeit: Komponisten und Musikforscher, also Kunst und Wissenschaft in einem Symposion zu vereinigen. Mit Unterstützung der Marcus Wallenberg Foundation, einer Reihe schwedischer Organisatoren der Szene der elektroakustischen Musik, der musikwissenschaftlichen universitären Einrichtungen und einiger ausländischer Organisatoren entstand ein hochinteressanter – und es sei gleich gesagt, ein hochbrisanter Workshop über die künstlerischen sowie geistes- und naturwissenschaftlichen Aspekte elektronischer Musik. Des Versuchscharakters dieser Unternehmung war man sich von vornherein klar, konnte sich daher auch ohne Umschweife eingestehen, daß Verständigungsschwierigkeiten eher zu erwarten als zu überdecken seien. Daß es zu einem gelungenen Workshop wurde, ist allen an der langen Vorbereitung Beteiligten zu danken. Sie suchten sich die Vertreter der einzelnen Teilaspekte sehr sorgfältig aus. Dadurch entstand ein multidisziplinäres Gespräch zwischen Kunst und Wissenschaft, das bei allen Teilnehmern den Wunsch nach Fortsetzung erweckte.

Der Kongreß bestand aus drei Teilen: Einem von Morton Subotnick und Denis Smalley geleiteten Workshop über elektroakustische Musik, Kompositionstechnik, Stilmerkmale, Aufführungspraxis und ähnliches. Diesem schloß sich der wissenschaftliche Teil an, der von Musikwissenschaftlern, Elektroakustikern, Neurologen, Psychiatern und Neurophysiologen bestritten wurde. Ein dritter Teil überspannte als abendliche Konzertveranstaltung in dem sehr geeigneten Museum of Public Art die beiden ersteren. Er hatte nicht nur die Funktion, in exzellenter technischer Bedingung elektroakustische Musik vornehmlich schwedischer Komponisten zu Gehör zu bringen, sondern auch die unter Tags geschlagenen Wunden zu heilen. Obwohl von der Natur der Sache her Komponisten elektroakustischer Musik sich mit den technischen Aspekten ihrer Realisationen hervorragend auskennen, somit auch naturwissenschaftliche Komponenten ihres Tuns durchdringen, zeigte sich dennoch sehr rasch, daß zwischen der

Kunst des Komponierens und der Wissenschaft von ihrer natürlichen oder psychologischen Bedingtheit kategoriale Unterschiede zu bestehen scheinen. Ein kleiner, aber um so bedauernswerter Organisationsmangel bestand darin, daß der Großteil der Wissenschaftler bei dem vorgespannten Komponisten-Workshop nicht anwesend war. Als lindernd erwies sich die auch naturwissenschaftlich präformierte Kompetenz einiger Komponisten, so M. Subotnick, D. Smalley, G. Bodin, W. Slawson und T. Ungvary. Im Workshop wurden Kompositionen hinsichtlich Struktur, Klanglichkeit, technischem Aufwand und ähnlichem analysiert, als Vorbereitung für die abendliche Präsentation. Wohl mit den doch etwas bedrohlich wirkenden Wissenschaftlern im Bewußtsein ging die Diskussion bei der Hermeneutik dann gerne an die kategoriale Grenze der Bedeutungs-, Sinn- und Ausdrucksfähigkeit des Schaffens. Die manchmal überstiegen anmutenden Kompositionskonzepte und Erklärungsversuche verloren in den abendlichen Präsentationen dann sehr schnell an Bedeutung. Es waren durchwegs sehr interessante, zum Teil großes Gefallen findende Kompositionen zu hören. Neben den oben bereits erwähnten Komponisten wurden Stücke von T. Bjelkeborn, Karin Rhenqvist, B. Rydberg, S.O. Hellstrom, A. Erikson, T. Zwedberg, L. Küpper, L. Nielsson und J.W. Morthenson aufgeführt. Übereinstimmung herrschte, daß die sehr gute technische Wiedergabe eine unbedingte Vorraussetzung für Realisation und Akzeptanz elektroakustischer Musik ist.

Das fraktionierte Erscheinen der Wissenschaft zum 5. Tage hin erhöhte die Spannung, das Vermutete trat ein, man verstand sich zunächst überhaupt nicht. Vor allem der Konkretismus des naturwissenschaftlichen Modells haderte mit dem zum Teil ausufernden programmatischen Konkretismus kompositorischen Wollens. Eine Erinnerung an die Eigenschaften von Musik als emotionale Sprache, eher komplexe Geste ohne konkrete oder objektivierbare Inhalte leitete dann zu mehr Gemeinsamkeit über. J.A. Sloboda erinnerte mit seinen Forschungsergebnissen an das Lernbare, aber auch das Unlernbare in der Musik. Atonale Tonsequenzen sind von Laien wie von Musikern schwerer auffassbar als die herkömmliche Harmonik. Großes Interesse fanden seine Ergebnisse über musikalische Stellen, die bei Hörern wiederholt einen »Schauder« hervorrufen. Ihre Analyse zeigt übereinstimmend relativ einfache fallende harmonische Kadenzformen. W. Slawson referierte theoretisch und musikalisch über Klangfarben, Diana Deutsch über musikalische Paradoxe am Beispiel des Tritonus. Carol Krumhansel berichtete über den Stand der Wissenschaft der Tonqualität, die ein Problem der Wahrnehmungspsychologie genauso wie der technischen Wiedergabe ist. J. Sundberg diskutierte strukturelle Aspekte zwischen dem Quintenzirkel und Slawsons Vokal-Zirkel.

Die doch mehr im Musikpsychologischen angesiedelten Themen wurden verlassen mit C. Elberlings Beitrag über elektrische, magnetische und akustische Aktivitäten des menschlichen auditorischen Systems. Als hochkompetenter Audiologe zeigte er die anatomischen und physiologischen Bedingungen des Gehörsystems bei akustischen Stimuli auf. E.F. Evans gab einen faszinierenden Einblick in die physiologisch-anatomischen Grundlagen des auditorischen Systems. Wie in anderen Teilen des zerebralen Cortex reagieren im auditorischen System viele Zellen auch nicht auf Frequenzen, sondern nur auf Änderungen. Er sprach sich gegen die Ausschließlichkeit sowohl des Lokalisations-Modells als des Zeit-Auflösungsmodells aus. D.H. Ingvar referierte über den heutigen Stand neurobiologischer Untersuchungen am Menschen. Befunde mit regionaler Hirndurchblutung und Positronen-Emissions-Tomographie bei Musikhören wurden demonstriert. Svetlana Frkovic zeigte experimentelle Analogien zum optischen System. Während D. Ward sich keinen sehr großen Beitrag neurophysiologischer Bemühungen bei der Durchdringung der kognitiven Prozesse der Musikperzeption versprach, antwortete R. Steinberg mit neuesten elektrophysiologischen Daten, die einen reversiblen Unterschied in der EEG-Mapping Aktivität schizophrener Patienten im Akut- und im Remissionszustand im Vergleich mit Kontrollen aufweisen. S. Nielzén berichtete über seine musikpsychologischen Untersuchungen mit psychiatrischen Patienten.

Von der Physiologie ging es zur Technologie. A. Kohlrausch gab eine mit Begeisterung aufgenommene Vorlesung über komplexe Klänge. Nach sehr eindrucksvollen akustischen Demonstrationen erfolgte die wissenschaftliche Analyse, die trotz der nicht allen zugänglichen mathematischen Erklärungsmodelle genügend Anschaulichkeit behielt. Großes Interesse der komponierenden Benützer der Technik fand der Beitrag von G. Stoll über ein psychoakustisches Maskierungsprogramm, das die Kanalbreite des Überträgermediums für das Ohr schadlos in beträchtlichem Ausmaß reduzieren kann. Den Bogen zurück zur Frontlinie zwischen Kunst und Wissenschaft zog E.C. Carterette. Er rückte manche Überpointierung wieder zurecht, indem er die Gleichheit jedes elektroakustischen Klanges mit jedem anderen natürlichen Klang vor dem menschlichen Ohr betonte. Das Symposion fand einen würdigen Ausklang in einem Musik-Happening, das S. Hanson, C. Morrow und S. Nielzén mit vielen Helfern und drei startenden Heißluftballons inszenierten. Die Gastfreundschaft der schwedischen Veranstalter war exzeptionell. Sie führte die ausländischen Gäste sogar noch zu einem Besuch der Abteilung für musikalische Akustik im Königlichen Institut für Technologie in Stockholm, ins Musikwissenschaftliche Department der Universität Uppsala zu A. Gabrielsson und in das Studio für Elektronische Musik in Stockholm. Die Heterogenität des Symposions war beabsichtigt, diese Absicht blieb auch meistens klar. Das verhinderte, daß ein falsches Homogenitätsstreben die letztendlich entstandene Homogenität gefährdet hätte. Das Symposion wird veröffentlicht.

Reinhard Steinberg

## Xth International Colloquium on Empirical Aesthetics in Barcellona/ Sizilien, 14.–16. Oktober 1988.

60 Vorträge wurden in drei parallel laufenden Sitzungen vor etwa 120 Zuhörern gehalten und befaßten sich mit dem gesamten Spektrum, auf dem sich die experimentell bzw. empirisch arbeitende Ästhetik bewegt. Sektion A behandelte Themen zur visuellen Ästhetik, dem ästhetischen Urteilsprozeß, sowie kognitiver und – in Berlynes Tradition stehender – neuer experimenteller Ästhetik. Sektion B befaßte sich mit Musikpsychologie, enthielt aber auch die Beiträge über das Zusammenwirken von »Kunst und Computer«, während in Sektion C Referate gehalten wurden, die sich mit Literatur, Umweltästhetik, kreativen Prozessen in der Kunst und Vorgängen der Rezeption auseinandersetzten.
Erwähnenswert ist, daß bereits der Zentralvortrag anläßlich der Eröff-

nung der Konferenz einem musikpsychologischen Thema gewidmet war. Robert Francès (Frankreich), seit Jahren auf diesem Gebiet tätig – unter anderem publizierte er eine Monographie, die mittlerweile von Jay Dowling ins Englische übersetzt worden ist (The Perception of Music) –, sprach über »Soziologische und psychologische Aspekte zeitgenössischer Musikproduktion«. Er interessiert sich für die Gründe, die zu einem so starken Auseinanderklaffen des Publikumsgeschmacks und den Produktionen zeitgenössischer Komponisten geführt haben. Zwei Merkmale des gegenwärtigen Komponistendaseins fielen ihm auf: erstens, daß so scheinbar banale Dinge wie der Wohnort des Komponisten eine Rolle in der Anerkennung seiner Werke spielen (so ist es – zumindest für Bürger eines dezentralen Landes wie der Bundesrepublik – reichlich merkwürdig, daß ein französischer Komponist solange nicht anerkannt wurde, wie er nicht in Paris wohnte und Zugang zu bestimmten Musikerkreisen hatte) und zweitens, daß Komponisten häufig eine Doppelausbildung haben und sehr oft technische Aspekte ihrer Schaffensweise stark im Vordergrund stehen (Stichwort: Rechnereinsatz). Offensichtlich scheint aber auch in Frankreich das Kriterium des Neuen eine sehr große Rolle zu spielen, es ist also den Komponisten nicht so wichtig, was sie in welchem Bezug zum Hörer gestalten, sondern vor allem, daß das, was sie entstehen lassen, neuartig ist. Mit einer empirischen Untersuchung kann Francès belegen, daß Komponisten und angehende Musiklehrer die gleich schlecht ausgeprägte Fähigkeit aufweisen, in neuem, unbekanntem Tonmaterial Sequenzen herauszuhören, die wiederholt auftreten; auch die dabei entstehenden Fehler sind in beiden Gruppen nahezu identisch – jedenfalls statistisch nicht signifikant unterschiedlich. Er schließt daraus, daß in modernen Kompositionen das Auseinanderbrechen der Tonalität zur Verwirrung des Rezipienten führt und der Eindruck des Zufälligen entsteht. Francès hält diese Musik für fragwürdig, denn wenn auch Experten – in diesem Fall Komponisten – nicht in der Lage sind, Gruppierungen in solchem Material zu entdecken, dann ist es zumindest eine Überlegung wert, ob die moderne Musik sich nicht doch zu weit vom Hörverständnis entfernt hat.

Natürlich muß man diese Schlußfolgerung nicht unbedingt übernehmen, aber es bleibt die diskussionswürdige Frage, ob man von einem Musikhörer – oder genauer: von einem Hörer moderner, zeitgenössischer Musik – tatsächlich erwarten kann (muß? darf?), daß er musikalische Klänge erst nach einem mathematischen Instruktionskurs versteht. (Und natürlich darf man getrost danach fragen, was unter »Verstehen« begriffen werden kann.)

DeFonso (USA) sprach über die Rolle musikalischer Kenntnisse beim Vom-Blatt-Singen und fand, daß Notationen, die musikalisch unsinnig sind, die größte Fehlerzahl provozieren, gefolgt von der (fehlerhaften) Produktion sehr großer und sehr kleiner Intervalle. Ihre Schlußfolgerung lautet, daß musikalische Kenntnisse beim Vom-Blatt-Singen zwar eingesetzt werden, aber allein noch keine korrekte Produktion garantieren.

Ein weiterer Beitrag befaßte sich mit dem Problem der Klangfarbe, ihrer perzeptuellen Unterscheidbarkeit, ihrem Einfluß auf das ästhetische Urteil und die damit verbundenen semantischen Assoziationen. Loisy (Frankreich) faktoranalysiert die Ergebnisse mehrerer Gruppen im Hinblick auf die perzeptuelle Unterscheidbarkeit (unter Verwendung mehrerer Musikstücke der Komponisten Britten, Debussy, Beethoven, Schumann) und zeigt, daß erst in den Faktoren 3 und 4 Instrumentierungsbedingungen zum Tragen kommen. Die semantischen Assoziationen lassen sich auf einer Achse »robust/graziös« anordnen, die mit zwei weiteren Dimensionen (integrativ/disintegrativ und Konflikt/Harmonie) einen semantischen Raum bildet, der von den Klangfarben deutlich beeinflußt wird.

Mit einem Vergleich zwischen perzeptueller Analyse und einer aufgrund des Studiums der Partitur zustandegekommenen Analyse des musikalischen Werkes befaßte sich Pellizzoni (Italien). Er plädierte für eine Kombination beider Verfahren, um die »invarianza dell' messagio estetico« in integrierender Betrachtung aufzudecken.

Einen breiten Raum nahmen – auch hier macht sich die zu beklagende Dominanz des Optischen bemerkbar – wieder die Arbeiten zur visuellen Ästhetik ein. In einem Symposion waren neue Computerausrüstungen zu sehen, die auf die Verarbeitung bzw. die Produktion von Bildern ausgerichtet sind, während sich eine Reihe von Vorträgen mit dem Thema der Einbeziehung von Computern in die Gestaltung ästhetischer Gebilde und deren Bewertung durch Experten befaßte. In diesem Zusammenhang wird nach Meinung von Shortess (USA) die empirisch ermittelte Beurteilung ästhetischer Strukturen zunehmend Bedeutung gewinnen (wobei unter »ästhetische Strukturen« übrigens auch die Verknüpfung von Optischem und

189

Akustischem zu verstehen ist). Der Vorgang der Produktion ästhetischer Objekte fordert zwar stets eine intensive Bewertung durch den/die Produzenten/in, aber nun in einem größeren Ausmaß, weil ihm/ihr ja die Mühsal der handwerklichen Ausführung des Objektes zunehmend vom Rechner (plus Peripheriegeräten) abgenommen wird – ein Trend, der in der Musikszene ebenfalls zu beobachten ist. Die Beurteilung durch den Produzenten/in wird jetzt aber nicht nur vorgenommen, um die Qualität seines/ihres Objektes zu erhöhen, sondern auch, um etwa auf den Geschmack bestimmter Zielgruppen Rücksicht zu nehmen. Und in diesem Vorgang wird die Kenntnis empirischer Studien, die über Einflußgrößen auf das ästhetische Urteil Aufschluß geben, mit Gewinn verwendet werden können.

Überhaupt wird im Computer nicht so sehr Rückschrittliches oder Verwerfliches gesehen (Stichwort »Verlust«, nein, nicht der Mitte, sondern der oben angesprochenen direkten, d.h. handwerklichen Beziehung zum Material), sondern die größeren Möglichkeiten, die der Rechner bietet, sind Thema Nummer eins. So kann sich Grossi (Italien) vorstellen, daß – am Rechner sitzend – ein jeder sein eigenes Kunstwerk fabriziert und sich ästhetisches Vergnügen verschafft; konsequent spricht er von »Homeart«. Tiziana (Italien) verwendet den Rechner zur Analyse des zeichnerischen Verhaltens, während andere Autoren (z.B. McWhinnie, USA; Fugazzotto, Italien) den Rechner lieber zur Analyse von Kunstwerken benutzen – in diesem Falle Bilder von van Gogh und ein italienisches Volkslied. DeFonso & Ahmad (USA) gehen dem Einfluß des Computers auf den künstlerischen Schaffensprozeß nach, insbesondere dem Entscheidungsprozeß, der zur Herstellung eines Kunstobjektes durchlaufen werden muß. Die Autoren betonen die größeren Möglichkeiten, die dem Künstler nun zur Verfügung stehen: Man kann Farben gegeneinander austauschen, Formen mit einem Knopfdruck verändern, mittels einer »undo« Taste kann alles wieder rückgängig gemacht werden usw. Der Künstler/die Künstlerin kann dadurch eine Reihe von Variationen des Objektes »testen«, ohne allzuviel Zeit zu verlieren. Man sieht deutlich, daß dem künstlerischen Prozeß eine ganze Reihe von Beurteilungsschritten zusätzlich aufgebürdet werden, die nun die mentale Aktivität des Künstlers verändern.

Schließlich sollte noch erwähnt werden, daß auch kulturvergleichende

Studien Einzug in die empirische Ästhetik gehalten haben. Halasz (Ungarn) vergleicht amerikanische, schwedische und ungarische Versuchspersonen hinsichtlich der Interpretation von Kurzgeschichten und findet, daß der spezifische kulturell-geschichtliche Hintergrund die Wahrnehmung von Eigenschaften der in der Geschichte geschilderten Charaktere deutlich beeinflußt. Ebenfalls kulturvergleichend geht Woods (USA) vor, wenn der die unterschiedlichen Kriterien bei der Auswahl von Kleidung eruiert – übrigens ein nicht gerade häufig untersuchtes Gebiet, dem eine geradezu überwältigende Bedeutung im Alltagsleben gegenübersteht. In der sonst so reichen Unterschiedlichkeit von cross-cultural studies zeigt sich diesmal ein bemerkenswerter Konsens: Junge Türkinnen (college women) und die entsprechende Gruppe von Amerikanerinnen benutzen (fast) dieselben Kriterien in der Auswahl ihrer Kleidung: sie achten auf »attractiveness in appearance«, darauf, was »dress communicates about roles and status« und schließlich auf Bequemlichkeit.

Natürlich kann in einem Bericht nicht alles, was Erwähnung verdient, referiert werden; ich möchte jedoch summarisch auf eine Reihe von Beiträgen verweisen, die sich mit theoretischen Problemen im Feld der empirischen Ästhetik beschäftigen. So fragen Smets et al. (Niederlande) nach den Konsequenzen von Gibsons Theorie der »direkten Wahrnehmung« für Probleme des Industrial Design. Krampen (BRD) versucht eine ökologische Perspektive in die empirische Ästhetik einzuführen, und Martindale (USA) entwickelt eine Theorie der ästhetischen Evolution. Lombardo & Homberg (Italien) entfalten eine Theorie des Eventualismus, die das ästhetische Erlebnis in den Mittelpunkt der Betrachtung rückt (und nicht das Kunstwerk).

Die oft bis in die Nacht andauernden Diskussionen machten deutlich, daß die empirische Ästhetik endlich wieder aus ihrem nicht selbst verschuldeten Schattendasein heraustritt. Man darf auf die nächste Konferenz in Budapest gespannt sein.

Außer dem wissenschaftlichen Niveau beeindruckte mich vieles, das mit dem Ort der Veranstaltung zu tun hat: nicht nur die immer noch beträchtliche End-Oktober-Wärme Siziliens, sondern auch die Freundlichkeit der Bevölkerung! Ferner eine – in dieser Form wohl einmalige – Straße mit

Wandmalereien der in den angrenzenden Häusern lebenden Künstler und schließlich ein bezaubernder Abend mit sizilianischer Folklore.

Holger Höge

Der nächste Kongreß der International Association of Empirical Aesthetics:
XIth International Congress of Empirical Aesthetics
August 1990 in Budapest (Ungarn)
Nähere Informationen: Dr. Holger Höge, Universität Oldenburg, FB5 – Psychologie, Institut zur Erforschung von Mensch-Umwelt-Beziehungen, Postfach 2503, 2900 Oldenburg

Die letzten Hefte von *Psychology of Music* (Editor: John A. Sloboda) enthielten die folgenden Beiträge:

Mitarbeiter an diesem Band:

Prof. Dr. Klaus-Ernst Behne, Meisenweg 7, 3008 Garbsen 1
Claudia Bullerjan, Deisterstraße 18, 3000 Hannover 91
Prof. Dr. Eric F. Clarke, Department of Music – The City University,
Northampton Square, London EC1V OHB
Christoph Fassbender M.A., Deutsche Forschungsanstalt für Luft- und
Raumfahrt e.V. (DLR), Institut für Flugmedizin, Abt. Luft- und Raum-
fahrtpsychologie, Sportallee 54, 2000 Hamburg 63
Prof. Dr. Hubert Feger, Institut für Psychologie, Freie Universität Berlin,
Habelschwerdter Allee 45, 1000 Berlin 33
Prof. Dr. Gabriel Frommer, Ph.D., Indiana University, Department of
Psychology, Bloomington, IN 47405, USA
Dr. Holger Höge, Wulfswall 5, 2900 Oldenburg
Prof. Dr. Günter Kleinen, Humboldtstraße 187, 2800 Bremen 1
Prof. Dr. Helga de la Motte-Haber, Spandauer Damm 5, 1000 Berlin 19
Andreas Lehmann, Danziger Straße 11, 4558 Bersenbrück
Dr. habil. Guerino Mazzola, Mathematisches Institut der Universität
Zürich
Dr. Christa Nauck-Börner, Tornquiststraße 53, 2000 Hamburg 20
Prof. Dr. Helmut Rösing, Gesamthochschule Kassel, Fachbereich 3, Hein-
rich-Plett-Straße 40, 3500 Kassel
Dr. Günther Rötter, Adolfstraße 16, 1000 Berlin 41
Dr. Walter Scheuer, Grasweg 4b, 3013 Barsinghausen
Prof. Dr. Otto Schlosser, Söthstraße 5, 1000 Berlin 45
Helke Schnieder, Bogenstraße 13, 2850 Bremerhaven
Dr. Rainer Schönhammer, Institut für Empirische Pädagogik und Pädago-
gische Psychologie, Ludwig-Maximilians-Universität München, Ge-
schwister-Scholl-Platz 1, 8000 München 22
Dr. Marie-Luise Schulten, Kleingedankstraße 5, 5000 Köln 1
Prof. Dr. Wolfram Steinbeck, Rosenweg 32, 5300 Bonn 3
Priv.-Doz. Dr. Reinhard Steinberg, Pfalzklinik Landau, Weinstraße 100,
6749 Klingenmünster 2
Imke Wedemeyer, Lindenstraße 18, 4500 Osnabrück
Prof. Dr. Rudolf Wille, Tannenstraße 1, 6109 Mühltal

## Musikpsychologie Band 1 · 1984

**Forschungsberichte**  Klaus-Ernst Behne: Befindlichkeit und Zufriedenheit als Determinanten situativer Musikpräferenzen · Sigrid Flath-Becker und Vladimir Konečni: Der Einfluß von Streß auf die Vorlieben für Musik. Theorie und Ergebnisse der Neuen experimentellen Ästhetik · Günter Kleinen: Massenmusik und Alltagsstrukturen · Nils L. Wallin: Gedanken über Musik und Sprache. Ein neurophysiologisches Entwicklungsmodell · Christa Nauck-Börner: Gedächtnispräsentation von Musik: Analoge oder aussagenartige Kodierung? · Marie Luise Moats: Der Einfluß von Darbietungsmethoden auf das Melodiegedächtnis · Helga de la Motte-Haber: Wotan und Brünnhilde. Die Tragödie des Vaters in Wagners *Walküre*

**Nahaufnahme**  Veitstänzer: Das Hand-Werk des Schang Hutter

**Spots**  CD · 300mal **La paloma** · Musikgalerie · Das optophonische Klavier – Ein Kaleidoskop aus Tönen und Farben

**Faksimile**  Tom Johnson: From *Counting Keys*

Bücher · Nachrichten

## Musikpsychologie Band 2 · 1985

**Forschungsberichte**  Helga de la Motte-Haber: Die Ästhetisierung der Umwelt · Günter Kleinen: Musik in deutschen Wohnzimmern · Michel Imberty: Wasser und Tod: Zwei Urmotive in der Musik von Claude Debussy · Marianne Hassler: Kompositionstalent bei Mädchen und räumliche Begabung. Zwei Untersuchungsdurchgänge einer Langschnitt-Studie · Thomas H. Stoffer: Parallelen zwischen Ernst Kurths Konzeption der Musikpsychologie und der gegenwärtigen Entwicklung einer kognitiven Musikpsychologie · Herbert Bruhn und Klaus A. Schneewind: Verständlichkeit von Musikkritiken. Wen erreichen Musikritiker mit ihren Texten? · Michael Clemens: Attribution und Musikrezeption: Der Hörer als »naiver« Musikpsychologe · Günther Rötter: Elektrische Hautwiderstandsänderungen als Abbild musikalischer Strukturen · Burkhard Schmidt: Empirische Untersuchungen emotionaler Wirkungen verschiedener Tempi bei rhythmisch betonter Musik

**Nahaufnahme**  Der archaische Weg. Versuch über Harald Weiss

**Spots**  Paul Klee: Fuge in Not · Städte-Schlager · Video-Clips

**Musik und Meditation**  Philip Corner: Some Silences – Manch Schweigen

Bücher · Bericht · Nachrichten

## Musikpsychologie Band 3 · 1986

**Forschungsberichte**  Klaus-Ernst Behne: Die Benutzung von Musik · Martin Gellrich / Matthias Osterwold / Jörg Schulz: Leistungsmotivation bei Kindern im Instrumentalunterricht · Günter Kleinen: Funktionen der Musik und implizite ästhetische Theorien der Hörer · Josef Kloppenburg: Zur Bedeutungsvermittlung von Filmmusik · Hans Kreitler und Shulamith Kreitler: Psychologische Aspekte der Popmusik · Shulamith Kreitler und Hans Kreitler: Die psychosemantischen Aspekte der Kunst · Reiner Niketta: Selbstaufmerksamkeit und Erleben von Rockmusik unterschiedlicher Komplexität

**Nahaufnahme**  Giorgio Battistelli: Auf den Marmorklippen (1985) · Martin Riches: Piece for 4 Radios (1984)

**Spots**  Halde – Kalisation eins · Zauberformel DX 7 · Psychologische und kunsttheoretische Ausdruckstypologie

Bücher · Berichte · Nachrichten

## Musikpsychologie Band 4 · 1987

**Forschungsberichte**  Hellmuth Petsche: Gehirnvorgänge beim Musikhören und deren Objektivierung durch das EEG · Reinhard Steinberg: Musikpsychopathologie. Musikalischer Ausdruck und psychische Krankheit · Klaus-Ernst Behne und Peter Lehmkuhl: EEG-Korrelate des Musikerlebens, Teil 1: Forschungsstand und Untersuchungsplan · Vezio Ruggieri und Maria Pia Sebastiani: New Approaches to Musical Interpretations from a Psycho-Physiological Point of View. Analysis of Some Instrumental Interpretations · Helge de la Motte-Haber / Heiner Gembris / Günther Rötter: Eine paradox-einleuchtende Wirkung von leiser klassischer Musik auf die Reaktionszeit

**Nahaufnahme**  Maryanne Amacher: Die Dramatisierung von Musik durch den Raum

**Spots**  Intelligente Musikinstrumente · Computerkunst

Bücher · Berichte · Nachrichten

## Musikpsychologie Band 5 · 1988

**Forschungsberichte**  Christian G. Allesch: 100 Jahre »Ästhetik von unten« · Thomas H. Stoffer und Rudolf Vogelhuber: Experimentelle Untersuchungen zum Erwerb eines impliziten musikalisch-syntaktischen Wissens · Christa Nauck-Börner: Strukturen des musikalischen Gedächtnisses. Anmerkungen zu formalen Modellen der Repräsentation · Jobst Fricke: Klangbreite und Tonempfindung. Bedingungen kategorialer Wahrnehmung aufgrund experimenteller Untersuchung der Intonation · Günther Rötter: Selbstkognition und Lernstrategien · Klaus-Ernst Behne, Peter Lehmkuhl und Manfred Hassebrauck: EEG-Korrelate des Musikerlebens II · Marta Olivetti Belardinelli und Vilfredo de Pascalis: Wirkungen eines musikalischen Themas in instrumentaler und vokaler Form auf evozierte Potentiale (ERP)

**Nahaufnahme**  Klangfarbenform – ECHANGES für einen Blechbläser von Vinko Globokar

**Spots**  Max Oppenheimer: Das Orchester. Ein Gemälde im Spiegel der zeitgenössischen Kritik · Die Klangfahnder · Francis Bacon – Priester des Körpers

Bücher · Bericht · Nachrichten

# DEUTSCHEN GESELLSCHAFT FÜR

# MUSIKPSYCHOLOGIE (DGM) e.V.

## § 1

*Name und Sitz*
1) Der Verein führt den Namen "Deutsche Gesellschaft für Musikpsychologie (DGM) e.V."
2) Er hat seinen Sitz in Hannover.
3) Sein Geschäftsjahr ist das Kalenderjahr.

## § 2

*Aufgabe*
1) Die DGM stellt sich die Aufgabe, die musikpsychologische Forschung und die Diskussion musikpsychologischer Fragen zu fördern. Sie unterhält Kontakte mit verwandten Organisationen des In- und Auslandes.

2) Ihre Aufgabe sucht die DGM durch folgende Tätigkeiten zu erfüllen:
a) Die DGM führt Tagungen und internationale Begegnungen durch.
b) Die DGM veranlaßt und fördert Veröffentlichungen und Schriften, die ihren Zielen in besonderer Weise dienen.
c) Die DGM bedient sich des Jahrbuches "Musikpsychologie" als Vereinsorgan, das alle Mitglieder kostenlos erhalten.
d) Die DGM fördert sonstige Maßnahmen und Einrichtungen, die der Erfüllung ihrer Aufgaben dienlich sind.

## § 3

*Gemeinnützigkeit*
1) Die DGM e.V., Sitz Hannover, verfolgt mit ihren Aufgaben und Tätigkeiten nach §2 ausschließlich und unmittelbar gemeinnützige Zwecke im Sinne der Gemeinnützigkeitsverordnung vom 24.Dezember 1953.

2) Etwaige Gewinne dürfen nur für die satzungsgemässen Zwecke verwendet werden. Die Mitglieder erhalten keine Gewinnanteile und in ihrer Eigenschaft als Mitglieder auch keine sonstigen Zuwendungen aus Mitteln des Vereins. Sie erhalten bei ihrem Ausscheiden oder bei Auflösung oder Aufhebung des Vereins nicht mehr als ihre eingezahlten Kapitalanteile und den gemeinen Wert ihrer geleisteten Sacheinlagen zurück.

3) Es darf keine Person durch Verwaltungsausgaben, die den Zwecken des Vereins fremd sind, oder durch unverhältnismässig hohe Vergütungen begünstigt werden .

## § 4

*Mitgliedschaft*
1) Alle natürlichen und juristischen Personen, die an den Einrichtungen und Zielen der DGM interessiert sind, können durch einfache Anmeldung Mitglied werden.

2) Die Höhe der Mitgliedsbeiträge wird auf Vorschlag des Vorstandes von der Mitgliederversammlung festgesetzt. In dringenden Fällen kann der Vorstand ohne Befragung der Mitgliederversammlung entscheiden.

3) Die Mitgliedschaft erlischt durch freiwilligen Austritt oder durch Ausschluß.

4) Der Austritt ist nur zum Schluß des Geschäftsjahres zulässig und muß schriftlich erklärt werden.

5) Der Ausschluß eines Mitgliedes kann vom Vorstand beschlossen werden. Gegen den Beschluß ist Berufung an die Mitgliederversammlung zulässig.

## § 5

*Organe des Vereins*
Die Organe des Vereins sind:
1. Die Mitgliederversammlung
2. Der Vorstand.

## § 6

*Mitgliederversammlung*

1) Die Mitgliederversammlung wird mindestens alle zwei Jahre mit 30-tägiger Frist vom Vorstand durch schriftliche Einladung unter Mitteilung der Tagesordnung einberufen.

2) Die Aufgaben der Mitgliederversammlung sind:
a) Wahl des Vorstandes.
b) Entgegennahme des Tätigkeitsberichtes und Entlastung des Vorstandes.
c) Beschluß von Satzungsänderungen (einschließlich Änderung des Zweckes).
d) Beschluß über die Auflösung des Vereins.
e) Beschluß über den Ausschluß eines Mitgliedes (§ 4,Ziffer 5).
f) Beschluß über Anträge.
g) Aussprache über Fragen der Vereinsarbeit.

3) Die Beschlüsse der Mitgliederversammlung werden mit einfacher Mehrheit (Enthaltungen nicht mitgezählt) der anwesenden Mitglieder gefaßt; Beschlüsse zu § 6,Ziffer 2 c und d bedürfen einer Dreiviertel-Mehrheit.

4) Über die Mitgliederversammlungen wird ein Protokoll geführt, das vom Vorsitzenden und vom Protokollführer zu unterzeichnen ist.

## § 7

*Vorstand*

1) Der Vorstand besteht aus 4 Personen,
- dem Vorsitzenden,
- dem stellvertretenden Vorsitzenden,
- dem Schatzmeister und
- dem Schriftführer.
Der Verein wird gerichtlich und außergerichtlich durch zwei Mitglieder des Vorstandes, darunter der Vorsitzende oder der stellvertretende Vorsitzende, vertreten. Der Vorstand wird von der Mitgliederversammlung für die Dauer von 3 Jahren gewählt. Wiederwahl ist zulässig.
Der Vorstand ist für alle grundsätzlichen und bedeutungsvollen Fragen zuständig, die die Tätigkeit der DGM betreffen. Er kann für einzelne Aufgabenbereiche Fachausschüsse bestellen.

2) Zu den Sitzungen des Vorstandes lädt der Vorsitzende ein. Der Vorstand muß zu einer Sitzung einberufen werden, wenn die Hälfte seiner Mitglieder es fordert.

3) Beschlüsse des Vorstandes werden mit einfacher Mehrheit der Anwesenden gefaßt. Bei Stimmengleichheit gibt die Stimme des Vorsitzenden den Ausschlag.

4) Über die Sitzungen des Vorstandes wird ein Protokoll geführt.

5) Der Vorstand führt sein Amt nach Ablauf der Amtszeit bis zur nächsten Mitgliederversammlung weiter.

## § 8

*Auflösung des Vereins*

Die Auflösung des Vereins kann nur durch eine ausdrücklich zu diesem Zweck einberufene Mitgliederversammlung mit Dreiviertel-Mehrheit der Erschienenen beschlossen werden.

Bei Auflösung des Vereins fällt das Vereinsvermögen dem Deutschen Roten Kreuz zu, das es unmittelbar und ausschließlich für gemeinnützige Zwecke zu verwenden hat.

*Am 25.Januar 1984 beim Amtsgericht Hannover unter der Nr.5058 eingetragen.*

# Deutsche Gesellschaft für

# Musikpsychologie (DGM) e.V.

Die im Jahre 1983 gegründete *Deutsche Gesellschaft für Musikpsychologie* hat sich zum Ziel gesetzt, die von Musikwissenschaftlern, Psychologen und anderen Fachwissenschaftlern geleistete musikpsychologische Forschungsarbeit zu fördern, zu integrieren und der Öffentlichkeit zugänglich zu machen. Zu diesem Zweck führt sie Tagungen und internationale Begegnungen durch und veranlaßt und fördert die Publikation entsprechender Schriften, u.a. des 1984 erstmals erschienenen Jahrbuches *MUSIKPSYCHOLOGIE* im Heinrichshofen's Verlag. Der Vorstand besteht derzeit aus: Prof.Dr.H.de la Motte-Haber (1.Vorsitzende), Prof.Dr.G.Kleinen (2.Vorsitzender), F.Nötzel (Schatzmeister) und Prof.Dr.K.-E.Behne (Schriftführer).

---

## Beitrittserklärung

Hiermit erkläre ich meinen Beitritt zur *Deutschen Gesellschaft für Musikpsychologie e.V.* Der Jahresbeitrag beträgt derzeit 50,-DM, für Studenten 30,- DM. Mitglieder erhalten als Jahresgabe kostenfrei das Jahrbuch *MUSIKPSYCHOLOGIE* .

Name/Institut/Firma: _____

Adresse: _____

_____

Datum: _____      Unterschrift: _____

---

## Einzugsermächtigung

Hiermit ermächtige ich die *Deutsche Gesellschaft für Musikpsychologie e.V.* zum Einzug des jährlichen Mitgliedsbeitrages von meinem Konto.

Name: _____

Adresse: _____

Kontoführendes Institut: _____      Bankleitzahl: _____

Kontonummer: _____

Datum: _____      Unterschrift: _____

---

*Deutsche Gesellschaft für Musikpsychologie (DGM), Spandauer Damm 5, 1000 Berlin 19 (Prof.Dr.H.de la Motte-Haber)*

AN INTERDISCIPLINARY JOURNAL

EDITED BY DIANA DEUTSCH

# Music Perception

ASSOCIATE EDITORS
Edward C. Carterette
Robert Erickson
W. M. Hartmann
Leonard B. Meyer
Reinier Plomp
Manfred R. Schroeder
Johan E. F. Sundberg
W. Dixon Ward

"An understanding of hearing is impossible without the investigation of music perception. This new journal therefore closes a gap that has been in existence for too long."
                    *E. Terhardt, Technical University of Munich*

"If you are interested in cognitive psychology, acoustics, comparative psychology, artificial intelligence, computers, neurophysiology, and – most importantly – music perception and theory, then stay in touch with MUSIC PERCEPTION. This journal represents a truly rich mixture for anyone interested in the myriad psychological processes that music reflects."
                    *Stewart H. Hulse, Johns Hopkins University*

Quarterly. Subscriptions: $32.00 individuals; $64.00 institutions (add $4.00 for foreign postage).

UNIVERSITY OF CALIFORNIA PRESS JOURNALS
Berkeley, California 94720